Eisenschink
Klausurentraining Weiterbildung
Projektmanagement

MELANIE WIENHOLD
BURGSTRASSE 6
33175 BAD LIPPSPRINGE
05252 970783

Besuchen Sie uns im Internet unter www.kiehl.de

Klausurentraining Weiterbildung
für Betriebswirte, Fachwirte, Fachkaufleute und Meister

Projektmanagement

207 klausurtypische Aufgaben und Lösungen

Von
Dr. rer. pol., Dipl.-Volkswirt Univ. Christian Eisenschink

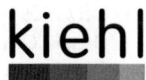

ISBN 978-3-470-**65121**-7

© NWB Verlag GmbH & Co. KG, Herne 2014

Kiehl ist eine Marke des NWB Verlags

Alle Rechte vorbehalten.
Das Werk und seine Teile sind urheberrechtlich geschützt. Jede Nutzung in anderen als den gesetzlich zugelassenen Fällen bedarf der vorherigen schriftlichen Einwilligung des Verlages. Hinweis zu § 52a UrhG: Weder das Werk noch seine Teile dürfen ohne eine solche Einwilligung eingescannt und in ein Netzwerk eingestellt werden. Dies gilt auch für Intranets von Schulen und sonstigen Bildungseinrichtungen.

Satz: Röser MEDIA GmbH & Co. KG, Karlsruhe
Druck: Griebsch & Rochol Druck GmbH & Co. KG, Hamm

Klausurentraining Weiterbildung
für Betriebswirte, Fachwirte, Fachkaufleute und Meister

Unsere Reihe Klausurentraining ist aus der Überlegung heraus entstanden, dass sich sehr viele Absolventen von IHK-Weiterbildungslehrgängen gezielt auf ein spezielles Prüfungsthema vorbereiten möchten, um dort ihre Fähigkeiten in der Wissensanwendung zu vervollständigen.

Der Themenbereich „Projektmanagement" kommt in den jeweiligen Rahmenstoffplänen in verschiedenen Ausprägungen vor. Betrachtet man jedoch die inhaltlichen Schwerpunkte der Klausuren in den IHK-Abschlussprüfungen, so ergibt sich eine große Schnittmenge der Anforderungen. In vielen Abschlussklausuren wird das Themengebiet „Projektmanagement" geprüft.

Daher enthält jeder Band dieser Reihe klausurtypische Aufgaben zu dem betreffenden Fachgebiet, die dem Niveau der IHK-Prüfungen in Umfang und Schwierigkeitsgrad entsprechen. Dabei wurde die Aufgabensammlung fachspezifisch gegliedert und jede Aufgabe mit einer Überschrift gekennzeichnet. Dies soll das spätere Erkennen des Aufgabentyps in der Klausur unter Echtbedingungen erleichtern. Einige Themen, Aufgaben und Lösungen haben einen höheren Schwierigkeitsgrad. Sie sind gekennzeichnet (***) und richten sich vorrangig an angehende Betriebswirte.

Der Lösungsteil ist ausführlich und verständlich gestaltet, sodass sich der Leser/die Leserin selbstständig in der Umsetzung des erlernten Wissens trainieren und kontrollieren kann. Eine Sammlung von Formeln und Begriffen am Schluss des Buches unterstützt die Bearbeitung der Aufgaben. Das umfangreiche Stichwortverzeichnis ermöglicht das gezielte Auffinden von Begriffen und Zusammenhängen.

Diese Fachbuchreihe richtet sich an:

- Teilnehmer von IHK-Weiterbildungslehrgängen (angehende Betriebswirte, Fachwirte, Fachkaufleute, Bilanzbuchhalter und Meister)
- Studierende an Fachschulen und Fachhochschulen

Charakteristische Merkmale für jeden Band dieser Reihe sind:

- Mehr als 100 Prüfungsaufgaben orientiert am Niveau der IHK-Weiterbildungslehrgänge
- Fachspezifische Gliederung der Aufgaben
- Aufgabenstellungen mit thematischen Überschriften
- Ausführliche, verständliche Darstellung der Lösungen
- Zusammenstellung von Formeln und Begriffen
- Umfangreiches Stichwortverzeichnis

Bad Abbach, im Juli 2014

Dr. rer. pol. Dipl.-Volkswirt Univ.
Christian Eisenschink

Vorwort

Die zunehmende Komplexität und Dynamik, die durch die Globalisierung gegen Ende des 20. Jahrhunderts entstand, erforderte von den Unternehmen eine andere Form der Organisation. Die bis dahin überwiegend praktizierte Linienorganisation war mit seiner hierarchischen Ausprägung überfordert, rasche und flexible Anpassungen an Marktveränderungen zu realisieren. Zudem wurden die Kundenanforderungen anspruchsvoller, sodass interdisziplinäre Problemlösungen notwendig wurden.

Die in der zweiten Hälfte des 20. Jahrhunderts entwickelte Systemtheorie, der Managementgedanke sowie das Bewusstsein für die Rolle der „weichen Faktoren", trugen dazu bei, für das Projektmanagement Instrumente zur Vefügung zu stellen, um unter komplexen und dynamischen Bedingungen die Ziele der „außergewöhnlichen Vorhaben" zu erreichen.

Das vorliegende Buch geht einleitend auf die Chancen und Risiken von Projektmanagement ein. Um Projekte zu starten, sollte den Projektakteuren bewusst sein, dass die Unternehmenskultur, die Umfelder sowie ein harmonischer Projektstart wesentliche Voraussetzungen für das Gelingen eines Projektes sind. Ein zentraler Aspekt für das Verständnis von Projektmanagement liegt in der Systemtheorie, die mit Übungsaufgaben präsentiert wird.

Die Vorbereitungsaufgaben für die Prüfungen behandeln auch klassische Aspekte wie die Bedeutung der Projektziele, die Projektorganisation und die „lernende Organisation". Das Lernen in Projekten stellt einen wesentlichen Hebel für die Weiterentwicklung von Mitarbeitern und Organisationen dar.

Die elementare Bedeutung der „weichen Faktoren" wird durch einen ausführlichen Abschnitt zum Projektteam und zum Projektleiter gewürdigt. Dabei werden Teamentwicklungsprozesse, die Kommunikation in Projekten und das Verhalten bei Veränderungsprozessen sowie die Aufgaben und Rollen des Projektleiters aufgegriffen.

Die Projektplanung mit dem grundlegenden Projektstrukturplan, der Ablauf- und Terminplan sowie die Ressourcen- und Kostenplanung werden ebenfalls dargestellt. Da Projekte ein System darstellen, wird über ein Projektcontrolling ein Feedback-Mechanismus eingebaut, der die Grundlage für Lernimpulse liefert. Aufgaben zum Konfigurations- und Änderungsmanagement, zum Qualitätsmanagement, zur Bedeutung des Projektabschlusses und zum Multiprojektmanagement runden dieses Prüfungsvorbereitungsbuch ab.

Ich wünsche Ihnen viel Spaß bei der Bearbeitung der Aufgaben sowie viel Erfolg bei der Prüfungsvorbereitung und auch bei der Prüfung. Informationen zu meiner Person sind unter **www.dr-eisenschink.de** erhältlich.

Dr. rer. pol. Dipl.-Volkswirt Univ. Christian Eisenschink
Bad Abbach, im Juli 2014

INHALTSVERZEICHNIS

Klausurentraining Weiterbildung 5
Vorwort 6

1. Einleitende Zusammenhänge 15

1.1 Chancen und Risiken des Projektmanagement sowie Projektarten 15
Aufgabe 1: Chancen mit Projektmanagement (1) 15
Aufgabe 2: Chancen mit Projektmanagement (2) 15
Aufgabe 3: Chancen mit Projektmanagement (3) 15
Aufgabe 4: Chancen mit Projektmanagement (4)*** 16
Aufgabe 5: Risiken des Projektmanagement (1) 16
Aufgabe 6: Risiken des Projektmanagement (2) 16
Aufgabe 7: Risiken des Projektmanagement (3)*** 16
Aufgabe 8: Projektarten (1) 17
Aufgabe 9: Projektarten (2) 17
Aufgabe 10: Projektarten (3) 17
Aufgabe 11: Projektarten (4) 17

1.2 Merkmale eines Projekts und Erfolgsfaktoren des Projektmanagement 17
Aufgabe 1: Merkmale eines Projekts (1) 17
Aufgabe 2: Merkmale eines Projekts (2) 18
Aufgabe 3: Komplexität 18
Aufgabe 4: Einmaligkeit 18
Aufgabe 5: Projektbegriff 18
Aufgabe 6: Managementbegriff 19
Aufgabe 7: Erfolgsfaktoren des Projektmanagement 19
Aufgabe 8: Misserfolgsfaktoren 19
Aufgabe 9: Messung des Projekterfolgs*** 19

1.3 Zusammenhang Management, Unternehmenskultur und Projekte 19
Aufgabe 1: Managementrelevanter Kontext von Projekten (1) 19
Aufgabe 2: Managementrelevanter Kontext von Projekten (2) 19
Aufgabe 3: Zusammenhang zwischen Unternehmenskultur und Projekt*** 20
Aufgabe 4: Strategische Planung, Unternehmensphilosophie und Projekt*** 20

1.4 Systemisches Denken und komplexe Projekte managen 20
Aufgabe 1: Begriff „System" 20
Aufgabe 2: Denken in Systemen*** 21
Aufgabe 3: Axiom des Systemdenkens*** 21
Aufgabe 4: Systemdenker*** 22
Aufgabe 5: Managementkreislauf 22
Aufgabe 6: Projektmanagement und die Rolle der Wahrnehmung*** 22

INHALTSVERZEICHNIS

Aufgabe 7: Projektmanagement und Komplexität (1)***	23
Aufgabe 8: Projektmanagement und Komplexität (2)***	23

2. Elementare Faktoren zur Durchführung eines Projekts — 25

2.1 Projektimpuls — 25
Aufgabe 1: Projektinitiierung (1)	25
Aufgabe 2: Projektinitiierung (2)	25
Aufgabe 3: Methoden der Ideenfindung	25
Aufgabe 4: Projektimpulsphase	25

2.2 Rolle des Auftraggebers eines Projekts — 26
Aufgabe 1: Arten von Auftraggebern	26
Aufgabe 2: Organisatorische Stellung des internen Auftraggebers	26
Aufgabe 3: Aufgaben des internen Auftraggebers	26
Aufgabe 4: Geschäftsordnung und Projektvertrag	26
Aufgabe 5: Projektauftrag	26
Aufgabe 6: Weitere Projektbeteiligte	26

2.3 Instrumente zur Entscheidungsfindung — 27
Aufgabe 1: Nutzwertanalyse	27
Aufgabe 2: Portfoliotechnik	27
Aufgabe 3: Sensitivitätsanalyse	28
Aufgabe 4: Morphologische Kasten	28
Aufgabe 5: Entscheidungsbaum***	28
Aufgabe 6: Delphi-Methode***	29

2.4 Der Projektstart — 29
Aufgabe 1: Bedeutung des Projektstarts	29
Aufgabe 2: Startphase eines Projekts	29
Aufgabe 3: Projektantrag	29
Aufgabe 4: Tagesordnung und Checkliste	30
Aufgabe 5: Lasten- und Pflichtenheft	30
Aufgabe 6: Kick-off-Meeting	30

2.5 Analyse der Ausgangssituation — 30
Aufgabe 1: Projektumfeld	30
Aufgabe 2: Instrumente zur Offenlegung der Ausgangssituation eines Projekts	30
Aufgabe 3: Stakeholderanalyse (1)	30
Aufgabe 4: Stakeholderanalyse (2)	30
Aufgabe 5: Fallbeispiel Stakeholderanalyse (1)	31
Aufgabe 6: Fallbeispiel Stakeholderanalyse (2)***	31

Aufgabe 7: Risikomanagement (1) — 32
Aufgabe 8: Risikomanagement (2) — 32
Aufgabe 9: Risikobewertung*** — 32
Aufgabe 10: Vorsorgestrategien — 32
Aufgabe 11: Fallstudie (1) — 32
Aufgabe 12: Fallstudie (2)*** — 33

2.6 Bedeutung der Projektziele — 33
Aufgabe 1: Aufgaben der Projektziele — 33
Aufgabe 2: Funktionen von Projektzielen — 33
Aufgabe 3: Zielplanung — 33
Aufgabe 4: Anforderungen an die Zielformulierung — 34
Aufgabe 5: Zielarten — 34
Aufgabe 6: Zielbeziehungen — 34
Aufgabe 7: Zielhierarchie — 34
Aufgabe 8: Zielbildung*** — 34
Aufgabe 9: Anforderungsmanagement*** — 35

3. Projektorganisation und Vorgehensmodelle — 37

3.1 Organisationsansätze — 37
Aufgabe 1: Grundsätzliches zur Organisation von Projekten — 37
Aufgabe 2: Organisationsmöglichkeiten mit Projekten*** — 37
Aufgabe 3: Arten der Projektorganisation (1) — 37
Aufgabe 4: Arten der Projektorganisation (2) — 37
Aufgabe 5: Arten der Projektorganisation (3) — 38
Aufgabe 6: Arten der Projektorganisation (4) — 38
Aufgabe 7: Organisation von Projekten außerhalb der Stammorganisation*** — 38
Aufgabe 8: Aufbauorganisation in Projekten*** — 38
Aufgabe 9: Ablauforganisation in Projekten*** — 39
Aufgabe 10: Phasenmodelle*** — 39
Aufgabe 11: Weitere Organisationsinstanzen und Rollen im Projekt — 39

3.2 Vorgehensmodelle — 39
Aufgabe 1: Nutzen von Vorgehensmodellen*** — 39
Aufgabe 2: Meilensteinplan — 39
Aufgabe 3: Arten von Vorgehensmodellen*** — 40

3.3 Lernende Organisation — 40
Aufgabe 1: Grundsätzliche Faktoren zu einer lernenden Organisation — 40
Aufgabe 2: Zusammenhang zwischen lernender Organisation, Projekt und Funktionsbereichen eines Unternehmens*** — 40

INHALTSVERZEICHNIS

Aufgabe 3: Lernende Organisation und KVP***   40
Aufgabe 4: Projektorientiertes Unternehmen***   41

4. Projektteam und Projektleiter   43

4.1 Projektteam   43

4.1.1 Grundlegendes zum Projektteam   43
    Aufgabe 1: Verfügbarkeit der Projektmitarbeiter   43
    Aufgabe 2: Personalbeschaffung in Projekten   43
    Aufgabe 3: Zusammensetzung des Projektteams   43
    Aufgabe 4: Kompetenzen der Teammitglieder   43
    Aufgabe 5: Aufgaben der Projektmitarbeiter und Gruppenarbeit   44
    Aufgabe 6: Funktionen von Projektteams   44

4.1.2 Teamentwicklungsprozesse   44
    Aufgabe 1: Teamentwicklungsphasen   44
    Aufgabe 2: Projektstart***   44
    Aufgabe 3: Soziale Strukturen in Projekten***   44

4.1.3 Kommunikation in Projekten   45
    Aufgabe 1: Grundlegendes zur Kommunikation in Projekten   45
    Aufgabe 2: Sender-Empfänger-Modell   45
    Aufgabe 3: Optimale Kommunikation***   45

4.1.4 Verhalten bei Veränderungsprozessen   46
    Aufgabe 1: Arten der Veränderung   46
    Aufgabe 2: Veränderungsprozess   47
    Aufgabe 3: Voraussetzungen der Veränderungsfähigkeit***   47
    Aufgabe 4: Reaktionen auf Veränderungsprozesse   47
    Aufgabe 5: Drei-Phasen-Modell von *Lewin****   47
    Aufgabe 6: Changemanagement***   47

4.2 Projektleitung   48

4.2.1 Funktion, Aufgaben und Rolle der Projektleitung   48
    Aufgabe 1: Grundlagen der Projektleitung   48
    Aufgabe 2: Anforderungen an die Projektleitung   48
    Aufgabe 3: Rollen und Eigenschaften der Projektleitung   48
    Aufgabe 4: Führung (1)   48
    Aufgabe 5: Führung (2)   49
    Aufgabe 6: Führung (3)***   49
    Aufgabe 7: Führung (4)***   49
    Aufgabe 8: Faktoren zum Führungsaufwand***   50
    Aufgabe 9: Motivation und Projektleitung (1)   50
    Aufgabe 10: Motivation und Projektleitung (2)   50

Aufgabe 11: Konflikte	50
4.2.2 Gesprächsarten und Zeitmanagement	50
Aufgabe 1: Gesprächsarten	50
Aufgabe 2: Fallbeispiel	51
Aufgabe 3: Zeitmanagement	51
Aufgabe 4: Gespräche, Selbst- und Zeitmanagement***	52

5. Projektplanung 53

5.1 Projektstrukturplan 53

Aufgabe 1: Grundlagen eines Projektstrukturplans	53
Aufgabe 2: Kriterien eines Projektstrukturplans	53
Aufgabe 3: Regeln eines Projektstrukturplans	53
Aufgabe 4: Arten von Projektstrukturplänen	53
Aufgabe 5: Arbeitspaketbeschreibung	53
Aufgabe 6: Fallbeispiel Projektstrukturplan (1)	54
Aufgabe 7: Fallbeispiel Projektstrukturplan (2)	54
Aufgabe 8: Grenzen des Projektstrukturplans	54
Aufgabe 9: Struktur***	54

5.2 Ablauf- und Terminplanung 54

Aufgabe 1: Übergang vom Projektstrukturplan zur Ablaufplanung	54
Aufgabe 2: Grundsätzliches zur Ablaufplanung	55
Aufgabe 3: Balkenplan (1)	55
Aufgabe 4: Balkenplan (2)***	55
Aufgabe 5: Netzplan (1)	56
Aufgabe 6: Netzplan (2)***	56
Aufgabe 7: Netzplan (3)	56
Aufgabe 8: Meilensteine und Ablaufplanung	57
Aufgabe 9: Software und Ablaufplanung	57

5.3 Ressourcenplanung 57

Aufgabe 1: Begriff „Ressourcen"	57
Aufgabe 2: Ziele der Ressourcenplanung	57
Aufgabe 3: Ressourcenplanung und Projektleiter	57
Aufgabe 4: Schätzmethoden	58
Aufgabe 5: Kapazitätsplanung (1)	58
Aufgabe 6: Kapazitätsplanung (2)	58
Aufgabe 7: Ressourcenplanung, Netzplantechnik und Multiprojektmanagement***	59
Aufgabe 8: Ressourcenmanagement***	62

INHALTSVERZEICHNIS

5.4 Kostenplanung — 62
    Aufgabe 1: Begriff „Kosten" — 62
    Aufgabe 2: Projektkosten — 62
    Aufgabe 3: Kostenplan — 62
    Aufgabe 4: Kostenschätzung — 62
    Aufgabe 5: Kostenmanagement*** — 62
    Aufgabe 6: Kosten und ABC-Analyse*** — 63
    Aufgabe 7: Kostenplanung*** — 63

6. Projektsteuerung — 65

6.1 Grundsätzliches zum Controlling — 65
    Aufgabe 1: Abweichungen — 65
    Aufgabe 2: Aufgaben des Projektcontrolling — 65
    Aufgabe 3: Projektcontrolling und Kybernetik*** — 65
    Aufgabe 4: Grundsätze der Projektsteuerung — 65
    Aufgabe 5: Organisation des Projektcontrolling — 65
    Aufgabe 6: Merkmale eines Projektcontrollers — 65

6.2 Möglichkeiten der Projektstatuserhebung — 65
    Aufgabe 1: Grundlagen der Projektstatuserhebung — 65
    Aufgabe 2: Möglichkeiten der Fortschrittskontrolle — 66
    Aufgabe 3: Projektstatusbericht — 66

6.3 Abweichungs- und Trendanalysen — 66
    Aufgabe 1: Abweichungsanalyse (1) — 66
    Aufgabe 2: Abweichungsanalyse (2)*** — 67
    Aufgabe 3: Kostentrendanalyse*** — 67
    Aufgabe 4: Meilensteintrendanalyse*** — 68
    Aufgabe 5: Korrekturmaßnahmen — 68

6.4 Information und Dokumentation — 68
    Aufgabe 1: Informationsempfänger — 68
    Aufgabe 2: Nutzen der Informationen — 68
    Aufgabe 3: Dokumentationsarten — 68
    Aufgabe 4: Feste versus freie Dokumentationsstruktur — 68
    Aufgabe 5: Reporting — 68
    Aufgabe 6: Information, Dokumentation und Wissensmanagement*** — 69
    Aufgabe 7: Informations- und Kommunikationstechnik (1) — 69
    Aufgabe 8: Informations- und Kommunikationstechnik (2) — 69

7. Konfigurations- und Änderungsmanagement 71
Aufgabe 1: Begriff „Konfiguration" 71
Aufgabe 2: Nutzen des Konfigurationsmanagement 71
Aufgabe 3: Elemente des Konfigurationsmanagement 71
Aufgabe 4: Änderungsmanagement (1) 71
Aufgabe 5: Änderungsmanagement (2) 71

8. Qualitätsmanagement in Projekten 73
Aufgabe 1: Begriff „Qualität" 73
Aufgabe 2: Qualität und Wahrnehmung 73
Aufgabe 3: Zusammenhang zwischen Projektmanagement und Qualität 73
Aufgabe 4: Total Quality Management und ISO 9000 73
Aufgabe 5: Qualitätsmanagementinstrumente (1) 74
Aufgabe 6: Qualitätsmanagementinstrumente (2)*** 74
Aufgabe 7: Exzellenz-Modelle*** 74

9. Projektabschluss 75
Aufgabe 1: Zweck des Projektabschlusses 75
Aufgabe 2: Arten von Projektenden 75
Aufgabe 3: Projektabschlussbericht 75
Aufgabe 4: Projektabschluss auf der Leistungsebene 75
Aufgabe 5: Projektabschluss auf der Ebene der weichen Faktoren 75
Aufgabe 6: Lernen aus Projekten*** 76
Aufgabe 7: Projektabschluss und Wissensmanagement*** 76
Aufgabe 8: Projektabschluss und Benchmarking*** 76

10. Multiprojektmanagement 77
Aufgabe 1: Grundlagen des Multiprojektmanagement 77
Aufgabe 2: Multiprojektmanagement und Wahrnehmung*** 77
Aufgabe 3: Multiprojektplanung*** 77
Aufgabe 4: Aufgaben und Rollen der Multiprojektakteure*** 77
Aufgabe 5: Multiprojektsteuerung*** 78
Aufgabe 6: Erfolgreiche Umsetzung von Multiprojektmanagement*** 78

INHALTSVERZEICHNIS

Lösungen	79
Formeln und Begriffe	247
Literaturverzeichnis	259
Stichwortverzeichnis	261

1. Einleitende Zusammenhänge

1.1 Chancen und Risiken des Projektmanagement sowie Projektarten

Aufgabe 1: Chancen mit Projektmanagement (1)

Nennen Sie fünf Chancen, die sich für Unternehmen durch Anwendung von Projektmanagement ergeben können.

Lösung s. Seite 79

Aufgabe 2: Chancen mit Projektmanagement (2)

Entscheiden Sie, ob nachfolgende Aussagen richtig oder falsch sind.

Aussagen	Richtig	Falsch
(1) Ein wesentlicher Faktor beim Projektmanagement besteht darin, für die Kernteammitglieder eine transparente Struktur zu schaffen.		
(2) Eine Chance des Projektmanagement besteht darin, die Eigenverantwortung der Kernteammitglieder zu stärken, da somit die Motivation zunimmt.		
(3) Entscheidungen werden nur in Projekten dezentral getroffen.		
(4) Eine Chance des Projektmanagement ist, den Auftraggeber nicht an den Meilensteinen über den Stand des Projekts zu informieren.		

Lösung s. Seite 79

Aufgabe 3: Chancen mit Projektmanagement (3)

Das mittelständische Windkraftunternehmen Power Winds Ltd. engagiert eine Unternehmensberatung, um das Projektmanagement neu zu organisieren. Die Geschäftsleitung des Windkraftunternehmens diskutiert mit zwei Vertretern der Unternehmensberatung. Dabei wurden mehrere Aussagen ins Protokoll aufgenommen.

Erläutern Sie, warum die Inhalte der Aussagen eine Chance für das Unternehmen darstellen.

Aussage 1: *„Bei Projekten findet durch Planung eine Risikoreduktion statt."*

Aussage 2: *„Die Projektmitarbeiter lernen betriebswirtschaftliches Denken."*

Aussage 3: *„In Projekten findet eine Partizipation bei der Entscheidungsfindung statt."*

Lösung s. Seite 79

Aufgabe 4: Chancen mit Projektmanagement (4)***

Der Unternehmensberater der Power Winds Ltd. rät der Geschäftsleitung, die Projektteams möglichst heterogen zu gestalten. Erläutern Sie, welchen Zweck eine derartige Empfehlung für die unternehmerische Frühwarnung beinhalten könnte.

Lösung s. Seite 80

Aufgabe 5: Risiken des Projektmanagement (1)

Die Geschäftsleitung der Power Winds Ltd. stellt dem Unternehmensberater die Frage, welche Risiken mit Projektmanagement entstehen können.

Unterstützen Sie den Berater und nennen Sie fünf Risiken des Projektmanagement.

Lösung s. Seite 81

Aufgabe 6: Risiken des Projektmanagement (2)

Entscheiden Sie, ob nachfolgende Aussagen richtig oder falsch sind.

Aussage	Richtig	Falsch
(1) Alle Projekte verselbstständigen sich nach einer gewissen Zeit.		
(2) In manchen Projekten möchten Mitarbeiter keine Verantwortung übernehmen. Daher kann das „Unternehmertum im Unternehmen" nicht vollständig realisiert werden. In Projektteams mit derartigen Mitarbeitern mangelt es an Effizienz und Ideenreichtum.		
(3) Wenn die Aufgaben im Projektteam nicht klar geregelt sind, dann steigt der Koordinationsaufwand.		
(4) Die Mängel der Unternehmenskultur der Linienorganisation werden in der Projektorganisation übernommen, wenn nicht ein fundamentaler Neuanfang in den Projekten möglich ist.		

Lösung s. Seite 82

Aufgabe 7: Risiken des Projektmanagement (3)***

Während des Gesprächs des Unternehmensberaters mit der Geschäftsleitung der Power Winds Ltd. wird die These diskutiert, dass zuviel Flexibilisierung im Rahmen der Projekte bei den Mitarbeitern Angst erzeugt.

Nehmen Sie zu der These Stellung.

Lösung s. Seite 82

Aufgabe 8: Projektarten (1)
Nennen Sie fünf Projektarten.
Lösung s. Seite 83

Aufgabe 9: Projektarten (2)
Erklären Sie, wodurch sich interne und externe Projekte unterscheiden.
Lösung s. Seite 83

Aufgabe 10: Projektarten (3)
Nennen Sie sechs Kriterien, nach denen Sie eine Klassifikation der Projektarten vornehmen können.
Lösung s. Seite 83

Aufgabe 11: Projektarten (4)
Erklären Sie, wodurch sich ein Investitions- von einem F&E-Projekt unterscheidet.
Lösung s. Seite 83

1.2 Merkmale eines Projekts und Erfolgsfaktoren des Projektmanagement

Aufgabe 1: Merkmale eines Projekts (1)
Entscheiden Sie, ob nachfolgende Aussagen Merkmale eines Projekts sind.

Aussage	Richtig	Falsch
(1) Projekte sind gewöhnliche Vorhaben.		
(2) Projekte haben einen hohen Wiederholungsgrad.		
(3) Projekte haben in der Regel eine hohe Komplexität.		
(4) Projekte zeichnen sich durch ihre Neuartigkeit aus.		
(5) Ein Projekt kann nicht als System aufgefasst werden.		
(6) Projekte haben immer eindeutig definierte Ziele.		
(7) Projekte unterliegen ausschließlich zeitlichen und personellen Restriktionen.		

Lösung s. Seite 84

Aufgabe 2: Merkmale eines Projekts (2)

Die Geschäftsleitung der Power Winds Ltd. diskutiert mit dem Unternehmensberater nach seinem Vortrag zum Projektmanagement über die These, dass Projekte einen definierten Anfang und einen definierten Abschluss hätten.

Nehmen Sie zu der These Stellung.

Lösung s. Seite 84

Aufgabe 3: Komplexität

Nennen Sie fünf Faktoren, mit denen Sie Komplexität verbinden.

Lösung s. Seite 84

Aufgabe 4: Einmaligkeit

Erläutern Sie die Wirkungen des Merkmals „Einmaligkeit" auf den Projektstart.

Lösung s. Seite 85

Aufgabe 5: Projektbegriff

a) Erläutern Sie den Begriff „Projekt".
b) Entscheiden Sie, ob nachfolgende Vorhaben wirklich Projekte sind.

Fall	Projekt gegeben	Kein Projekt
(1) Ein Modellbauer fertigt individuell für einen Kunden einen Modellhubschrauber an.		
(2) Ein Bauunternehmer baute im Süden einer Stadt zehn Reihenhäuser. Ein halbes Jahr später baut er die gleichen Reihenhaustypen im Norden der Stadt. Liegt für die Reihenhäuser im Norden ein Projekt vor?		
(3) Ein internationaler Konzern mit acht Tochtergesellschaften möchte ein einheitliches Managementsystem einführen.		
(4) Herr Maier füllt 40-mal täglich das gleiche Bestellformular, jedoch für unterschiedliche Lieferanten, aus.		
(5) In einer Werkstatt werden Sonderanfertigungen sowie Standardteile hergestellt.		

Lösung s. Seite 85

Aufgabe 6: Managementbegriff

Nennen Sie Merkmale des Managements und verbinden Sie diese mit dem Projektmanagement.

Lösung s. Seite 86

Aufgabe 7: Erfolgsfaktoren des Projektmanagement

a) Erläutern Sie, warum Projektmanagement in den letzten Jahren vermehrt eingesetzt wird.
b) Erläutern Sie fünf Faktoren für ein erfolgreiches Projektmanagement.

Lösung s. Seite 86

Aufgabe 8: Misserfolgsfaktoren

Nennen Sie fünf Misserfolgsfaktoren im Rahmen des Projektmanagement.

Lösung s. Seite 87

Aufgabe 9: Messung des Projekterfolgs***

a) Definieren Sie Begriff „Projekterfolg".
b) Erläutern Sie die Möglichkeiten der Messung des Projekterfolgs.

Lösung s. Seite 87

1.3 Zusammenhang Management, Unternehmenskultur und Projekte

Aufgabe 1: Managementrelevanter Kontext von Projekten (1)

a) Erläutern Sie den grundsätzlichen Zusammenhang zwischen Management und Projekten.
b) Erklären Sie, von welchen Einflussgrößen die Entwicklung einer Unternehmenskultur abhängig ist.
c) Nennen Sie mögliche Zusammenhänge zwischen Management und Projekten anhand von drei Beispielen.

Lösung s. Seite 88

Aufgabe 2: Managementrelevanter Kontext von Projekten (2)

Die Geschäftsleitung des mittelständischen Automobilzulieferers Carbon-Driving-Elements GmbH erhält von einem Großkunden die Mitteilung, die Stückzahlen für das Teil X-18-35-L um 10 % zu erhöhen, da die Endnachfrage nach Pkws gestiegen ist. Die Kapazitätsauslastung des Automobilzulieferers beträgt im Einschichtbetrieb 95 %. Die

Marktforschungsabteilung des Zulieferers recherchierte, dass die Nachfrage nach dem Teil X-18-35-L aufgrund ökologischer Erfordernisse weltweit zunehmen wird.

Erläutern Sie anhand des Fallbeispiels den Zusammenhang zwischen Management und Projekt. Zeigen Sie auch zwei mögliche Projekte zur Behebung des Engpasses auf.

Lösung s. Seite 89

Aufgabe 3: Zusammenhang zwischen Unternehmenskultur und Projekt***

a) Nennen Sie fünf Eigenschaften der Unternehmenskultur.
b) Erläutern Sie den Zusammenhang zwischen Unternehmens- und Projektkultur.

Lösung s. Seite 90

Aufgabe 4: Strategische Planung, Unternehmensphilosophie und Projekt***

a) Nennen Sie drei Merkmale der strategischen Planung und zeigen Sie den Zusammenhang zum Projektmanagement auf.
b) Erläutern Sie Elemente einer Unternehmensphilosophie.
c) Zeigen Sie den Zusammenhang zwischen Unternehmensphilosophie, Unternehmenskultur und Projekt anhand einer Grafik.
d) Die Geschäftsleitung der Carbon-Driving-Elements GmbH beschließt zur Erhöhung der Marktanteile, das Leitbild sowie die strategische Planung zu überarbeiten.
   - Formulieren Sie ein Leitbild.
   - Definieren Sie ein strategisches Ziel.
   - Leiten Sie ein Projekt aus den strategischen Zielen ab.
e) Nennen Sie ein Instrument, mit dem die strategischen und operativen Ziele verknüpft werden können.

Lösung s. Seite 91

1.4 Systemisches Denken und komplexe Projekte managen

Aufgabe 1: Begriff „System"

a) Erläutern Sie, was man unter einem System versteht.
b) Nennen Sie drei Systemarten.
c) Entscheiden Sie, ob nachfolgende Objekte oder Subjekte ein System darstellen.

Objekt/Subjekt	Richtig	Falsch
Ein Projektteam		
Eine Sonnenblume		
Ein Unternehmen		
Ein Haufen Kies		

d) Erklären Sie die inhaltliche Bedeutung der Verbindungslinien zwischen den Projektteammitgliedern.

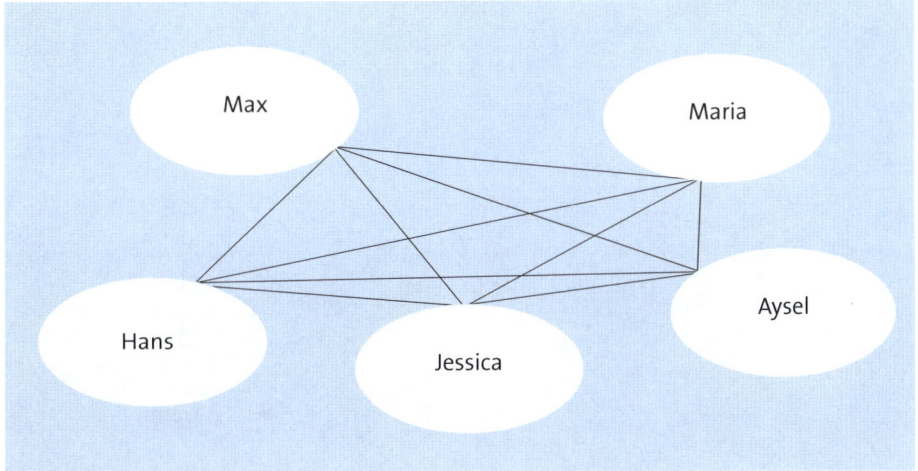

Abb.: Projektteam

Lösung s. Seite 93

Aufgabe 2: Denken in Systemen***

Der Projektleiter der Carbon-Driving-Elements GmbH, der für Forschungs- und Entwicklungsprojekte zuständig ist, beobachtet einen Konflikt zwischen den Teammitgliedern Max und Evi. Er überlegt, warum es so schwer ist, in Systemen zu denken, und wie er einen anderen Blickwinkel auf sein Team erhalten kann.

Sie wurden als Projektcoach engagiert. Unterstützen Sie den Projektleiter bei der Erklärung seiner Frage und visualisieren Sie einen möglichen Lösungsansatz.

Lösung s. Seite 94

Aufgabe 3: Axiom des Systemdenkens***

a) Nennen Sie zwei Ausprägungen zum Axiom des Systemdenkens.
b) Erläutern Sie praktische Anwendungen für den Fall „Motivation und Kommunikation Projektleiter-Kernteammitglieder".

Lösung s. Seite 95

Aufgabe 4: Systemdenker***

Erläutern Sie Merkmale, die einen Systemdenker auszeichnen.

Lösung s. Seite 95

Aufgabe 5: Managementkreislauf

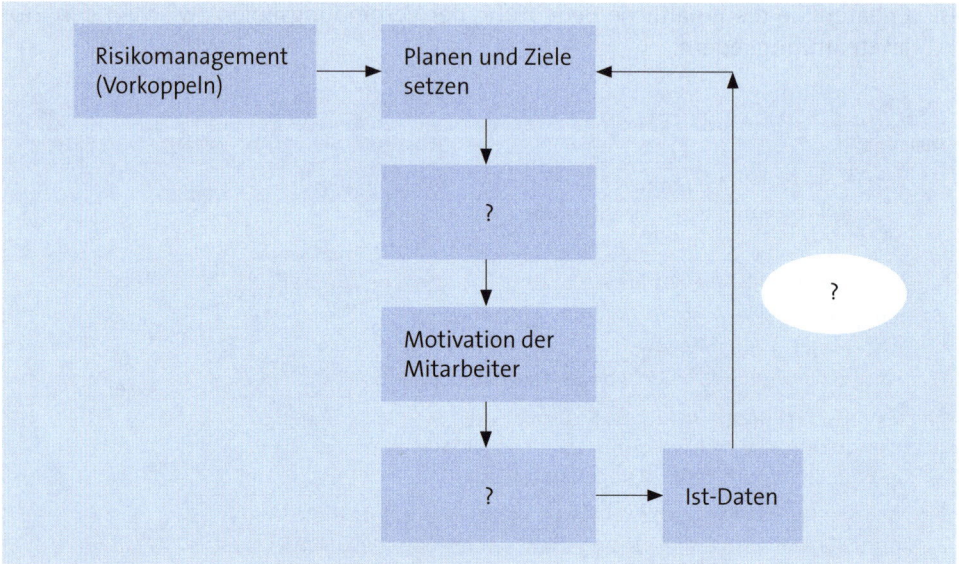

a) Füllen Sie die Felder mit dem Fragezeichen aus.
b) Erklären Sie die Funktionsweise des Managementkreislaufs.

Lösung s. Seite 96

Aufgabe 6: Projektmanagement und die Rolle der Wahrnehmung***

Die Electronic-Systems GmbH ist ein Hersteller von Elektronikbauteilen, die insbesondere in Aufzügen sowie in der Unterhaltungs- und Automobilindustrie eingebaut werden. Aufgrund verschiedener Qualitätsmängel (Material, Lieferverzögerungen, ...) bei den letzten Lieferungen beschließt der Bereichsleiter Einkauf ein Projekt zu initiieren, das die Qualitätsmängel bei der Beschaffung reduziert. Die Lieferanten der Electronic-Systems GmbH haben wiederum Lieferanten, sodass einschließlich der Spediteure 80 Unternehmen beobachtet werden müssen. Wenn das Projekt ganzheitlich im Sinne einer Supply-Chain" betrachtet wird, dann muss der Projektleiter auch die Absatzseite (Speditionen, Kunden) bei seinen Untersuchungen mit einbeziehen. Als Projektleiter wird Dipl.-Ing. Huber ernannt, der umgehend beginnt, die Risiken des Projekts zu analysieren.

Erläutern Sie, welche Problemkreise bei derartig komplexen Untersuchungen auftreten und welche Rolle die Wahrnehmung hierbei einnimmt.

Lösung s. Seite 97

Aufgabe 7: Projektmanagement und Komplexität (1)***

Erläutern Sie vier Möglichkeiten, wie Projektleiter Huber (siehe Aufgabe 6) Komplexität trainieren könnte.

Lösung s. Seite 98

Aufgabe 8: Projektmanagement und Komplexität (2)***

Entscheiden Sie, ob nachfolgende Aussagen wahr oder falsch sind. Begründen Sie anschließend Ihre Entscheidung.

Aussage	Wahr	Falsch
(1) Wenn ein Projektleiter einen Plan aufstellt, dann stellt diese erzeugte Ordnung den Normalfall dar. Deshalb ist durch Störungen verursachtes Chaos der Sonderfall.		
(2) Ein Projekt stellt kein komplexes System dar, sonst würde man nie einen Projekterfolg verzeichnen können.		
(3) Im Rahmen einer Projektplanung besteht das Ziel darin, sämtliche Details, Risiken und Eventualitäten zu erfassen.		
(4) Chaotische Phasen im Projekt zu akzeptieren, würde bedeuten, dass das Projekt blockiert wird. Daher sollte Selbstorganisation in Projekten grundsätzlich abgelehnt werden.		
(5) Auf den Projektstart sollte kein Wert gelegt werden, da die Anfangsbedingungen in einem Projekt keine Rolle spielen. Mit der Zeit spielen sich die relevanten Faktoren von alleine ein.		

Lösung s. Seite 99

2. Elementare Faktoren zur Durchführung eines Projekts
2.1 Projektimpuls
Aufgabe 1: Projektinitiierung (1)
Das internationale Unternehmen Elementar making Ltd., das Werkzeuge herstellt, beabsichtigt einen Produktions- und Vertriebsstandort in Deutschland aufzubauen. Aufgrund eines verstärkten Wettbewerbs bei den Qualitätsmerkmalen der Werkzeuge entschied sich die Geschäftsleitung, in einer Region zu investieren, in der qualifizierte Mitarbeiter sowie ein hohes Qualitätsbewusstsein vorhanden sind.

Allerdings bemerkten die Investoren, dass die europäischen und deutschen rechtlichen Rahmenbedingungen erheblichen Aufwand für die Gründung des neuen Standorts verursachen. Darüber hinaus soll das neue Werk am Rande einer mittelgroßen Stadt gebaut werden. Nach Bekanntgabe der Standortentscheidung organisierte eine engagierte Hausfrau der Bürgerbewegung „Bunte Liste" eine spontane Demo gegen das Vorhaben vor dem Rathaus.

Dennoch hält die Geschäftsleitung an der Entscheidung fest, das Werk zu bauen, da aus Wettbewerbsgründen die Produktlinie der Gartenwerkzeuge veränderte Produktionsbedingungen benötigt, um langfristig Kosten zu sparen, und um hinsichtlich des Vertriebs in Deutschland, einem Gartenliebhaberland, näher beim Kunden zu sein.

Erläutern Sie anhand des geschilderten Falls die Möglichkeiten einer Projektinitiierung und bilden Sie einen Projekttitel.
Lösung s. Seite 101

Aufgabe 2: Projektinitiierung (2)
Nennen Sie weitere Möglichkeiten, warum ein Projekt impulsiert werden kann. Die aufgezeigten Ansätze der Aufgabe 1 sollen nicht mehr angeführt werden.
Lösung s. Seite 101

Aufgabe 3: Methoden der Ideenfindung
Um ein Projekt zu initiieren, können auch Methoden der Ideenfindung eingesetzt werden.

Erläutern Sie drei Methoden der Ideenfindung mit jeweils einem Vor- und Nachteil.
Lösung s. Seite 102

Aufgabe 4: Projektimpulsphase
Nennen Sie drei Ergebnisse, die am Ende jeder Projektimpulsphase resultieren sollten, um das Projekt fundiert fortsetzen zu können.
Lösung s. Seite 104

2.2 Rolle des Auftraggebers eines Projekts

Aufgabe 1: Arten von Auftraggebern
Nennen Sie zwei Arten von Auftraggebern.

Lösung s. Seite 105

Aufgabe 2: Organisatorische Stellung des internen Auftraggebers
Erläutern Sie die hierarchische Position des internen Auftraggebers bei Projekten.

Lösung s. Seite 105

Aufgabe 3: Aufgaben des internen Auftraggebers
a) Erläutern Sie die Aufgaben des internen Auftraggebers.
b) Erklären Sie die Aufgaben des Projektlenkungsausschusses.

Lösung s. Seite 105

Aufgabe 4: Geschäftsordnung und Projektvertrag
Die Elementar making Ltd. etablierte zur Realisierung des Projekts „Beschaffung qualifizierter Mitarbeiter" im Rahmen der Gründung des neuen Werks in Deutschland (siehe Aufgabe 1, Abschnitt 2.1 Projektinitiierung) einen Projektlenkungsausschuss.

a) Begründen Sie, warum für dieses Projekt ein Projektlenkungsausschuss sinnvoll ist.
b) Nennen Sie fünf Aspekte, die eine Geschäftsordnung eines Projektlenkungsausschusses enthalten sollte.
c) Frau Meierhofer wurde vom Projektlenkungsausschuss zur Projektleiterin berufen. Nennen Sie vier Elemente, die ein Projektvertrag zwischen Frau Meierhofer und dem Projektlenkungsausschuss beinhalten sollte.

Lösung s. Seite 106

Aufgabe 5: Projektauftrag
Nennen Sie fünf Elemente, die ein Projektauftrag eines internen oder externen Auftraggebers enthalten sollte.

Lösung s. Seite 107

Aufgabe 6: Weitere Projektbeteiligte
Neben dem Auftraggeber und dem Projektleiter gibt es noch weitere Projektbeteiligte.

Nennen Sie je vier weitere direkte und indirekte Projektbeteiligte.

Lösung s. Seite 107

2.3 Instrumente zur Entscheidungsfindung

Die Systems-Electronics GmbH stellt Bauteile für E-Cars, E-Roller und E-Bicycles her. Das Unternehmen beabsichtigt, die Qualität der Elektrobauteile (z. B. längere Batterielaufzeit) zu erhöhen und weltweit einen weiteren Produktionsbetrieb (Europa oder Rest der Welt) zu errichten, um die gestiegene Nachfrage befriedigen zu können. Um die Effizienz zu steigern, soll Lean Management in den europäischen Werken intensiviert werden. Die geplanten Aktivitäten sollen mithilfe von Projekten realisiert werden. Die Geschäftsleitung des Unternehmens sieht ein Budget von 200 Mio. € für die nächsten drei Jahre vor.

Die Bereichsleitungen (interne Auftraggeber) des Unternehmens entwickelten drei Projekte, die die geschilderte Strategie unterstützen sollen.

- **Projekt A:** F&E-Projekt, Erhöhung der Batterielaufzeit
  - Geschätzter Aufwand: 80 Mio. €
  - Projektzeitraum: Ein Jahr
- **Projekt B:** Errichtung eines Werks in Südamerika
  - Geschätzter Aufwand: 120 Mio. €
  - Projektzeitraum: Zwei Jahre
- **Projekt C:** Intensivierung von Lean Management in den europäischen Werken
  - Geschätzter Aufwand: 30 Mio. €
  - Projektzeitraum: Drei Jahre

Allerdings können nicht alle Projektanträge berücksichtigt werden. Daher müssen Entscheidungen zur Projektauswahl getroffen werden.

Aufgabe 1: Nutzwertanalyse

a) Erläutern Sie, wie im Rahmen einer Nutzwertanalyse Entscheidungen getroffen werden können.

b) Vergleichen Sie Projekt B und C im Rahmen einer Nutzwertanalyse und bereiten Sie eine Entscheidung vor, welches Projekt sofort priorisiert werden sollte.

Lösung s. Seite 107

Aufgabe 2: Portfoliotechnik

a) Führen Sie eine Nutzwertanalyse mit den drei Projekten A, B und C des Fallbeispiels durch und bereiten Sie eine Entscheidung vor.

b) Stellen Sie den Sachverhalt des Fallbeispiels im Rahmen einer Portfolioanalyse mit den Variablen „Projektzeitraum" (Ordinate), „Nutzwert" (Abszisse) und „Projektaufwand" (Kreise im Portfolio) dar. Entwickeln Sie ein Entscheidungsszenario aus dem Portfolio.

Lösung s. Seite 109

Aufgabe 3: Sensitivitätsanalyse

a) Erklären Sie den Zweck einer Sensitivitätsanalyse.

b) Führen Sie beispielhaft eine Sensitivitätsanalyse anhand der beiden Projekte B und C (siehe Aufgabe 1) durch.

Lösung s. Seite 110

Aufgabe 4: Morphologische Kasten

Die Geschäftsleitung der Systems-Electronics GmbH engagiert den Unternehmensberater Mc Wise, dessen Aufgabe die Überprüfung der von den internen Auftraggebern entwickelten drei Projekte im Zusammenhang mit der Strategie des Unternehmens ist. Möglicherweise gibt es noch weitere Projektansätze, die die zukünftige Ausrichtung des Unternehmens noch besser unterstützen. Um eine möglichst breite Lösungsvielfalt erzeugen zu können, benutzt der Unternehmensberater den morphologischen Kasten.

a) Erklären Sie die Vorgehens- und Wirkungsweise des morphologischen Kastens.

b) Entwickeln Sie einen morphologischen Kasten mit dem Ziel, auch andere Projekte zur Strategieunterstützung heranzuziehen.

Lösung s. Seite 110

Aufgabe 5: Entscheidungsbaum***

Die Geschäftsführer der Systems-Electronics GmbH erhalten von der Gesellschafterversammlung den Auftrag, einen Überblick zur Strategie sowie zu den geplanten Projekten zu geben. Die Geschäftsleitung gibt den Auftrag an den engagierten Unternehmensberater Mc Wise weiter, der einen Entscheidungsbaum vorschlägt.

a) Erklären Sie das Grundprinzip eines Entscheidungsbaums.

b) Es soll ein Entscheidungsbaum für das Projekt „Errichtung eines Produktionsbetriebes" erstellt werden. Begründen Sie Ihre Ansätze unter Berücksichtigung nachstehender Informationen.

- **Projekt B 1:** „Neues Werks in Südamerika"
  - Geschätzter Aufwand: 120 Mio. €
  - Prognostizierter zusätzlicher Gewinn pro Jahr: 30 Mio. €
  - Projektzeitraum: Zwei Jahre
  - Risiken: Unsicherheiten beim Grundstückserwerb, häufig außerordentliche klimatische Ereignisse, hohe Inflationsraten
  - Chancen: Direktinvestition ermöglicht Nähe zu den Kunden
- **Projekt B 2:** „Ausbau des alten Werks in Europa"
  - Geschätzter Aufwand: 80 Mio. €
  - Prognostizierter zusätzlicher Gewinn pro Jahr: 40 Mio. €
  - Projektzeitraum: Zwei Jahre

- Risiken: Aufgrund eines Baubooms ausgelastete Bauunternehmen
- Chancen: Qualifizierte Ingenieure sind verfügbar

Lösung s. Seite 112

Aufgabe 6: Delphi-Methode***

Die Geschäftsleitung der Systems-Electronics GmbH möchte das Risiko von strategischen Fehlentscheidungen minimieren. Der Assistent der Geschäftsleitung schlägt vor, auch die Delphi-Methode einzusetzen, um die Entscheidung für oder gegen verschiedene Projekte abzusichern.

Erklären Sie die Delphi-Methode sowie die Anwendung hinsichtlich der Auswahl von Projekten, um strategische Entscheidungen treffen zu können.

Lösung s. Seite 113

2.4 Der Projektstart

Aufgabe 1: Bedeutung des Projektstarts

a) Erklären Sie, warum der Projektstart für das Projektmanagement elementar ist.
b) Nennen Sie fünf Erfolgsfaktoren für einen gelungenen Projektstart.
c) Erläutern Sie die Rolle des Projektleiters sowie des internen Auftraggebers beim Projektstart.

Lösung s. Seite 113

Aufgabe 2: Startphase eines Projekts

a) Erläutern Sie die relevanten Phasen des Projektstarts.
b) Nennen Sie fünf Faktoren, die unbedingt in der Startphase eines Projekts berücksichtigt werden sollten.

Lösung s. Seite 115

Aufgabe 3: Projektantrag

Die Power-Wind Ltd. produziert Windkraftwerke und setzt diese weltweit ab. Das Unternehmen konnte in den letzten Jahren den Effizienzgrad steigern, sodass auf dem Markt für Windkraftwerke eine Technologieführerschaft besteht. Bei internationalen Ausschreibungen ist das Unternehmen daher zunehmend erfolgreich. Die Projekte müssen bei dem zuständigen internen Auftraggeber mit einem Projektsteckbrief beantragt werden.

a) Erklären Sie die Funktion des Projektsteckbriefs.
b) Für den Auftrag „Errichtung von 100 Windkraftwerken in der Türkei" soll ein Projektsteckbrief erstellt werden.

Lösung s. Seite 115

Aufgabe 4: Tagesordnung und Checkliste

Erstellen Sie eine Tagesordnung sowie eine Checkliste für die Durchführung eines Startworkshops, bei dem sich die Teammitglieder und der Projektleiter in einer Gruppe zum ersten Mal gemeinschaftlich begegnen.

Lösung s. Seite 116

Aufgabe 5: Lasten- und Pflichtenheft

Erklären Sie den Unterschied zwischen Lasten- und Pflichtenheft.

Lösung s. Seite 117

Aufgabe 6: Kick-off-Meeting

Erläutern Sie die Funktion des Kick-off-Meeting sowie die relevanten Aspekte, die im Rahmen einer derartigen Veranstaltung den Kerninhalt darstellen sollten.

Lösung s. Seite 117

2.5 Analyse der Ausgangssituation

Aufgabe 1: Projektumfeld

Nennen Sie acht Faktorengruppen, die ein Projekt beeinflussen können.

Lösung s. Seite 117

Aufgabe 2: Instrumente zur Offenlegung der Ausgangssituation eines Projekts

Nennen Sie fünf Instrumente, mit denen die Ausgangssituation eines Projekts offengelegt werden kann.

Lösung s. Seite 118

Aufgabe 3: Stakeholderanalyse (1)

a) Erklären Sie den Begriff „Stakeholder".
b) Nennen Sie vier Arten von Stakeholdern mit je einem Beispiel.
c) Erklären Sie die Rolle der Stakeholder in Projekten.

Lösung s. Seite 118

Aufgabe 4: Stakeholderanalyse (2)

a) Erläutern Sie die Problemkreise einer Stakeholderanalyse.
b) Erläutern Sie grundsätzliche Möglichkeiten, mit Stakeholdern umzugehen.

Lösung s. Seite 119

Aufgabe 5: Fallbeispiel Stakeholderanalyse (1)

Ein mittelständisches Unternehmen mit 850 Mitarbeitern produziert Anlagen für Öl- und Gaszentralheizungen, Kaminöfen, Block- und Pelletheizkraftwerke in einer mittelgroßen Stadt. Die Marketingabteilung beobachtet, dass zunehmend Block- und Pelletheizkraftwerke von den Endkunden nachgefragt werden. Daher plant die Geschäftsleitung aus Wettbewerbsgründen sowie zur Sicherung der unternehmerischen Existenz den Ausbau der Produktionshalle um ein Drittel der bisherigen Fläche. Ein Problem besteht darin, dass die zusätzlichen Produktionsgebäude einer benachbarten Wohnsiedlung sowie einer Schule näher rücken. Die gesetzlichen Mindestabstände werden jedoch eingehalten.

a) Erstellen Sie eine Stakeholderanalyse mit den Merkmalen „Erwartungen/Einflussnahme", „Grad der Betroffenheit", „Strategien/Maßnahmen" und „Verantwortlichkeit".

b) Stellen Sie die Ergebnisse der Stakeholderanalyse in einem Portfolio mit den Variablen „Einflussnahme" und „Betroffenheit" dar.

Lösung s. Seite 121

Aufgabe 6: Fallbeispiel Stakeholderanalyse (2)***

In einer mittelgroßen Stadt mit mehreren Flüssen plant die Stadtverwaltung ein Brückenprojekt, das ein Natur- und Freizeitgebiet beeinträchtigt. Die Befürworter des Projekts sehen in der geplanten Brücke eine Entlastung der bestehenden historischen Brücken. Bereits in der Planungsphase bilden sich verschiedene Stakeholdergruppierungen mit individueller Betroffenheit:

Stakeholder	Betroffenheit
Bürgerinitiative der Anwohner	Stark, da durch die neue Brücke der Wert der Häuser sinkt und ein Natur- und Freizeitgebiet zerstört wird
Politische Parteien A, B und C	▶ **Partei A:** Stark betroffen, da von der Mehrheit der Bürger im Stadtteil des Brückenbaus gewählt. Bürger erwarten Widerstand gegen die Brücke ▶ **Partei B:** Indirekt betroffen, jedoch wird der neue Brückenbau befürwortet, da die Wirtschaft der Stadt gefördert wird ▶ **Partei C:** Stark betroffen, da ein umweltorientiertes Programm vorliegt
Kaufleute der Stadt	Stark betroffen: Befürworten neue Brücke, da die Wirtschaft der Stadt gestärkt wird
Kommunalpolitiker des Landkreises	Mittel betroffen: Wenn eine neue Brücke gebaut wird, dann können die Bürger des Landkreises mehr in der Stadt einkaufen und ungehinderter zu den Arbeitsplätzen pendeln.

a) Erstellen Sie eine Netzwerkanalyse der Stakeholder.
b) Auf welche Faktoren sollte der Leiter des Brückenprojekts hinsichtlich der Stakeholder achten?

Lösung s. Seite 122

Aufgabe 7: Risikomanagement (1)

a) Erläutern Sie, was man unter Risiko verstehen kann.
b) Erklären Sie verbal und grafisch, wie der grundsätzliche Ablauf eines Risikomanagement vollzogen wird.
c) Erklären Sie, warum die Etablierung von Risikomanagement für ein Unternehmen notwendig und sinnvoll sein kann.

Lösung s. Seite 123

Aufgabe 8: Risikomanagement (2)

a) Nennen Sie fünf Risikoarten mit je einem Beispiel.
b) Nennen Sie fünf Instrumente, um Risiken zu identifizieren.

Lösung s. Seite 125

Aufgabe 9: Risikobewertung***

a) Erklären Sie, wie ein Risikowert im Rahmen einer Risikobewertung ermittelt werden kann.
b) Zeigen Sie anhand eines selbstgewählten Risikobeispiels den Einsatz der Delphi-Methode bei der Risikobewertung.

Lösung s. Seite 125

Aufgabe 10: Vorsorgestrategien

Nennen Sie fünf Vorsorgestrategien zu Risiken mit je einem Beispiel.

Lösung s. Seite 126

Aufgabe 11: Fallstudie (1)

Die Flex-Cut GmbH produziert elektronische Sägen für Privathaushalte und Unternehmen. Das Unternehmen beschäftigt weltweit 8.000 Mitarbeiter. Der Exportanteil beträgt 80 %. Das Unternehmen bezieht von 400 global verteilten Lieferanten Teile zur Produktion einer elektronischen Großsäge im Rahmen eines Spezialauftrags von mehreren Recyclingunternehmen. Die weltweite Absatzlogistik wird mit 50 Logistikdienstleistern abgewickelt.

a) Erläutern Sie vier Risiken, die bei der Flex-Cut GmbH eine Rolle spielen könnten.
b) Stellen Sie die ermittelten vier Risiken mit Eintrittswahrscheinlichkeit, Schadenhöhe, ABC-Risiko, Maßnahmen/Strategien und Verantwortlichkeit in einer Tabelle sowie in einer Grafik (Ordinate: Eintrittswahrscheinlichkeit, Abszisse: Schadenhöhe) dar.
c) Erläutern Sie, welche Aspekte die Geschäftsleitung des Unternehmens einleiten sollte, um Risikomanagement in Projekten zu etablieren.

Lösung s. Seite 127

Aufgabe 12: Fallstudie (2)***

Das international agierende Unternehmen PneuPower AG stellt für die Industrie Druckluftzylinder her. Eine Innovation in der Branche besteht darin, dass eine Kombination zwischen Robotertechnik und Druckluftzylinder die Rationalisierung in der Produktion der Kunden vorantreiben soll. Um einen Wettbewerbsvorteil zu erzielen, wurde bei der PneuPower AG ein Entwicklungsprojekt hierzu initiiert. Der interne Auftraggeber (Bereichsleiter Produktion) besteht darauf, dass mit verschiedenen Instrumenten Risikoanalysen betrieben werden.

a) Stellen Sie das Risiko „Verändertes Kundenverhalten" mit der Szenariomethode dar.
b) Führen Sie für das Risiko „Roboter fährt linken Arm zu schnell aus" eine vereinfachte FMEA durch.
c) Erläutern Sie drei Ziele einer FMEA.

Lösung s. Seite 128

2.6 Bedeutung der Projektziele

Aufgabe 1: Aufgaben der Projektziele

Erläutern Sie die Aufgaben von Projektzielen.

Lösung s. Seite 130

Aufgabe 2: Funktionen von Projektzielen

Nennen Sie die Funktionen von Projektzielen mit je einem Beispiel.

Lösung s. Seite 130

Aufgabe 3: Zielplanung

Erläutern Sie, wie Ziele geplant werden und welche Sachverhalte bei Projekten berücksichtigt werden müssen.

Lösung s. Seite 131

Aufgabe 4: Anforderungen an die Zielformulierung

a) Erklären Sie, welche Aspekte bei der Zielformulierung beachtet werden müssen.
b) Formulieren Sie ein Ziel für den Sachverhalt, dass die Anzahl der Beschwerden über die Vertriebsmitarbeiter zurückgehen sollen.
c) Erläutern Sie den Unterschied zwischen Lasten- und Pflichtenheft.

Lösung s. Seite 131

Aufgabe 5: Zielarten

Nennen Sie verschiedene Zielarten mit je einem Beispiel und gruppieren Sie diese nach Merkmalen.

Lösung s. Seite 132

Aufgabe 6: Zielbeziehungen

a) Nennen Sie verschiedene Möglichkeiten von Zielbeziehungen mit je einem Beispiel.
b) Erläutern Sie die Ursachen für Zielkonflikte.
c) Erklären Sie, wie mit Zielkonflikten umgegangen werden kann.

Lösung s. Seite 134

Aufgabe 7: Zielhierarchie

Das Spielwarenunternehmen Max Holzwurm e. K. produziert seit drei Generationen Holzspielzeuge für Kinder. Ein Freizeitpark bietet dem Unternehmen an, eine sehr große Kugelbahn zu installieren und für Werbezwecke zu nutzen. Dipl.-Ing. Maier wird vom Produktionsleiter als Projektleiter berufen, der auf die Wirtschaftlichkeit achtet.

Erstellen Sie eine vereinfachte Zielhierarchie für das Projekt „Kugelbahn im Freizeitpark".

Lösung s. Seite 135

Aufgabe 8: Zielbildung***

Das Süßwarenunternehmen Sweet-Choco GmbH produziert unterschiedliche Schokoladenspezialitäten. Der Führungskreis des Unternehmens beschließt die Initiierung eines Projekts „Fair Trade". Zum Projektleiter wurde die Ernährungswissenschaftlerin Susi Süß ernannt. Frau Süß beschäftigte sich in früheren Jahren partiell mit fairem Handel, jedoch weisen ihre Projektmitarbeiter keinerlei Kenntnisse in dieser Fachrichtung auf.

Erklären Sie, wie Frau Süß sich selbst und ihre Projektmitarbeiter zu einer Identifikation mit den Projektzielen führt.

Lösung s. Seite 135

Aufgabe 9: Anforderungsmanagement***

a) Erklären Sie den Nutzen eines Anforderungsmanagement.

b) Ein Automotivezulieferer beabsichtigt, einen Außenspiegel für einen Pkw-Hersteller zu entwickeln. In einem Vorgespräch teilten die externen Auftraggeber bereits ausgewählte Kriterien mit, die der neue Außenspiegel beinhalten sollte. Der für dieses Projekt ernannte Projektleiter Maier möchte die Grundstruktur eines Anforderungsmanagement darlegen.

Unterstützen Sie den Projektleiter und zeigen Sie relevante Eckpunkte eines Anforderungsmanagement für dieses Projekt auf.

Lösung s. Seite 136

3. Projektorganisation und Vorgehensmodelle
3.1 Organisationsansätze
Aufgabe 1: Grundsätzliches zur Organisation von Projekten
a) Erläutern Sie, warum in Projekten eine spezielle Organisation notwendig ist.
b) Nennen Sie fünf Faktoren, die für die Wahl der Art der Projektorganisation maßgeblich sein können.

Lösung s. Seite 139

Aufgabe 2: Organisationsmöglichkeiten mit Projekten***
a) Nennen Sie zwei grundsätzliche Möglichkeiten, Projekte organisatorisch zu positionieren.
b) Diskutieren Sie die Rolle der Projektorganisation als sekundäre Organisationsform.

Lösung s. Seite 139

Aufgabe 3: Arten der Projektorganisation (1)
Erläutern Sie je zwei Vor- und Nachteile einer Einfluss-Projektorganisation.

Lösung s. Seite 140

Aufgabe 4: Arten der Projektorganisation (2)
In einem mittelständischen Unternehmen mit 200 Mitarbeitern werden biologisch-orientierte Lebensmittel erzeugt. Bisher wurde das Rechnungswesen von drei Mitarbeitern per Zettel und von Hand geführt. Um einen Überblick zur Gesamtsteuerung des Unternehmens zu gewinnen, entschied sich die Geschäftsleitung für eine Digitalisierung des Rechnungswesens.

Als Projektleiterin wurde Dipl.-Betriebswirtin Maria Rechentreu ernannt. Das Projektziel besteht darin, sämtliche Prozesse und Daten des Rechnungswesens über eine Software zu steuern. Die Abteilung Rechnungswesen kann jedoch kaum Arbeitszeit für das Projekt reservieren, sodass sich die Projektleiterin entschloss, eine Matrix-Projektorganisation zu bilden.

a) Erläutern Sie am Fallbeispiel die Merkmale sowie je zwei Vor- und Nachteile der Matrix-Projektorganisation.
b) Stellen Sie grafisch eine exemplarische Matrix-Projektorganisation zum Fallbeispiel dar.

Lösung s. Seite 141

Aufgabe 5: Arten der Projektorganisation (3)

a) Erklären Sie die Merkmale sowie je zwei Vor- und Nachteile der reinen bzw. autonomen Projektorganisation.

b) Erläutern Sie, wie Projekte in Linienverantwortung gestaltet werden können.

Lösung s. Seite 142

Aufgabe 6: Arten der Projektorganisation (4)

Entscheiden Sie, welche Art der Projektorganisation Sie für die dargelegten Fälle wählen würden.

Fallbeispiel	Art der Projektorganisation
In einem Handelsunternehmen soll das Reporting in allen Funktionsbereichen optimiert werden. Für diese Anforderung wird ein Projekt definiert.	
Ein börsennotiertes Unternehmen führt jährlich mehrere karitative und sportliche Events mit bekannten Markenherstellern sowie die Hauptversammlung durch.	
Bei einem Automotivehersteller werden in einem Produktionsabschnitt die Prozesse nach Kaizen optimiert. Während der regulären Arbeitszeit können für das Projekt „KVP" lediglich 20 % der Arbeitszeit reserviert werden.	

Lösung s. Seite 144

Aufgabe 7: Organisation von Projekten außerhalb der Stammorganisation***

a) Erläutern Sie die Merkmale von
- ARGE
- Konsortium.

b) Erklären Sie, welche weiteren Organisationsansätze von Projekten außerhalb der Stammorganisation möglich sind.

Lösung s. Seite 144

Aufgabe 8: Aufbauorganisation in Projekten***

Erläutern Sie die fundamentalen Faktoren einer Aufbauorganisation in Projekten.

Lösung s. Seite 145

Aufgabe 9: Ablauforganisation in Projekten***

a) Zeigen Sie grafisch die wesentlichen Phasen eines Projektablaufs.

b) Erläutern Sie stichwortartig die wesentlichen Elemente in jeder Projektablaufphase.

Lösung s. Seite 146

Aufgabe 10: Phasenmodelle***

a) Nennen Sie fünf Einflussfaktoren, die die Gestaltung von Phasenmodellen bestimmen können.

b) Erläutern Sie den Nutzen von Phasenmodellen und zeigen Sie die Grenzen auf.

c) Erklären Sie die Unterschiede zwischen einem 3-Phasen-, 5-Phasen- und 6-Phasen-Modell.

Lösung s. Seite 147

Aufgabe 11: Weitere Organisationsinstanzen und Rollen im Projekt

a) Erläutern Sie die Unterschiede zwischen Projektlenkungsausschuss und Projektportfolio-Board sowie deren Rollen im Projekt.

b) Erläutern Sie weitere Organisationsinstanzen in Projekten sowie deren Rollen im Projekt.

Lösung s. Seite 149

3.2 Vorgehensmodelle

Aufgabe 1: Nutzen von Vorgehensmodellen***

Erklären Sie den Nutzen von Vorgehensmodellen im Rahmen des Projektmanagement.

Lösung s. Seite 150

Aufgabe 2: Meilensteinplan

a) Erläutern Sie die Bedeutung von Meilensteinen in Projekten.

b) Nennen Sie drei Beispiele für Meilensteine.

c) Entscheiden Sie, ob bei den nachfolgenden Beispielen Meilensteine vorliegen oder nicht.

Beispielaussage	Meilenstein (Ja/Nein)
Dipl.-Kaufmann Müller fertigt eine Tabelle im Rahmen einer Kostenschätzung an.	
Zwei Teammitglieder eines Projekts bereiten einen Modultest für eine Software vor.	
Der Projektleiter und der interne Auftraggeber tauschen nach einer Sitzung Informationen aus.	
Die Logistik-Software zur Steuerung einer Supply-Chain wird im Rahmen eines Projekts pünktlich geliefert.	

Lösung s. Seite 151

Aufgabe 3: Arten von Vorgehensmodellen***

a) Erläutern Sie zwei grundsätzliche Möglichkeiten von Vorgehensmodellen, wenn die Merkmale Stabilität und Volatilität richtungweisend sein sollen.
b) Nennen Sie zwei weitere Vorgehensmodelle.

Lösung s. Seite 151

3.3 Lernende Organisation

Aufgabe 1: Grundsätzliche Faktoren zu einer lernenden Organisation

a) Erläutern Sie drei grundsätzliche Elemente einer lernenden Organisation.
b) Erläutern Sie die Unterschiede des Lernens in einer Linien- und einer Projektorganisation.

Lösung s. Seite 153

Aufgabe 2: Zusammenhang zwischen lernender Organisation, Projekt und Funktionsbereichen eines Unternehmens***

Erläutern Sie anhand von zwei Beispielen den Zusammenhang zwischen der lernenden Organisation eines Projekts und den Funktionsbereichen eines Unternehmens.

Lösung s. Seite 154

Aufgabe 3: Lernende Organisation und KVP***

Erklären Sie den Zusammenhang zwischen KVP und einer lernenden Projektorganisation.

Lösung s. Seite 154

Aufgabe 4: Projektorientiertes Unternehmen***

Erklären Sie den Zusammenhang zwischen der lernenden Organisation sowie der Vorstellung eines projektorientierten Unternehmens.

Lösung s. Seite 155

4. Projektteam und Projektleiter

4.1 Projektteam

4.1.1 Grundlegendes zum Projektteam

Aufgabe 1: Verfügbarkeit der Projektmitarbeiter

Die Biological-Systems GmbH entwickelt seit zehn Jahren Biogasanlagen. Durch den zunehmenden Wettbewerb der letzten Jahre auf dem Markt für Biogasanlagen wird es erforderlich, den technischen Fortschritt voranzutreiben. Daher entschloss sich die Geschäftsleitung der Biological-Systems GmbH ein neues Entwicklungsprojekt mit dem Titel „Biogas – more Efficiency" zu initiieren. Frau Maierhofer wurde als Projektleiterin berufen. Sie erhält auch den Auftrag, das Projektteam zusammenzustellen.

Erläutern Sie Problemkreise der Verfügbarkeit der Projektmitarbeiter.

Lösung s. Seite 157

Aufgabe 2: Personalbeschaffung in Projekten

a) Nennen Sie Möglichkeiten der Personalbeschaffung, auch in Bezug auf den Fall der Aufgabe 1.

b) Entwickeln Sie eine Checkliste für ausgewählte Fragen, mit der Sie im Rahmen erster Sondierungsgespräche die Eigenschaften und die Qualifikation der potenziellen Mitarbeiter testen.

Lösung s. Seite 157

Aufgabe 3: Zusammensetzung des Projektteams

a) Die Projektleiterin der Biological-Systems GmbH überlegt (siehe Fall Aufgabe 1), wie groß ihr Projektteam für das Projekt „Biogas – more efficiency" werden soll. Unterstützen Sie die Projektleiterin und erläutern Sie Argumente zur Größe des Projektteams.

b) Erläutern Sie, auf welche Faktoren die Projektleiterin Maierhofer achten sollte, um das Projektteam zusammenzustellen.

Lösung s. Seite 158

Aufgabe 4: Kompetenzen der Teammitglieder

Erklären Sie die grundsätzlichen Kompetenzen von Teammitgliedern eines Projekts.

Lösung s. Seite 159

Aufgabe 5: Aufgaben der Projektmitarbeiter und Gruppenarbeit

a) Erläutern Sie die Aufgaben der Projektmitarbeiter in Bezug auf das Fallbeispiel der Aufgabe 1.
b) Nennen Sie fünf Gruppenregeln.
c) Welche Aspekte sollten bei der Gestaltung eines Workshops beachtet werden?

Lösung s. Seite 160

Aufgabe 6: Funktionen von Projektteams

Die Projektleiterin Maierhofer (Fallbeispiel Aufgabe 1) spricht mit dem Unternehmensberater Bedürftig, den die Geschäftsleitung für die Optimierung der Unternehmenskultur engagiert hat. Der Unternehmensberater und die Projektleiterin diskutieren über Projektteams und stellen Pro- und Contra-Argumente dar.

Erläutern Sie je zwei Positionen, die für und gegen den Teamgedanken sprechen.

Lösung s. Seite 161

4.1.2 Teamentwicklungsprozesse

Aufgabe 1: Teamentwicklungsphasen

a) Erläutern Sie typische Teamentwicklungsphasen.
b) Projektleiterin Maierhofer (4.1.1, Fall Aufgabe 1) spielt verschiedene Szenarien durch, wie sie sich als Projektleiterin in den einzelnen Teamentwicklungsphasen verhalten soll. Erläutern Sie den Sachverhalt.

Lösung s. Seite 162

Aufgabe 2: Projektstart***

Projektleiterin Maierhofer beabsichtigt, den Projektstart im Hinblick auf das Projektteam zu organisieren. In einem Managementseminar lernte sie vor Kurzem, dass das *Johari*-Fenster eine Möglichkeit ist, um einen harmonischen Projektstart realisieren zu können.

Erläutern Sie grundsätzliche Voraussetzungen für den Projektstart sowie den Zusammenhang zwischen dem *Johari*-Fenster, dem Team und dem Projektstart.

Lösung s. Seite 164

Aufgabe 3: Soziale Strukturen in Projekten***

Projektleiterin Maierhofer erhält vom Unternehmensberater Bedürftig (4.1.1, Fall Aufgabe 1 und 6) den Rat, sich Gedanken über die sozialen Strukturen im geplanten Projekt zu machen. Darüber hinaus sollten sie sich gründlich auf den Projektstart vorbereiten, damit ein harmonischer Projektbeginn gelingt.

a) Erklären Sie, welche Ausprägungen von sozialen Strukturen in Projekten maßgeblich sind.

b) Auf welche sozialen Faktoren sollte die Projektleiterin Maierhofer beim ersten Teamtreffen achten?

Lösung s. Seite 165

4.1.3 Kommunikation in Projekten

Aufgabe 1: Grundlegendes zur Kommunikation in Projekten

a) Nennen Sie je zwei Beispiele einer formellen und informellen Kommunikation in Projekten.

b) Erläutern Sie die Voraussetzungen sowie den Nutzen der Kommunikation in Projekten.

c) Nennen Sie drei Grenzen der Kommunikation in Projekten.

Lösung s. Seite 167

Aufgabe 2: Sender-Empfänger-Modell

Erklären Sie das Sender-Empfänger-Modell nach *Schulz von Thun* anhand eines Beispiels aus dem Projektmanagement.

Lösung s. Seite 168

Aufgabe 3: Optimale Kommunikation***

Bei einem Zulieferer im Automotivebereich entschied die Geschäftsleitung, dass die Supply-Chain optimiert wird. Der stellvertretende Abteilungsleiter des Einkaufs, Herr Schmidt, wurde vom Bereichsleiter Gesamteinkauf (interner Auftraggeber) zum Projektleiter ernannt. Das Projekt „Optimierung der Supply-Chain" ist interdisziplinär mit vielen Stakeholdern ausgerichtet und weist einen hohen Komplexitätsgrad auf. Zudem setzte der interne Auftraggeber enge Zeitziele, da die Kosten rasch gesenkt werden müssen, um die Wettbewerbsfähigkeit aufrecht zu erhalten.

a) Erläutern Sie zwei grundlegende Instrumente zur optimalen Kommunikation.

b) Das Projekt nähert sich dem zweiten Meilenstein. Projektleiter Schmidt erkennt nun die komplexe Dimension des Projekts, da viele Stakeholder zur Organisation der Supply-Chain notwendig sind. Da er drei Tage in der Woche in der Linienorganisation mitwirkt, steht kaum Zeit für dieses umfangreiche und bedeutsame Projekt zur Verfügung. Projektleiter Schmidt hat inzwischen 14-Stunden-Tage. Herr Schmidt prüft kurz vor dem zweiten Meilenstein in der Teilaufgabe „IT-Optimierung – Supply-Chain" die Leistungen. Es kommt mit der Teilaufgabenverantwortlichen Frau Huber zu folgendem Dialog:

Projektleiter Schmidt (etwas ärgerlich): *„Zeigen Sie mir den Stand Ihrer Leistungen. Sie wissen, dass ich in zwei Tagen dem internen Auftraggeber einen Meilensteinbericht übersenden muss."*

Frau Huber: *„Erst mal langsam. Zuerst sagt man ‚Guten Morgen' oder nicht?"*

Projektleiter Schmidt (noch erzürnter): *„Frau Huber, machen Sie das, was Ihr Vorgesetzter sagt. Haben Sie überhaupt die Aufgaben für Meilenstein 2 erledigt? Hophop, ich möchte Ergebnisse sehen."*

Frau Huber: *„Ich habe noch nicht alle Aufgaben erledigt, da ich in meinem Hauptaufgabengebiet in der Linie ein paar Notfälle hatte. Sie wissen, dass ich für die ganze IT im Unternehmen zuständig bin."*

Projektleiter Schmidt: *„Was ist Ihnen wichtiger? Ich glaube, Sie haben nicht die Fähigkeiten in einem Projekt zu arbeiten. Hätte ich nur Frau Anastasi Klimaschenko genommen; die hätte für mich in dieser Situation alles getan. Sie hat übrigens einen kompetenteren Eindruck als Sie gemacht. Ich habe mich nur aus Mitleid für Sie entschieden."*

Frau Huber: *„Sie tun mir auch leid."*

Projektleiter Schmidt verlässt den Raum.

Erläutern Sie, welche Grundregeln der optimalen Kommunikation verletzt wurden.

c) Erläutern Sie genau, wie die Kommunikation anders verlaufen hätte können. Zeigen Sie die Schritte detailliert auf.

Lösung s. Seite 169

4.1.4 Verhalten bei Veränderungsprozessen
Aufgabe 1: Arten der Veränderung

Das mittelständische Unternehmen Solardrive and -elements GmbH stellt Pkws mit Solarantrieb sowie Solarmodule her. In der Solarbranche intensivierte sich seit einigen Jahren der internationale Wettbewerb und verursacht deutliche Preissenkungen. Die Geschäftsleitung impulsiert aus Gründen des Wettbewerbs sowie der Existenzsicherung verschiedene Projekte.

Die Projektinhalte werden zu einer Reorganisation des Unternehmens führen, um die Kosten zu senken sowie die Effizienz und Effektivität zu erhöhen. Es sind folgende Projekte geplant:

- **Projekt 1:** „Reorganisation der Prozesse in der Produktion"
- **Projekt 2:** „Einführung einer ganzheitlichen Unternehmenssoftware"
- **Projekt 3:** „Umwandlung der Großraumbüros in mobile Arbeitsplätze"

Projekt 1 und 2 sollen „sofort" (innerhalb der nächsten sechs Monate) umgesetzt werden. Projekt 3 soll schrittweise in den nächsten zwei Jahren realisiert werden. Viele Beschäftigte traten in das Unternehmen vor einigen Jahren in dem Glauben ein, dass sich die alternativen Energien weiter ausbreiten und der Arbeitsplatz bei einem Solarelementeproduzenten sicher sei.

Erklären Sie, welche Arten der Veränderung im Fallbeispiel vorliegen.

Lösung s. Seite 170

Aufgabe 2: Veränderungsprozess

Erläutern Sie verbal und grafisch, wie die Mitarbeiter in Projekt 3 (siehe Aufgabe 1) auf die Veränderungen reagieren könnten.

Lösung s. Seite 171

Aufgabe 3: Voraussetzungen der Veränderungsfähigkeit***

Erläutern Sie drei Voraussetzungen für die Veränderungsfähigkeit von Organisationen und Mitarbeitern.

Lösung s. Seite 172

Aufgabe 4: Reaktionen auf Veränderungsprozesse

Für das Projekt 2 „Einführung einer ganzheitlichen Unternehmenssoftware" (siehe Aufgabe 1) wird Frau Müller zur Projektleiterin ernannt. In einem ersten Gespräch mit ihren Projektmitarbeitern wird klar, dass das Projekt bei den Beschäftigten unterschiedlich wahrgenommen wird.

Mit welchen Reaktionen muss die Projektleiterin rechnen?

Lösung s. Seite 173

Aufgabe 5: Drei-Phasen-Modell von *Lewin****

Die Leiterin des Projekts „Einführung einer ganzheitlichen Unternehmenssoftware" (siehe Aufgabe 1) beabsichtigt die mit dem Projekt verbundene Organisationsentwicklung durch das Drei-Phasen-Modell von *Lewin* transparent zu machen.

Unterstützen Sie die Projektleiterin, indem Sie das Modell erläutern.

Lösung s. Seite 173

Aufgabe 6: Changemanagement***

Dipl.-Ing. Maier wurde für das Projekt 1 „Reorganisation der Prozesse in der Produktion" (siehe Aufgabe 1) berufen. In der Produktion äußern verschiedene Mitarbeiter Bedenken, dass eine Umsetzung des Projekts in der kurzen Zeit (siehe Fall, Aufgabe 1) nicht realisierbar sei.

a) Erläutern Sie den Zusammenhang zwischen Projekt- und Changemanagement.
b) Welche Maßnahmen könnte Projektleiter Maier ergreifen, um den Wandel so zu gestalten, dass er akzeptiert wird?
c) Entwickeln Sie ein grobes Phasen- und Vorgehensmodell, um den Veränderungsprozess durch das Projekt 1 abzubilden.

Lösung s. Seite 174

4.2 Projektleitung

4.2.1 Funktion, Aufgaben und Rolle der Projektleitung

Aufgabe 1: Grundlagen der Projektleitung

a) Nennen Sie die Akteure, die zur Projektleitung zählen können.
b) Erläutern Sie, in welchen Zeitmodellen eine Projektleitung eingesetzt werden kann und wie die Aufsichtsfunktion gestaltet ist.

Lösung s. Seite 175

Aufgabe 2: Anforderungen an die Projektleitung

Nennen Sie zehn Anforderungen an eine Projektleitung.

Lösung s. Seite 176

Aufgabe 3: Rollen und Eigenschaften der Projektleitung

a) Nennen Sie zehn Rollen, die eine Projektleitung einnehmen kann.
b) Erklären Sie den Begriff „Sandwich-Effekt" im Zusammenhang mit einer Projektleitung.

Lösung s. Seite 176

Aufgabe 4: Führung (1)

Der Automotivezulieferer PowerEngine AG beabsichtigt, seine Rolle im Lieferantennetzwerk neu auszurichten. Dipl.-Ing. Maier wird als Projektleiter berufen. In einem Gespräch mit dem internen Auftraggeber soll Herr Maier seine Einstellungen zur Unternehmensführung sowie zur Leitung von Projekten darlegen. Spontan äußert Herr Maier folgende Aussagen.

Begründen Sie die Art des Führungsmodells.

Aussagen	Art des Führungsmodells
(1) Das Wichtigste im Projekt ist der Aufbau von bürokratischen Strukturen.	
(2) Mit den Stakeholdern wird ein ganzheitliches und vertrauensvolles Verhältnis aufgebaut.	
(3) Ohne den Projektleiter läuft im Projektteam nichts. Die Teammitglieder zentriere ich auf meine Person, da ich immer alles wissen möchte.	
(4) Die anstehenden Projektaufgaben müssen analytisch zerlegt werden. Auf dieser Basis können Schritte zur Steigerung der Rationalität eingeleitet werden.	

Lösung s. Seite 177

Aufgabe 5: Führung (2)

a) Nennen Sie zwei grundlegende Bausteine der Führung.
b) Erläutern Sie drei Führungskonzepte.
c) Erklären Sie vier Führungsstile und gehen Sie auf je einen Vor- und Nachteil ein.

Lösung s. Seite 177

Aufgabe 6: Führung (3)***

In einem Entwicklungsprojekt für elektronische Bauteile wird Frau Schuster zur Projektleiterin eines C-Projekts ernannt. Frau Schuster studierte Elektrotechnik und beendete ihr Studium vor zwei Jahren. Da Frau Schuster bisher noch kein Projekt geleitet hat, wurde ihr Herr Großgütig als Mentor zur Verfügung gestellt.

a) Erklären Sie die Rolle von Herrn Großgütig.
b) Erläutern Sie den Rat, den Großgütig der Projektleiterin hinsichtlich der Führung geben sollte, um ein erfolgreiches Projekt zu realisieren.

Lösung s. Seite 178

Aufgabe 7: Führung (4)***

Erläutern Sie die generellen Führungsansätze, die der Projektleiterin Schuster (siehe Fall Aufgabe 6) zur Verfügung stehen würden.

Welcher Ansatz ist für ein Entwicklungsprojekt besonders geeignet?

Lösung s. Seite 179

Aufgabe 8: Faktoren zum Führungsaufwand***

Erklären Sie Einflussfaktoren auf die Dimension des Führungsaufwands des Projektleiters.

Lösung s. Seite 179

Aufgabe 9: Motivation und Projektleitung (1)

Projektleiterin Schuster (siehe Fall, Aufgabe 6) ist bewusst, dass sie ihr Team im Entwicklungsprojekt motivieren soll. Sie weiß nur nicht, wie sie es machen soll.

Welche Empfehlung könnte ihr der Mentor Großgütig geben?

Lösung s. Seite 180

Aufgabe 10: Motivation und Projektleitung (2)

Dipl.-Betriebswirtin Huber erhielt vor Kurzem die Leitung eines Reengineeringprojekts. Die Projektleiterin überlegt, in welchen Phasen sie die Projektmitarbeiter insbesondere motivieren und mit welchen Instrumenten oder Methoden sie vorgehen sollte.

Unterstützen Sie die Projektleiterin bei ihrer Argumentation.

Lösung s. Seite 180

Aufgabe 11: Konflikte

In der zweiten Meilensteinsitzung (siehe Fall, Aufgabe 6) entsteht zwischen den beiden Teammitgliedern Frau Adler und Herr Hase ein Streit. Beide Gruppenmitglieder verlassen vorzeitig die Sitzung. Die Stimmung in der Gruppe verschlechterte sich daraufhin.

a) Nennen Sie drei Ursachen für Konflikte in Projekten.
b) Welche Signale für Konflikte in Projekten gibt es?
c) Erläutern Sie, wie die Projektleiterin im Fallbeispiel vorgehen sollte.
d) Nennen Sie verschiedene Experten zu Konflikten, die der Projektleiterin Schuster helfen könnten, wenn sie den Konflikt nicht lösen kann.

Lösung s. Seite 181

4.2.2 Gesprächsarten und Zeitmanagement

Aufgabe 1: Gesprächsarten

Nennen Sie Gesprächsarten, die ein Projektleiter im Projektverlauf benötigt.

Lösung s. Seite 182

Aufgabe 2: Fallbeispiel

Der Logistikdienstleister Clean-City GmbH spezialisierte sich auf die Organisation von Citylogistik sowie der Entwicklung von entsprechenden technischen Systemen. Die Geschäftsleitung ernannte vor Kurzem Lisa Rohrling zur Projektleiterin, die BWL und Maschinenbau studierte. Clean-City GmbH gewann eine Ausschreibung und kann an der Gestaltung eines Cargo-Cap-Systems in einer Großstadt in Zentraleuropa mitwirken. Das Projekt ist Teil eines Programms zur Stadt der Zukunft, da die Großstadt aufgrund des Bevölkerungswachstums Verkehrs- und Umweltprobleme hat.

a) Erläutern Sie die Gesprächsanforderungen, auf die die Projektleiterin im Fallbeispiel achten sollte.

b) Die Projektleiterin beabsichtigt, ein Zielvereinbarungsgespräch mit einem Mitarbeiter des Kernteams zu führen. Erläutern Sie die Aspekte, die die Projektleiterin im Rahmen des Gesprächs berücksichtigen sollte.

c) Ein Projektmitarbeiter erfüllte die geplanten Aufgaben zum Meilensteintermin nicht. Die Projektleiterin möchte ein Kritikgespräch mit ihm führen. Welche Kriterien sollten berücksichtigt werden, damit eine Fortsetzung der Zusammenarbeit möglich ist?

d) Ein Projektmitarbeiter zeigt in einem Arbeitspaket überragende Leistungen und hohes Engagement. Die Projektleiterin lobte den Projektmitarbeiter täglich. Erläutern Sie, ob sie das richtig macht.

Lösung s. Seite 182

Aufgabe 3: Zeitmanagement

Projektleiter Max Huber übernahm vor einem Jahr ein A-Projekt bei dem Windkraftunternehmen Wind-Change GmbH, die große Windparks vor der europäischen Küste erstellt. Die Arbeitszeit des Projektleiters erhöhte sich von Meilenstein zu Meilenstein. Inzwischen hat er 15-Stunden-Arbeitstage. Seine Assistentin rät ihm, die Grundsätze des Zeitmanagement zu berücksichtigen.

a) Nennen Sie vier Faktoren, die Zeitfallen in Projekten darstellen können.

b) Erläutern Sie die ALPEN-Methode des Zeitmanagement, die der Projektleiter einsetzen könnte, um die 15-Stunden-Arbeitstage zu reduzieren. Nennen Sie drei weitere Zeitmanagementinstrumente.

c) Erklären Sie, welche persönlichen Merkmale der Projektleiter ändern könnte, um sein Zeitmanagement optimaler zu gestalten.

Lösung s. Seite 183

Aufgabe 4: Gespräche, Selbst- und Zeitmanagement***

Projektleiter Huber (siehe Fallbeispiel Aufgabe 3) zieht sich drei Tage zu einer Fastenmeditation zurück, da er aufgrund des großen Stresses übergewichtig wurde. Dabei möchte er auch seine beruflichen und persönlichen Aktivitäten reflektieren.

a) Projektleiter Huber möchte sein Selbstmanagement optimieren. Wie könnte er in diesem Zusammenhang sein Zeitbudget besser gestalten?

b) Projektleiter Huber liest in einem Buch, dass das Ishikawa-Diagramm auch für das Zeitmanagement von Gesprächen eingesetzt werden kann. Entwickeln Sie einen beispielhaften Ansatz.

Lösung s. Seite 184

5. Projektplanung

5.1 Projektstrukturplan

Aufgabe 1: Grundlagen eines Projektstrukturplans

Erläutern Sie vier Aufgaben eines Projektstrukturplans.

Lösung s. Seite 185

Aufgabe 2: Kriterien eines Projektstrukturplans

Erklären Sie vier Kriterien eines Projektstrukturplans.

Lösung s. Seite 185

Aufgabe 3: Regeln eines Projektstrukturplans

Die PhotoWorld GmbH beabsichtigt, einen Fotoapparat zu entwickeln. Die Geschäftsleitung stellt sich einen Fotoapparat mit Integration in der Armbanduhr vor. Da die Geschäftsführer technische Experten sind, geben sie der Projektleiterin Huber ein paar ausgewählte Eckpunkte für das Projekt vor. Aufgrund der Unternehmens- und Projektkultur können die Projektmitarbeiter jedoch auch eigene Vorschläge einbringen.

a) Erläutern Sie zwei Regeln zur Erstellung eines Projektstrukturplans.
b) Nennen Sie wichtige Fachbegriffe beim Projektstrukturplan.

Lösung s. Seite 186

Aufgabe 4: Arten von Projektstrukturplänen

Erläutern Sie die verschiedenen Arten von Projektstrukturplänen in verbaler und grafischer Form.

Lösung s. Seite 187

Aufgabe 5: Arbeitspaketbeschreibung

Der Spieleanbieter World-Toys GmbH ist weltweit aktiv und bietet seit Kurzem auch Software für Unternehmensplanspiele an. Für das neue Spiel „Star-Management-Global" soll ein Modul programmiert werden. Projektleiter und Dipl.-Informatiker Maierhofer beabsichtigt, eine Arbeitspaketbeschreibung für den Arbeitspaketverantwortlichen Müller zu verfassen.

Unterstützen Sie Projektleiter Maierhofer bei seinem Vorhaben und erstellen Sie eine Arbeitspaketbeschreibung zum Fallbeispiel.

Lösung s. Seite 189

Aufgabe 6: Fallbeispiel Projektstrukturplan (1)

Das Bauunternehmen Herrnrath GmbH spezialisierte sich seit zwei Generationen auf die Renovierung von Altstadthäusern. Für ein Immobilienobjekt in einer mittelgroßen Stadt erhält das Bauunternehmen den Auftrag. Das Haus ist 200 Jahre alt und es sollen Sanitärarbeiten, Maurerarbeiten und Malerarbeiten durchgeführt werden.

Erstellen Sie einen Projektstrukturplan für das gesamte Sanierungskonzept.

Lösung s. Seite 190

Aufgabe 7: Fallbeispiel Projektstrukturplan (2)

Die PhotoWorld GmbH produziert Spezialkameras für Armbanduhren, Safaris und Tiefseetauchen. Dipl.-Ing. Deepwater wurde zur Projektleiterin für die Entwicklung der geplanten Tiefseekameras ernannt. Die Projektleiterin erstellt einen Projektstrukturplan für die neue Tiefseekamera.

Unterstützen Sie die Projektleiterin bei der Erstellung eines Projektstrukturplans.

Lösung s. Seite 191

Aufgabe 8: Grenzen des Projektstrukturplans

Erläutern Sie die Grenzen des Projektstrukturplans.

Lösung s. Seite 191

Aufgabe 9: Struktur***

a) Erklären Sie, was man unter Struktur versteht.
b) Erklären Sie die Notwendigkeit der Strukturierung in Projekten.
c) Erläutern Sie, mit welcher Vorgehensweise eine Projektstrukturierung herbeigeführt wird.

Lösung s. Seite 191

5.2 Ablauf- und Terminplanung

Aufgabe 1: Übergang vom Projektstrukturplan zur Ablaufplanung

a) Erläutern Sie den Übergang vom Projektstrukturplan zur Ablaufplanung und skizzieren Sie die Ablaufplanung kurz.
b) Erklären Sie verschiedene Methoden der Zeitschätzung.

Lösung s. Seite 192

Aufgabe 2: Grundsätzliches zur Ablaufplanung

a) Erläutern Sie drei Kriterien einer Ablaufplanung.
b) Erklären Sie die wesentlichen Schritte einer Ablaufplanung.
c) Nennen Sie zwei Unterschiede zwischen Balkenplan und Netzplan.

Lösung s. Seite 193

Aufgabe 3: Balkenplan (1)

a) Der IT-Hersteller SmartByte GmbH beabsichtigt aufgrund einer Vielzahl von Kundenbeschwerden das Beschwerdemanagement zu optimieren. Das Unternehmen SmartByte GmbH produziert spezielle Mobiltelefone für Extremsportler (Bergsteiger, Wüstenbegeher, ...). Dipl.-Ing. Sandhalm wurde als Leiterin des Projekts „Einführung eines Beschwerdemanagement" berufen. Unterstützen Sie die Projektleiterin bei der Erstellung eines Balkenplans (erster Entwurf bis zum Kick-off) für das Projekt.
b) Welche Eigenschaften beinhaltet ein Balkenplan?

Lösung s. Seite 194

Aufgabe 4: Balkenplan (2)***

Projektleiterin Sandhalm (siehe Aufgabe 3) besprach den Ablaufplan bis zum Kick-off mit ihrem Team. Teilaufgabenleiter Maier gab der Projektleiterin das Feedback, dass der Ablaufplan noch zu unkonkret sei.

a) Entwickeln Sie einen konkreten Balkenplan für folgende Vorgänge und Termine:

Vorgangs-nummer	Vorgänge (Dauer in Tagen)	Plan-Starttermine	Ist-Starttermine (Ist-Dauer der Vorgänge)
1	Anforderungen sammeln und Pflichtenheft erstellen (2 Tage)	03.02.	03.02. (2 Tage)
2	Team zusammenstellen (1 Tag)	05.02.	05.02. (1 Tag)
3	Stakeholderanalyse durchführen (3 Tage)	10.02.	12.02. (2 Tage)
4	Risikoanalyse realisieren (4 Tage)	17.02.	17.02. (2 Tage)
5	Ziele definieren (1 Tag)	18.02.	18.02. (2 Tage)
6	Budget planen (1 Tag)	18.02.	18.02. (3 Tage)
7	Kick-off vorbereiten (2 Tage)	20.02.	20.02. (1 Tag)

b) Welche Schlüsse ziehen Sie aus dem Balkenplan sowie aus dem Soll-Ist-Vergleich?

Hat die Projektleiterin Vorgänge vergessen?

Lösung s. Seite 195

Aufgabe 5: Netzplan (1)

a) Erläutern Sie die grundlegenden Elemente der Netzplantechnik.
b) Welche Pufferarten gibt es?
c) Erklären Sie die Rolle des Puffers in einem Netzplan sowie für ein Projekt.

Lösung s. Seite 196

Aufgabe 6: Netzplan (2)***

Erläutern Sie verschiedene Arten von Netzplänen.

Lösung s. Seite 198

Aufgabe 7: Netzplan (3)

Bei einem Automotivezulieferer soll die Wertschöpfungskette überdacht werden. Susi Lauf, Assistentin des Werkleiters, erhält den Auftrag, einen groben Netzplan für die zentralen Funktionsbereiche zu erstellen. Daraus möchte sie dann einen effizienteren Logistikansatz generieren. Es liegen folgende Daten vor:

Vorgangsnummer	Aktivität	FAZ[1]	FEZ[1]
1	Auftragseingang bearbeiten	0	1
2a1 2a2 2b	Aufträge erfordern häufig eine Bestellung des Teils A sowie die Auslösung eines Lagerabgangs von Teil B: a) Bestellung erstellen und auslösen Lieferzeit, Wareneingang b) Abruf aus Lager und Einlagerung in Produktionszwischenlager	2 12 2	3 13 3
3	Veredelung Teil B	4	6
4	Zusammenführung von Teil A und Teil B	14	16
5	Qualitätsprüfung	17	18
6	Kommissionierung und versandfertige Lagerung	19	20
7	Transport zum Kunden	23	24

[1] Die Daten sind in Tagen angegeben.

a) Erstellen Sie einen Vorgangsknoten-Netzplan. Verwenden Sie folgende Notation:

FAZ	FEZ
Nr.	Dauer
SAZ	SEZ

b) Erläutern Sie die Schwachstellen des Netzplans und schlagen Sie Optimierungen vor.

Lösung s. Seite 199

Aufgabe 8: Meilensteine und Ablaufplanung

Erklären Sie, unter welchen Bedingungen Meilensteine in die Ablaufplanung integriert werden können.

Lösung s. Seite 200

Aufgabe 9: Software und Ablaufplanung

Erläutern Sie je zwei Vor- und Nachteile des Software-Einsatzes bei der Ablaufplanung.

Lösung s. Seite 200

5.3 Ressourcenplanung

Aufgabe 1: Begriff „Ressourcen"

Erläutern Sie die für Projekte notwendigen Ressourcen.

Lösung s. Seite 200

Aufgabe 2: Ziele der Ressourcenplanung

Erklären Sie fünf Ziele der Ressourcenplanung.

Lösung s. Seite 201

Aufgabe 3: Ressourcenplanung und Projektleiter

Die SeaStar GmbH produziert für exklusive Kunden Hochseeyachten. Ein vermögender Investmentbanker vergab vor Kurzem den Auftrag an das Unternehmen, eine luxuriöse Yacht mit vielen Extras zu erstellen. Dipl.-Ing. Waterkant, der seit fünfzehn Jahren im Unternehmen ist, wird zum Projektleiter ernannt. Erläutern Sie, welche Überlegungen der Projektleiter zu Ressourcenplanung für dieses Projekt „Hochseeyacht – Investmentbanker" anstellen muss.

Lösung s. Seite 201

Aufgabe 4: Schätzmethoden

Erläutern Sie drei Methoden, um die Ressourcen für ein Projekt zu schätzen.

Lösung s. Seite 202

Aufgabe 5: Kapazitätsplanung (1)

Projektleiter Wanterkant (siehe Aufgabe 3) überlegt, dass er für die Teilaufgabe „Schiffsrumpf" mehrere Arbeitspakete definieren und zwei Mitarbeiter einsetzen möchte. Dem Projektleiter liegen die Informationen vor, dass sich Dipl.-Ing. Maier nur an zwei Tagen in der Woche im Projekt engagieren kann. In der ersten Kalenderwoche (KW) besucht Dipl.-Ing. Huber ein Seminar und in der KW 3 hat er eine Woche Urlaub, da seine Frau ihr erstes Kind erwartet. Zudem kann Dipl.-Ing. Huber pro Woche maximal vier Tage im Projekt eingesetzt werden.

Mitarbeiter	Mitarbeit in AP	Nachfrage des Projektleiters in Tagen pro Woche (geplanter Einsatz in...)
Dipl.-Ing. Maier	EA, K, M	EA = 3 (1. KW) K = 1 (3. KW) M = 2 (4. KW)
Dipl.-Ing. Huber	EA, L, Z	EA = 4 (2. KW) L = 2 (2. KW) Z = 2 (4. KW)

Erstellen Sie für Dipl.-Ing. Maier und Dipl.-Ing. Huber jeweils ein Ressourcenhistogramm.

Lösung s. Seite 203

Aufgabe 6: Kapazitätsplanung (2)

a) Projektleiter Waterkant (siehe Aufgabe 3) beabsichtigt die Netto-Kapazität für die Projektmitarbeiter im nächsten Jahr (365 Tage) zu planen. Im Planungszeitraum fallen zehn Feiertage und 52 Wochenenden an. Den Projektmitarbeitern stehen pro Person durchschnittlich 30 Urlaubstage zur Verfügung. Die Personalabteilung liefert die Information, dass im Durchschnitt die Mitarbeiter an zehn Tagen krank sind. Pro Jahr fallen auch durchschnittlich sieben Tage für Weiterbildung an. 20 Tage im Jahr werden für bürokratische Aktivitäten angesetzt.

Berechnen Sie die Kapazität, die pro Mitarbeiter für Projektarbeit zur Verfügung steht.

b) Welche grundsätzlichen Möglichkeiten der zeitlichen Veränderung der Arbeitspakete gibt es, wenn Kapazitätsüberschreitungen bei den Ressourcen auftreten?

c) Erläutern Sie die Möglichkeiten, wenn kein Kapazitätsausgleich möglich ist.

Lösung s. Seite 204

Aufgabe 7: Ressourcenplanung, Netzplantechnik und Multiprojektmanagement***

a) **Netzplantechnik:** Projektleiter Waterkant (siehe Aufgabe 3) plant für die Hochseeyacht des vermögenden Investmentbankers die Teilaufgabe „Technische Extrawünsche" mit fünf Arbeitspaketen, die in einer Expertenrunde definiert wurden. Es ergaben sich folgende Daten:

Arbeitspaket (AP)	FAZ	Dauer in Tagen
1	02.03.	3
2 (Nachfolger von AP 1)	05.03.	5
3 (Nachfolger von AP 2)	12.03.	2
4 (Nachfolger von AP 2)	12.03.	6
5 AP 5 erst beginnen, wenn AP 3 und 4 abgeschlossen sind	20.03.	5

Erstellen Sie durch Vorwärts- und Rückwärtsrechnung den Netzplan, indem Sie eine Kalendrierung entsprechend dem beiliegenden Kalender vornehmen.

5. Projektplanung | Aufgaben

Januar	Februar	März	April	Mai	Juni
1 Do Neujahr	1 So	1 So	1 Mi	1 Fr Maifeiertag	1 Pfingstmontag
2 Fr	2 Mo	2 Mo	2 Do	2 Sa	2 Di
3 Sa	3 Di	3 Di	3 Fr	3 So	3 Mi
4 So	4 Mi	4 Mi	4 Sa	4 Mo	4 Do
5 Mo	5 Do	5 Do	5 So Palmsonntag	5 Di	5 Fr
6 Di Heilige 3 Könige	6 Fr	6 Fr	6 Mo	6 Mi	6 Sa
7 Mi	7 Sa	7 Sa	7 Di	7 Do	7 So
8 Do	8 So	8 So	8 Mi	8 Fr	8 Mo
9 Fr	9 Mo	9 Mo	9 Do	9 Sa	9 Di
10 Sa	10 Di	10 Di	10 Fr Karfreitag	10 So Muttertag	10 Mi
11 So	11 Mi	11 Mi	11 Sa	11 Mo	11 Do Fronleichnam
12 Mo	12 Do	12 Do	12 So Ostersonntag	12 Di	12 Fr
13 Di	13 Fr	13 Fr	13 Mo Ostermontag	13 Mi	13 Sa
14 Mi	14 Sa	14 Sa	14 Di	14 Do	14 So
15 Do	15 So	15 So	15 Mi	15 Fr	15 Mo
16 Fr	16 Mo	16 Mo	16 Do	16 Sa	16 Di
17 Sa	17 Di	17 Di	17 Fr	17 So	17 Mi
18 So	18 Mi	18 Mi	18 Sa	18 Mo	18 Do
19 Mo	19 Do	19 Do	19 So	19 Di	19 Fr
20 Di	20 Fr	20 Fr	20 Mo	20 Mi	20 Sa
21 Mi	21 Sa	21 Sa	21 Di	21 Do Christi Himmelfahrt	21 So
22 Do	22 So	22 So	22 Mi	22 Fr	22 Mo
23 Fr	23 Mo	23 Mo	23 Do	23 Sa	23 Di
24 Sa	24 Di Fasnacht	24 Di	24 Fr	24 So	24 Mi
25 So	25 Mi	25 Mi	25 Sa	25 Mo	25 Do
26 Mo	26 Do	26 Do	26 So	26 Di	26 Fr
27 Di	27 Fr	27 Fr	27 Mo	27 Mi	27 Sa
28 Mi	28 Sa	28 Sa	28 Di	28 Do	28 So
29 Do		29 So	29 Mi	29 Fr	29 Mo
30 Fr		30 Mo	30 Do	30 Sa	30 Di
31 Sa		31 Di		31 So Pfingstsonntag	

b) **Ressourcenplanung:** Dipl.-Ing. Müller ist im Projekt „Hochseeyacht – Investmentbanker" (siehe obigen Netzplan) für die Arbeitspakete 1 und 2 zuständig. Die regelmäßige Arbeitszeit beträgt acht Stunden und an Wochenenden sowie Feiertagen wird nicht gearbeitet.

ba) Zeichnen Sie für Dipl.-Ing. Müller das entsprechende Ressourcenhistogramm.

Die Arbeitspakete 1 und 2 des Projekts A benötigen zur Erledigung durch Dipl.-Ing. Müller folgenden geplanten Arbeitseinsatz:

Arbeitspaket	Arbeitseinsatz Stunden pro Tag
1	4
2	7

bb) Berücksichtigen Sie nun folgende Faktoren:
- Die Kapazitätsgrenze liegt bei fünf Stunden pro Tag. Die restliche Arbeitszeit hat Dipl.-Ing. Müller Telefondienst und kann in dieser Zeit auf gar keinen Fall für das Projekt tätig werden.
- Dipl.-Ing. Müller hat am 12.03. Urlaub, da er heiratet.

Wann kann Herr Maier die ihm aus dem Projekt „Hochseeyacht – Investmentbanker" übertragenen Aufgaben frühestens fortsetzen, und wann sind diese frühestens beendet? Zeichnen Sie den Sachverhalt in das Ressourcenhistogramm von Dipl.-Ing. Müller ein.

bc) Zu welchem Zeitpunkt ist dann das Arbeitspaket 5 frühestens beendet?

c) **Multiprojektplanung:** Da der Spezialist Dipl.-Ing. Müller auch von anderen Projektteams begehrt ist, planen folgende Projektleiter den Arbeitseinsatz von Herrn Müller wie folgt ein:

Projekt B: „Hochseeyacht Unternehmer Zappl"	Arbeitspaket X soll am 03.03. mit einem Arbeitseinsatz von drei Stunden erledigt werden.
Projekt C: „Hochseeyacht Kabarettist Kleinschlag"	Arbeitspaket K soll am 04.03. mit einem Arbeitseinsatz von vier Stunden erledigt werden.

Projekt A = „Hochseeyacht – Investmentbanker"

Gehen Sie weiter von einer Kapazitätsgrenze aus, die bei fünf Stunden pro Arbeitstag liegt.

Da sich Dipl.-Ing. Müller nicht teilen kann, beruft Projektleiter Waterkant eine Sitzung ein, an der auch der interne Auftraggeber teilnimmt.

Nach längerer Diskussion und dem Einsatz der Nutzwertanalyse wurden folgende Prioritäten gesetzt:

Projekt	Rangfolge
A	1
B	3
C	2

Wann kann Dipl.-Ing. Müller seinen Arbeitsbeitrag für die Projekte B und C frühestens leisten? Zeichnen Sie die Lösungsvorschläge in das Ressourcenhistogramm von Dipl.-Ing. Müller ein.

Annahme: Die Arbeitspakete können unterbrochen werden.

Lösung s. Seite 204

Aufgabe 8: Ressourcenmanagement***

Erklären Sie, welche Aspekte beim Management von Ressourcen vom Projektleiter beachtet werden sollten.

Lösung s. Seite 206

5.4 Kostenplanung

Aufgabe 1: Begriff „Kosten"

Erklären Sie den Begriff „Kosten".

Lösung s. Seite 206

Aufgabe 2: Projektkosten

Erläutern Sie, welche Kosten in Projekten anfallen können.

Lösung s. Seite 207

Aufgabe 3: Kostenplan

Erläutern Sie verbal und grafisch, welche Phasen ein Kostenplan idealtypischerweise enthalten sollte.

Lösung s. Seite 207

Aufgabe 4: Kostenschätzung

Erläutern Sie vier Möglichkeiten der Kostenschätzung.

Lösung s. Seite 208

Aufgabe 5: Kostenmanagement***

Erläutern Sie, wie die Kostenplanung in die anderen Planungskategorien von Projekten eingegliedert ist.

Lösung s. Seite 209

Aufgabe 6: Kosten und ABC-Analyse***

Für das Projekt „Optimierung des Wissensmanagement" wird Dipl.-Informatiker Huber als Leiter der Teilaufgabe „EDV-Ausstattung und deren Betrieb" ernannt. Die Arbeitspaketverantwortlichen übermitteln dem Teilaufgabenleiter für die Realisierung der Arbeitspakete folgende Kostenschätzungen.

	Personalkosten	Investive Sachkosten	Konsumtive Sachkosten
AP „Software"	12.000 €	7.000 €	
AP „Hardware"	20.000 €	45.000 €	1.000 €
AP „Externer Support durch Unternehmensberatung und Studenten"	40.000 €		
AP „Entsorgung Altgeräte"			3.000 €
Summen	**72.000 €**	**52.000 €**	**4.000 €**

AP = Arbeitspaket

a) Ermitteln Sie die Gesamtkosten für diese Teilaufgabe.
b) Führen Sie eine ABC-Analyse durch.
c) Entscheiden Sie, welche Kostenreduzierung diskutiert werden sollte.

Lösung s. Seite 210

Aufgabe 7: Kostenplanung***

Die Robot-Univers GmbH stellt Roboter für die Fertigung und die Logistik her. Für einen neuen Mini-Logistik-Roboter, der sich die Waren im Lager selbst zusammenstellt und auch die Wege eigenständig findet, wird ein Prototyp erstellt. Für die Kostenplanung liegen nach ersten Schätzungen folgende Daten in T€ vor:

Kostenart	Projektphasen					
	1	2	3	4	5	6
Personalkosten	100	20	150	50	90	210
Materialaufwand	60	70	90	0	30	0
Gemeinkosten (Umlagen)	30	60	50	40	20	10

a) Ermitteln Sie das Projektbudget.
b) Erstellen Sie eine Kostenganglinie und eine Kostensummenkurve.
c) Erläutern Sie vier Tipps, die ein Projektleiter bei der Kostenplanung berücksichtigen sollte.

Lösung s. Seite 210

6. Projektsteuerung
6.1 Grundsätzliches zum Controlling
Aufgabe 1: Abweichungen
Nennen Sie fünf Möglichkeiten der Abweichungen zwischen Soll- und Ist-Größen.

Lösung s. Seite 213

Aufgabe 2: Aufgaben des Projektcontrolling
Erläutern Sie die Aufgaben des Projektcontrolling.

Lösung s. Seite 213

Aufgabe 3: Projektcontrolling und Kybernetik***
Erläutern Sie den Zusammenhang zwischen Projektcontrolling und Kybernetik. Gehen Sie auf die möglichen Problemkreise und Besonderheiten beim Controlling in Projekten ein.

Lösung s. Seite 214

Aufgabe 4: Grundsätze der Projektsteuerung
Nennen Sie fünf Grundsätze für eine erfolgreiche Projektsteuerung.

Lösung s. Seite 215

Aufgabe 5: Organisation des Projektcontrolling
Erklären Sie, wie Projektcontrolling organisiert werden kann.

Lösung s. Seite 215

Aufgabe 6: Merkmale eines Projektcontrollers
Nennen Sie sieben Merkmale eines Projektcontrollers.

Lösung s. Seite 215

6.2 Möglichkeiten der Projektstatuserhebung
Aufgabe 1: Grundlagen der Projektstatuserhebung
a) Erläutern Sie die Aufgaben eines Projektleiters, um den Projektstatus in Projekten zu erheben.
b) Entwerfen Sie ein Rückmeldeformular aus der Arbeitspaketebene hinsichtlich des Leistungsstands.

Lösung s. Seite 216

Aufgabe 2: Möglichkeiten der Fortschrittskontrolle
Erläutern Sie fünf Möglichkeiten der Realisierung der Fortschrittskontrolle.
Lösung s. Seite 216

Aufgabe 3: Projektstatusbericht
Die Play-Design GmbH stellt Spielesoftware her. Um wettbewerbsfähig zu bleiben, entwickelt das Unternehmen das neue Spiel „Univers-Star". Projektleiterin Huber möchte zu den jeweiligen Meilensteinen den Projektstatus abfragen.

a) Entwerfen Sie ein Formular für einen Projektstatusbericht.
b) Ein Arbeitspaketverantwortlicher, der ein relevantes Modul zur neuen Spielesoftware entwickelt, meldet zum Meilenstein folgende Aussage: *„Bin fast fertig, aber ich tüftle noch an einem komplexen Problem."* Wie kann die Projektleiterin derartige Aussagen werten und wie wird die weitere Vorgehensweise von Frau Huber sein?

Lösung s. Seite 217

6.3 Abweichungs- und Trendanalysen
Aufgabe 1: Abweichungsanalyse (1)
In einem Projekt werden mehrere Arbeitspakete zur Zielerreichung benötigt. Die Plankosten wurden durch die Arbeitspaketverantwortlichen geschätzt. Der Projektleiter sowie der interne Auftraggeber genehmigten die Budgets für die Arbeitspakete. Es ergaben sich bei einem Meilenstein nachfolgende Ist-Kosten.

Arbeitspakete	Plan-Kosten (in €)	Ist-Kosten (in €)
„Hardware – Investive Sachkosten"	40.000	43.000
„Externer Support-Personal"	48.000	48.000
„Hardware-Personal"	23.000	17.000
„Software-Investive Kosten"	6.000	5.000
„Entsorgung-Konsumtive Kosten"	3.200	2.950

Führen Sie eine Abweichungsanalyse durch, indem Sie die Spalten „Planabweichungen absolut (in €)", „Planabweichungen (in %)" sowie "Beurteilung der Abweichungen" bilden.

Lösung s. Seite 218

Aufgabe 2: Abweichungsanalyse (2)***

In einem Projekt werden folgende Daten beim Meilenstein am 01.02. beobachtet:

Kennzahlen	Meilenstein 01.02.
Plan-Gesamt-Kosten (PGK)	480.000 €
Plan-Kosten zum Stichtag (PK)	80.000 €
Aktuelle Ist-Kosten (AIK)	88.000 €
FGR (Ist)	25 %
Soll-Kosten der Ist-Leistung (AFW = aktueller Fertigstellungswert)	
Effizienzfaktor (EF)	
Zeitplan-Kennzahl (ZK)	
Kostenabweichung (KA)	
Geschätzte Gesamtkosten bei Fertigstellung (SGK)	
Erwartete Gesamtkostenabweichung bei Fertigstellung (GKA)	

Berechnen Sie die fehlenden Kennzahlen beim Meilenstein 01.02. und interpretieren Sie diese.

Lösung s. Seite 218

Aufgabe 3: Kostentrendanalyse***

a) Erläutern Sie, warum eine Kostentrendanalyse erstellt und wie sie ins Projekt eingebunden wird.

b) Für das Projekt „Windpark A-320-L" liegen folgende Daten vor:

Berichts-periode	Plan-Gesamt-Kosten (in €)	Soll-Kosten der Ist-Leistung (in €)	Aktuelle Ist-Kosten (in €)	Kosten-steigerungs-faktor	Geschätzte Gesamtkosten (in €)
1	1.000.000	200.000	220.000		
2	1.000.000	350.000	390.000		
3	1.000.000	440.000	470.000		
4	1.000.000	560.000	590.000		
5	1.000.000	720.000	830.000		
6	1.000.000	1.000.000	1.200.000		

Berechnen Sie die Kostensteigerungsfaktoren sowie die geschätzten Gesamtkosten pro Berichtsperiode und interpretieren Sie.

Lösung s. Seite 220

Aufgabe 4: Meilensteintrendanalyse***

a) Erläutern Sie die Einsatzmöglichkeiten einer Meilensteintrendanalyse (MTA) im Rahmen von Projekten.

b) Entwickeln Sie ein Beispiel einer Meilensteintrendanalyse zu den Meilensteinen 01.03., 01.04., 12.05. und 15.06. Zeigen Sie die Funktionsweise der MTA auf.

Lösung s. Seite 221

Aufgabe 5: Korrekturmaßnahmen

Nennen Sie vier Möglichkeiten, um auf Soll-Ist-Abweichungen reagieren und entsprechende Korrekturmaßnahmen einleiten zu können.

Lösung s. Seite 222

6.4 Information und Dokumentation

Aufgabe 1: Informationsempfänger

Nennen Sie je drei projektinterne und projektexterne Informationsempfänger.

Lösung s. Seite 222

Aufgabe 2: Nutzen der Informationen

Erläutern Sie den Nutzen der Aufbereitung von Informationen sowie des Informationsflusses im Rahmen von Projekten.

Lösung s. Seite 222

Aufgabe 3: Dokumentationsarten

Nennen Sie vier Dokumentationsarten in Projekten mit je einem Beispiel.

Lösung s. Seite 223

Aufgabe 4: Feste versus freie Dokumentationsstruktur

Zeigen Sie die jeweiligen Vor- und Nachteile einer festen gegenüber einer freien Dokumentationsstruktur in Projekten auf.

Lösung s. Seite 223

Aufgabe 5: Reporting

Erläutern Sie die notwendigen Aspekte, die ein Projektleiter hinsichtlich des Reporting berücksichtigen sollte.

Lösung s. Seite 223

Aufgabe 6: Information, Dokumentation und Wissensmanagement***

Das Bauunternehmen San-Tech GmbH spezialisierte sich auf die Renovierung von Altstadthäusern in einer mittelgroßen Stadt. Das Unternehmen ist seit 90 Jahren als Bauunternehmen auf dem Markt. Gegen Ende der 1970er Jahre erkannte der damalige Geschäftsführer das Marktpotenzial bei der Sanierung von Altstadthäusern. Die realisierten Projekte wurden jahrelang in Aktenordnern archiviert und nicht weiter genutzt. Der jetzige Geschäftsführer, der Architektur sowie Betriebswirtschaftslehre studierte, möchte den Informationsfluss und die Dokumentation so verbinden, dass ein Wissensmanagement abgeleitet werden kann.

Unterstützen Sie den Geschäftsführer bei der Realisierung seiner Ziele. Gehen Sie dabei auch methodisch vor.

Lösung s. Seite 224

Aufgabe 7: Informations- und Kommunikationstechnik (1)

Erläutern Sie fünf Medien, mit denen Informationen aus Projekten dokumentiert werden können.

Lösung s. Seite 224

Aufgabe 8: Informations- und Kommunikationstechnik (2)

Nennen Sie fünf Medienmöglichkeiten zur Kommunikation in Projekten mit je einem Vor- und Nachteil.

Lösung s. Seite 225

7. Konfigurations- und Änderungsmanagement

Aufgabe 1: Begriff „Konfiguration"
Erklären Sie den Begriff „Konfiguration" im Zusammenhang mit dem Projektmanagement.

Lösung s. Seite 227

Aufgabe 2: Nutzen des Konfigurationsmanagement
Erläutern Sie anhand von vier Argumenten den Nutzen des Konfigurationsmanagement.

Lösung s. Seite 227

Aufgabe 3: Elemente des Konfigurationsmanagement
Nennen Sie die relevanten Elemente des Konfigurationsmanagement.

Lösung s. Seite 227

Aufgabe 4: Änderungsmanagement (1)
Nennen Sie Gründe, die ein Änderungsmanagement in Projekten veranlassen.

Lösung s. Seite 227

Aufgabe 5: Änderungsmanagement (2)
Erläutern Sie die Vorgehensweise beim Änderungsmanagement.

Lösung s. Seite 228

8. Qualitätsmanagement in Projekten

Aufgabe 1: Begriff „Qualität"

Erläutern Sie den Begriff „Qualität" und gehen Sie auf die Dimensionen von Qualität ein.

Lösung s. Seite 229

Aufgabe 2: Qualität und Wahrnehmung

Die Global-Industrie GmbH agiert weltweit als Zulieferer für die Maschinenbaubranche. Das Unternehmen wurde vor 50 Jahren gegründet. Derzeit sind im Unternehmen 830 Mitarbeiter beschäftigt. Die Unternehmenszentrale wurde vor Kurzem umgebaut und es sollte eine neue Kantine errichtet werden. Projektleiterin Kräftig ist für das Projekt „Kantine 2020 – fit und gesund" verantwortlich. Das Projekt befindet sich in der letzten Phase, in der die Ausstattung der Kantine erfolgt. Im Projektteam wird über die Sitzordnung, die Farben und die Beleuchtung diskutiert. Eine Projektmitarbeiterin bringt die Meinung ein, dass das Servicepersonal extra geschult werden sollte, damit eine angenehme Atmosphäre herrscht. Ein Projektmitarbeiter entgegnet, dass doch das Essen an erster Stelle stünde und nicht die Umgebung.

Erläutern Sie den Zusammenhang zwischen Leistung und Erwartung des Kunden sowie die Folgen, wenn die Erwartungen

- nicht erfüllt
- genau erfüllt
- mehr als erfüllt werden.

Lösung s. Seite 229

Aufgabe 3: Zusammenhang zwischen Projektmanagement und Qualität

Erklären Sie, warum die Qualität in Projekten eine große Rolle spielt und warum Qualitätsmanagement integriert werden sollte.

Lösung s. Seite 229

Aufgabe 4: Total Quality Management und ISO 9000

a) Erklären Sie die grundsätzlichen Merkmale von Total Quality Management (TQM).
b) Erläutern Sie den Nutzen der Integration von TQM in Projekten.
c) Stellen Sie das Modell von ISO 9000 dar und verknüpfen Sie den Ansatz mit der Anwendung in Projekten.

Lösung s. Seite 230

Aufgabe 5: Qualitätsmanagementinstrumente (1)

Erläutern Sie verbal und grafisch das *Ishikawa*-Diagramm und zeigen Sie anhand eines Beispiels die Integration dieses Qualitätsmanagementinstruments in das Projektmanagement.

Lösung s. Seite 232

Aufgabe 6: Qualitätsmanagementinstrumente (2)***

Die Cosmetics-Charme SE produziert edle Parfüme und Seifen im höheren Preissegment. Susi Düftig wurde zur Projektleiterin für das neue Parfüme „Challenge 3000" berufen. Sie beabsichtigt, mit einem House of Quality (HoQ) die Qualität des Parfüms zu optimieren.

Unterstützen Sie die Projektleiterin, indem Sie ein fallspezifisches, jedoch skizziertes, HoQ entwerfen.

Lösung s. Seite 233

Aufgabe 7: Exzellenz-Modelle***

Nennen Sie fünf Exzellenz-Modelle im Rahmen des Qualitätsmanagement.

Lösung s. Seite 234

9. Projektabschluss

Aufgabe 1: Zweck des Projektabschlusses

Im Unternehmen Digital-Equipment SE trifft sich das Team des Projekts „Neuorganisation der Prozesslandschaft" zu einer Meilensteinsitzung. Zum Ende des Meetings erwähnt Projektleiterin Stark, dass der Abschluss des Projekts noch vorbereitet werden muss. Ein Teammitglied meldet sich mit der Aussage zu Wort: *„So viel Bürokratie brauchen wir nicht; wir hören einfach auf, dann ist das Projekt zu Ende."* Alle lachen.

a) Argumentieren Sie, warum das Organisieren des bewussten Endes eines Projekts sinnvoll ist.
b) Welche Aufgaben hat der Projektleiter beim Projektabschluss.

Lösung s. Seite 235

Aufgabe 2: Arten von Projektenden

Nennen Sie drei Arten von Projektenden.

Lösung s. Seite 236

Aufgabe 3: Projektabschlussbericht

Nennen Sie fünf Aspekte, die ein Projektabschlussbericht enthalten sollte.

Lösung s. Seite 236

Aufgabe 4: Projektabschluss auf der Leistungsebene

Die mittelständische Maschinenbau GmbH realisierte für einen Kunden das Projekt „Fräsrobotik-28XL13". Der neugestaltete Fräsroboter soll dem Kunden in einer Woche übergeben werden. Der Projektleiter, Dipl.-Ing. Huber, bereitet den Projektabschluss auf der Leistungsebene vor.

Erläutern Sie, auf welche Kriterien der Projektleiter beim Projektabschluss auf der Leistungsebene in diesem Fall achten und wie er sich vorbereiten sollte.

Lösung s. Seite 236

Aufgabe 5: Projektabschluss auf der Ebene der weichen Faktoren

Projektleiter Huber (siehe Aufgabe 4) möchte die weichen Faktoren des Projekts „Fräsrobotik-28XL13" analysieren.

Erklären Sie, warum eine Analyse der weichen Faktoren sinnvoll ist und welche Aspekte berücksichtigt werden sollten.

Lösung s. Seite 237

Aufgabe 6: Lernen aus Projekten***

Projektleiter Huber (siehe Aufgabe 4) überlegt, wie er für zukünftige Projekte Lerneffekte aus dem Projekt „Fräsrobotik-28XL13" ableiten kann.

Erläutern Sie Ansätze, wie das Lernen aus Projekten vorbereitet und verwirklicht werden kann.

Lösung s. Seite 237

Aufgabe 7: Projektabschluss und Wissensmanagement***

Erläutern Sie, welcher grundsätzliche Zusammenhang zwischen dem Abschluss eines Projekts und dem Wissensmanagement besteht.

Erklären Sie auch, wie diese Schnittstelle organisiert werden könnte.

Lösung s. Seite 238

Aufgabe 8: Projektabschluss und Benchmarking***

Projektleiter Huber erfährt von dem Unternehmensberater des mittelständischen Maschinenbauunternehmens (siehe Aufgabe 4), dass Projekte auch einem Benchmarking unterzogen werden können.

a) Erklären Sie den Begriff „Benchmarking".
b) Nennen Sie drei Arten von Benchmarking.
c) Erläutern Sie, wie Projektleiter Huber ein Benchmarking für das Projekt „Fräsrobotik-28XL13" realisieren könnte.

Lösung s. Seite 239

10. Multiprojektmanagement

Aufgabe 1: Grundlagen des Multiprojektmanagement

a) Erklären Sie den Begriff „Multiprojektmanagement".

b) Erläutern Sie, warum die Notwendigkeit von Multiprojektmanagement zunimmt.

Lösung s. Seite 241

Aufgabe 2: Multiprojektmanagement und Wahrnehmung***

Erklären Sie, welche Rolle die Wahrnehmung bei den Projektakteuren im Rahmen von Multiprojektmanagement spielt.

Lösung s. Seite 241

Aufgabe 3: Multiprojektplanung***

Das Unternehmen Light-Energy SE stellt Lampen und Beleuchtungsausstattungen her und vertreibt die Produkte weltweit. Ein Geschäftsbereich des Unternehmens sind Lichtshows für große Events (Hundertjahrfeiern von Kommunen, Rockkonzerte, Ausstellungen, …). In den letzten fünf Jahre betrug das jährliche Umsatzwachstum 17 %. Der Bereichsleiter Dipl.-Ing. Quantum beabsichtigt, das Projektmanagement neu aufzustellen, da derzeit bereits 48 Projekte aktiv sind. Für die nächste Periode werden aufgrund erfolgreicher Akquisemaßnahmen weitere 25 neue Projekte für Lichtshows weltweit hinzukommen.

a) Erklären Sie ein organisatorisches Muster, wie Multiprojektmanagement strukturiert werden könnte.

b) Erläutern Sie die Eckpunkte der Multiprojektplanung.

Lösung s. Seite 242

Aufgabe 4: Aufgaben und Rollen der Multiprojektakteure***

Der Bereichsleiter Dipl.-Ing. Quantum des Geschäftsbereichs „Lichtshows" der Light-Energy SE (siehe Aufgabe 3) möchte Stellenbeschreibungen für seine Projektakteure generieren.

Erläutern Sie die Rollen der verschiedenen Multiprojektakteure.

Lösung s. Seite 243

Aufgabe 5: Multiprojektsteuerung***

Bereichsleiter Quantum (siehe Aufgabe 3) möchte auch die Multiprojektsteuerung seines Geschäftsbereichs „Lichtshows" überarbeiten.

a) Erläutern Sie, wie Multiprojektsteuerung realisiert werden kann.
b) Erklären Sie die Einsatzmöglichkeit einer Balanced Scorecard im Multiprojektmanagement.
c) Skizzieren Sie, wie ein Multiprojektmanagement-Berichtswesen aufgebaut werden könnte.

Lösung s. Seite 243

Aufgabe 6: Erfolgreiche Umsetzung von Multiprojektmanagement***

Die Unternehmensberatung Quick-Advice GmbH erhält den Auftrag, den Geschäftsbereich „Lichtshows" bei der Neugestaltung des Multiprojektmanagement zu beraten. Sie sind Consultant bei der Quick-Advice GmbH und sollten Tipps für die Gestaltung des Multiprojektmanagement aufstellen.

Nennen Sie zehn Tipps zur erfolgreichen Umsetzung von Multiprojektmanagement.

Lösung s. Seite 245

LÖSUNGEN

1. Einleitende Zusammenhänge

1.1 Chancen und Risiken des Projektmanagement sowie Projektarten

Lösung zu Aufgabe 1: Chancen mit Projektmanagement (1)

- Durch einen standardisierten Ablauf können Schwachstellen in Projekten rechtzeitig erkannt werden.
- Die Projektplanung ermöglicht eine Reduktion von Komplexität und Risiken.
- Die Projektmitarbeiter können im vernetzten und betriebswirtschaftlichen Denken gefördert werden.
- Die Unternehmenskultur kann durch Einsatz von Projektmanagement verändert werden, wenn sich Projektmanagement innerhalb der Organisation weiter ausbreitet und somit partizipative Ansätze und/oder neue Instrumente angewandt werden.
- Mit Projektmanagement können sich Unternehmen flexibler an veränderte Rahmenbedingungen (Marktveränderungen, technischer Fortschritt,...) anpassen.

Lösung zu Aufgabe 2: Chancen mit Projektmanagement (2)

Aussagen	Richtig	Falsch
(1) Ein wesentlicher Faktor beim Projektmanagement besteht darin, für die Kernteammitglieder eine transparente Struktur zu schaffen.	X	
(2) Eine Chance des Projektmanagement besteht darin, die Eigenverantwortung der Kernteammitglieder zu stärken, da somit die Motivation zunimmt.	X	
(3) Entscheidungen werden nur in Projekten dezentral getroffen.		X
(4) Eine Chance des Projektmanagement ist, den Auftraggeber nicht an den Meilensteinen über den Stand des Projekts zu informieren.		X

Lösung zu Aufgabe 3: Chancen mit Projektmanagement (3)

Zu Aussage 1: *„Bei Projekten findet durch Planung eine Risikoreduktion statt."*
Eine Aufgabe der Planung besteht darin, eine „geistige Vorwegnahme zukünftiger Handlungen" zu vollziehen. Wenn in Projekten eine Planung der Kosten, der Zeit sowie der Leistung erfolgt, dann werden dadurch Eckpunkte gesetzt, sodass sich die Projektbeteiligten daran orientieren können. Darüberhinaus können interne und externe Risiken gesammelt und bewertet werden. Durch die Planung werden Risiken aufgedeckt. Die Projektakteure können sich Maßnahmen überlegen, um die Risiken zu minimieren oder zu eliminieren. Durch die Planung findet auch eine Komplexitätsreduktion statt, da die Planung auf Annahmen (Prämissen) basiert. Die Planung in Projekten bewirkt auch eine detailliertere Untergliederung der gesamten Planung des Unterneh-

mens. Wenn in jedem Projekt geplant wird und die Risiken sowie die damit verbundenen Maßnahmen aufgezeigt werden, dann wird, je nach Anteil der Projekte an den gesamten Unternehmensaktivitäten, mehr Frühwarnung durch Planung betrieben. Die Chance für das Unternehmen besteht deshalb darin, dass durch die Planung mehr Risikofaktoren bewusst werden, Maßnahmen ergriffen werden können und somit die Möglichkeit zur erfolgreichen Realisierung der Projekte gesteigert wird.

Zu Aussage 2: *„Die Projektmitarbeiter lernen betriebswirtschaftliches Denken."*
Da Projekte „außergewöhnliche Vorhaben" auf Zeit sind, können die Projektmitarbeiter wie „Unternehmer im Unternehmen" (Intrapreneurship) agieren. Dazu gehört ein Verantwortungsbewusstsein der Projektmitarbeiter für die Kosten, die Zeit sowie für die Leistung des Projekts. Dieser Aspekt hängt jedoch von der Unternehmenskultur ab. Wenn kein Intrapreneurship in der Linienorganisation gefordert und gefördert wird, dann bietet Projektmangement die Chance, im Rahmen von Unternehmen auf Zeit (Projekte) das betriebswirtschaftliche Denken zu lernen. Dadurch können sich die Projekt- sowie auch die Linienorganisation weiter entwickeln.

Zu Aussage 3: *„In Projekten findet eine Partizipation bei der Entscheidungsfindung statt."*
Wenn in der Linienorganisation ein autoritärer Führungsstil praktiziert wird, dann besteht im Rahmen eines Projektmanagement die Chance, dass die Projektmitarbeiter einen anderen Führungsstil kennen lernen. Zudem soll in Projekten der Teamgedanke praktiziert werden. Dies führt zur Aufstellung von demokratischen Regeln zur Entscheidungsfindung. Wenn bereits ein kooperativer Führungsstil in der Linienorganisation realisiert wird, dann kann dieser Ansatz auf das Projektmanagement übertragen werden.

Generell ist zu beobachten, dass die Unternehmenskultur der Linienorganisation die Projektorganisation prägen kann, wenn nicht der Mut von Akteuren vorhanden ist, alternative Ansätze aufleben zu lassen. Die Chance für das Unternehmen sowie für die Projekte besteht bei einer zunehmenden Partizipation der Mitarbeiter darin, dass mehr Ideen, Motivation sowie kontinuierliche Verbesserung generiert wird.

Lösung zu Aufgabe 4: Chancen mit Projektmanagement (4)***

Ein Zweck der Empfehlung des Unternehmensberaters, möglichst heterogene Projektteams zu gestalten, könnte eine verbesserte Frühwarnung sein. Durch die Heterogenität sind in den Teams Projektmitarbeiter mit unterschiedlichen Blickwinkeln aktiv. Dadurch erweitert sich das „Projektradar".

Die Chance für das Unternehmen besteht darin, dass pro Projekt ein Risikoinventar aufgestellt wird und dadurch, je nach Anteil der Projekte an dem gesamten Unternehmen, die Risikofaktoren umfassender einem Monitoring unterzogen werden können. Bei homogenen Projektteams kann eine eindimensionale Risikoausrichtung vorhanden sein, sodass Risiken erst gar nicht erkannt oder unterschätzt werden.

LÖSUNGEN

Durch die Pluralität der Projektteams sowie durch die Vernetzung der Teammitglieder entsteht eine evolutionäre Form des Projektmanagement, die sich flexibel und schnell an veränderte Rahmenbedingungen anpassen kann. Die nachfolgende Abbildung soll den Sachverhalt verdeutlichen:

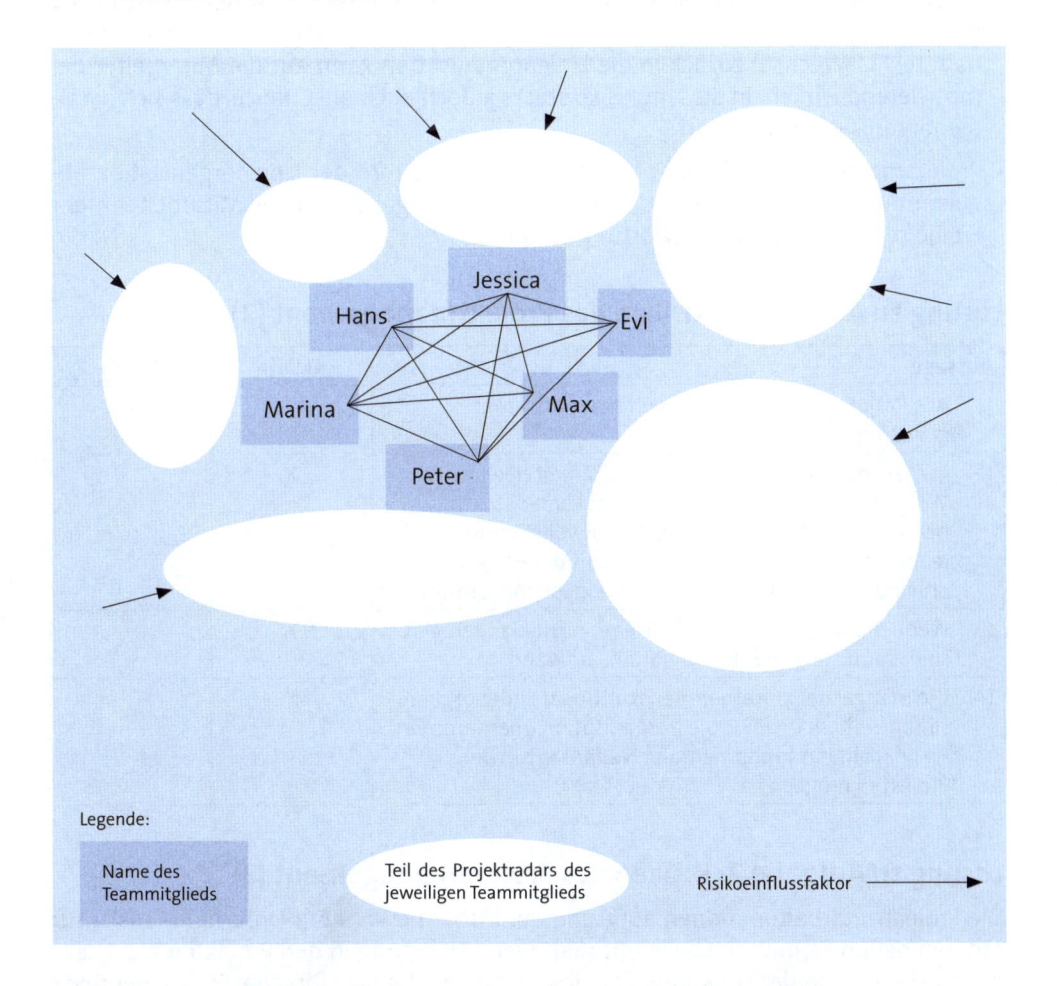

Legende:

Name des Teammitglieds

Teil des Projektradars des jeweiligen Teammitglieds

Risikoeinflussfaktor ⟶

Lösung zu Aufgabe 5: Risiken des Projektmanagement (1)

▸ Projekte beinhalten gegenüber der Linienorganisation eine höhere Wahrscheinlichkeit des Scheiterns, da Projekte außergewöhnliche Vorhaben sind.

▸ Wenn die Projektorganisation parallel zur Linienorganisation geführt wird, kann es vorkommen, dass Machtinteressen zwischen beiden Organisationsformen auftreten. Dies kann sich beispielsweise darin äußern, dass die Linienorganisation Mitarbeiter aus den Projekten abzieht, womit dann das Projekt blockiert ist.

▸ Wenn eine Matrixorganisation (z. B. Projektmitarbeiter ist zwei Tage im Projekt, drei Tage in der Linienorganisation) realisiert wird, kann durch die außergewöhnlichen Aufgaben der Projekte eine Doppelbelastung der Mitarbeiter resultieren. Eine Überlastung der Projektmitarbeiter mit gesundheitlichen Konsequenzen sowie ein Anstieg der Fehlerhäufigkeiten können die Folge sein.

- Wenn Mitarbeiter in einer reinen Projektorganisation aktiv waren, kann die Wiedereingliederung ein Problem darstellen. Der Mitarbeiter sozialisierte sich in der Projektkultur, die möglicherweise mehr Selbstverantwortung und Freiheiten beinhaltete. Ein Wechsel zurück in die Linienorganisation kann auf die Mitarbeiter demotivierend wirken. In diesem Risiko steckt jedoch auch die Chance, dass sich die Linienorganisation verändert.
- Projektmanagement könnte bei leitenden Mitarbeitern der Linienorganisation abgelehnt werden, da sie durch die Projekte Macht abgeben und die Mitarbeiter mehr Freiheiten und Selbstverantwortung erhalten.

Lösung zu Aufgabe 6: Risiken des Projektmanagement (2)

Aussage	Richtig	Falsch
(1) Alle Projekte verselbstständigen sich nach einer gewissen Zeit.		X
(2) In manchen Projekten möchten Mitarbeiter keine Verantwortung übernehmen. Daher kann das „Unternehmertum im Unternehmen" nicht vollständig realisiert werden. In Projektteams mit derartigen Mitarbeitern mangelt es an Effizienz und Ideenreichtum.	X	
(3) Wenn die Aufgaben im Projektteam nicht klar geregelt sind, dann steigt der Koordinationsaufwand.	X	
(4) Die Mängel der Unternehmenskultur der Linienorganisation werden in der Projektorganisation übernommen, wenn nicht ein fundamentaler Neuanfang in den Projekten möglich ist.	X	

Lösung zu Aufgabe 7: Risiken des Projektmanagement (3)***

Die Projektmitarbeiter können aufgrund der bisher gewohnten Unternehmenskultur mit den neuen Freiheiten sowie mit mehr Verantwortung in den Projekten nicht umgehen, da sie es in der Linienorganisation bisher nicht gelernt haben. Ein kooperativer oder ein Laissez-faire-Führungsstil fordert von den Projektmitarbeitern mehr Selbstorganisation, mehr Fachkenntnis sowie soziale Fähigkeiten, um ihre Arbeitsumgebung aktiv selbst zu gestalten. Die Projektmitarbeiter sollten bei einem Übergang von einer tendenziell autoritär geführten Linienorganisation zu einer liberaleren Projektorganisation durch Schulungen, Coaching oder Mentoring vorbereitet werden. Ein Risiko für die Projekte besteht darin, dass Angst zu keiner positiven Stimmung beitragen kann.

Ein maßgeblicher Aspekt bei dieser These liegt in dem Maß der Flexibilisierung. Eine vollständige Liberalisierung des Projektmanagement auf der Basis des Marktgedankens kann zu empfundenen sozialen Ungerechtigkeiten führen. Daher sollten Organisationsveränderungen Schritt für Schritt vollzogen werden, damit kein Organisationsschock bei den Projektmitarbeitern entsteht. Wenn sich das Projektmanagement im

Unternehmen bewährt hat, dann können weitere Flexibilisierungen im Laufe der Zeit vorgenommen werden. Es kann dann sogar das Ziel einer autonomen Projektorganisation entstehen, in der sich Projektmitarbeiter mit einem hohen sozialen und fachlichen Reifegrad selbst organisieren. Wenn diese Reifestufe der Organisation erreicht ist, dann exisitiert bei den Projektmitarbeitern keine Angst mehr vor der Freiheit. Die Flexibilisierung ist dann Voraussetzung für den Projekterfolg.

Lösung zu Aufgabe 8: Projektarten (1)
- Externe und interne Projekte
- Investitionsprojekte
- Organisationsprojekte
- Forschungs- und Entwicklungsprojekte (F&E-Projekte)
- Strategische und taktische Projekte

Lösung zu Aufgabe 9: Projektarten (2)
Bei externen Projekten befindet sich der Auftraggeber des Projekts außerhalb des Unternehmens, während er sich bei internen Projekten innerhalb des Unternehmens befindet. Bei externen Projekten werden Projektverträge gestaltet, die den gesetzlichen Regelungen (z. B. Bürgerliches Gesetzbuch, UN-Kaufvertragsrecht) unterliegen. Bei internen Projekten können (sollten) auch Projektverträge gestaltet werden, die zur Orientierung für den Projektleiter sowie für das Projektkernteam dienen, jedoch in der Regel an keine gesetzlichen Rahmenbedingungen geknüpft sind.

Lösung zu Aufgabe 10: Projektarten (3)
- Messbarkeit (Investitions- oder Organisationsprojekt)
- Projektauftraggeber (internes oder externes Projekt)
- Projektinhalte (Investitions- oder F&E-Projekt)
- Planbarkeit (Pionierprojekte mit offenen Zielen)
- Abstimmung oder Grad der Veränderungsfähigkeit während des Projektverlaufs (Standardprojekte versus agile Projekte mit hoher Selbstabstimmung)
- Anforderungen an das Konfigurations- und Änderungsmanagement (Standardprojekte mit einem geringen Steuerungsbedarf versus Innovationsprojekte mit hoher Marktanpassung und somit ausgeprägtem Steuerungs- bzw. Regelungsbedarf).

Lösung zu Aufgabe 11: Projektarten (4)
Ein Investitionsprojekt hat zum Ziel, beispielsweise Sachanlagen (wie z. B. Gebäude, Maschinen, ...) zu erstellen. Die Wirtschaftlichkeit lässt sich in den meisten Fällen mithilfe von quantitativen Verfahren messen. Bei F&E-Projekten ist die Messbarkeit häufig nicht gegeben, da zwar die Kosten bewertbar, jedoch die Leistung (bzw. der Nutzen) nicht direkt messbar sind. F&E-Projekte beinhalten häufig keine konkreten, sondern

offene Ziele, da „unbekanntes Land" beschritten wird. Bei Investitionsprojekten sind die Ziele konkret vorgegeben (z. B. Gebäude mit drei Geschossebenen und 1.000 m² Fläche).

1.2 Merkmale eines Projekts und Erfolgsfaktoren des Projektmanagement

Lösung zu Aufgabe 1: Merkmale eines Projekts (1)

Aussage	Richtig	Falsch
(1) Projekte sind gewöhnliche Vorhaben.		X
(2) Projekte haben einen hohen Wiederholungsgrad.		X
(3) Projekte haben in der Regel eine hohe Komplexität.	X	
(4) Projekte zeichnen sich durch ihre Neuartigkeit aus.	X	
(5) Ein Projekt kann nicht als System aufgefasst werden.		X
(6) Projekte haben immer eindeutig definierte Ziele.		X
(7) Projekte unterliegen ausschließlich zeitlichen und personellen Restriktionen.		X

Lösung zu Aufgabe 2: Merkmale eines Projekts (2)

Projekte beginnen häufig mit einer Idee, die einem Gespräch oder einem Brainstorming entstammen. Die Frage ist, ob durch die Idee bereits ein Projekt beginnt, oder ob ein Projekt erst dann beginnt, wenn formale Eckpunkte (z. B. der Projektstart oder die erste Planungssitzung) aufgezeigt und den Stakeholdern das Projekt vorgestellt wird. Durch die Idee kann der erste Impuls gesetzt werden, der auch die Motivation der Projektbeteiligten beeinflusst. Daher hat das Projekt einen informellen (z. B. Idee) und einen formellen Anfang (z. B. offizieller Projektstart).

„Den" definierten Abschluss gibt es nicht. Der Projektabschluss kann in eine Phase aufgeteilt werden. Die Phase kann den Projektabschluss innerhalb des Projektteams, beim internen oder externen Kunden sowie den Controllingabschluss umfassen. Die einzelnen Termine für die Meetings des Teams sowie beim Kunden können mit einem Datum definiert werden. Der Controllingabschluss zögert sich häufig hinaus, da der Eingang der notwendigen Daten abgewartet werden muss. Zwar kann das Controlling einen Termin setzen und damit den Abschluss definieren, aber manche externe Rechnungen müssen nicht pünktlich eingehen. Den Projektabschluss sollen das Projektteam und der Auftraggeber unbedingt definieren, jedoch ist dies nicht ein einzelnes Abschlussdatum, sondern eine Phase.

Lösung zu Aufgabe 3: Komplexität

- Unübersichtlichkeit
- Große Zahl an Einflussfaktoren

LÖSUNGEN

- Vielfalt
- Ausgeprägte Dimension
- Hoher Vernetzungsgrad

Lösung zu Aufgabe 4: Einmaligkeit

Die Einmaligkeit eines Projekts zeigt sich auch in der Phase des Projektstarts, wenn das Projektteam erstmalig zusammentrifft. Die ersten Kommunikationsmuster können für den weiteren Verlauf des Projekts prägend sein. Daher ist es wichtig, dass der Projektleiter versucht, einen harmonischen Rahmen aufzubauen. Beispielsweise ist eine misslungene erstmalige Kommunikation zwischen den beiden Kernteammitgliedern Evi und Max nicht mehr umkehrbar. Dieser Sachverhalt wird Irreversibilität (Unumkehrbarkeit) genannt. Evi und Max haben möglicherweise eine zweite und eine dritte Chance, die Kommunikationsbeziehung positiv zu gestalten, jedoch bleibt ein Ersteindruck haften. Die Einmaligkeit stellt ein wichtiges Merkmal dar, da sich die Sachverhalte im Gegensatz zu Prozessen nicht identisch wiederholen.

Lösung zu Aufgabe 5: Projektbegriff

a) Unter einem Projekt versteht man ein außergewöhnliches Vorhaben, das durch folgende Restriktionen gekennzeichnet ist:

- Zeitlich
- finanziell
- personell.

Projekte werden bei komplexen Sachverhalten eingesetzt, wenn andere Methoden keinen Überblick sowie keine effizientere oder effektivere Lösung ermöglichen. Zudem sind Projekte durch Einmaligkeit und durch Teams geprägt. Häufig wird auch eine projektspezifische Organisation aufgebaut.

b)

Fall	Projekt gegeben	Kein Projekt
(1) Ein Modellbauer fertigt individuell für einen Kunden einen Modellhubschrauber an.	X	
(2) Ein Bauunternehmer baute im Süden einer Stadt zehn Reihenhäuser. Ein halbes Jahr später baut er die gleichen Reihenhaustypen im Norden der Stadt. Liegt für die Reihenhäuser im Norden ein Projekt vor?	X	
(3) Ein internationaler Konzern mit acht Tochtergesellschaften möchte ein einheitliches Managementsystem einführen.	X	
(4) Herr Maier füllt 40-mal täglich das gleiche Bestellformular, jedoch für unterschiedliche Lieferanten, aus.		X
(5) In einer Werkstatt werden Sonderanfertigungen* sowie Standardteile** hergestellt.	X*	X**

LÖSUNGEN

Lösung zu Aufgabe 6: Managementbegriff

Merkmale des Management:

- Institutionelles Management: Individuen, die für das Management verantwortlich sind.
- Funktionales Management:
  - Risikomanagement
  - Planung
  - Ziele setzen
  - Organisieren
  - Mitarbeiter motivieren und führen
  - Lerneffekte durch Soll-Ist-Vergleiche erzeugen
  - Systemorientiertes Denken.

Projektmanagement:
Unter Berücksichtigung der aufgezeigten Managementmerkmale kann gefolgert werden, dass Projektmanagement die Frühwarnungs-, Planungs-, Organisations-, Steuerungs- und Führungsansätze beinhaltet, um Projekte erfolgreich zu realisieren.

Lösung zu Aufgabe 7: Erfolgsfaktoren des Projektmanagement

a) Seit der zunehmenden Liberalisierung der weltweiten Märkte in den 1980er Jahren nehmen die Anforderungen für die Unternehmen zu. Die gestiegenen Kundenansprüche, die Variantenvielfalt, ein globaler Wettbewerb sowie der Druck, Produkte mit höherem technischen Fortschritt möglichst schnell auf den Märkten zu positionieren (Time-to-Market) erhöhten die Komplexität. Die traditionellen Organisationsformen (z. B. Linienorganisation mit integriertem Stab bei der Geschäftsleitung) reichten nicht mehr aus, um die erhöhte Dynamik und Komplexität zu managen. Die Vorstellung, zentral die gewachsene Mächtigkeit der Komplexität zu bewältigen, führte zu ineffizienten und ineffektiven Lösungen.

Die Herausforderung der letzten Jahre bestand und besteht auch weiterhin darin, sich von den zentralen Ausrichtungen zu lösen und dezentrale Ansätze zu integrieren, um die Aufgaben interdisziplinär zu betrachten und im Verhältnis zu den traditionellen Organisationsformen effizientere und effektivere Lösungen herbeizuführen. Zudem entstanden viele Aufgaben auf Zeit, da die Marktdynamik ständig neue Ansätze erfordert. Projektmanagement ist eine Methode, um außergewöhnliche Vorhaben auf Zeit zu organisieren.

Bei komplexen Aufgaben wird eine ganzheitliche Sichtweise notwendig. Projektmanagement beinhaltet hinsichtlich der Funktionsbereiche tendenziell eine Querschnittsorientierung. Deshalb werden Projektteams eingesetzt, da die Projektmitarbeiter aufgrund ihrer individuellen Erfahrungen und beruflichen Hintergründe sowie der Vernetzung zwischen den Teammitgliedern Synergieeffekte erzeugen können.

LÖSUNGEN

b) Fünf Faktoren für ein erfolgreiches Projektmanagement:
- Ein harmonischer Projektstart mit einer Vernetzung der Teammitglieder stellt eine wichtige Voraussetzung dar, um die Projektziele zu erreichen.
- Ein klar vereinbartes Projektziel erleichtert die Orientierung für das Projektteam. Die Ziele sollten messbar sein oder messbar gemacht werden.
- Die Projektmitarbeiter sollten sich mit dem Projektziel identifizieren. Das „Herzblut" für das Projekt fördert die Motivation. Bei Problemen können somit entsprechende Energien mobilisiert werden, um die Projektziele zu erreichen.
- Die Projektmitarbeiter sollten über verschiedene Kompetenzen verfügen: Methodenkompetenz (Projekt- und Qualitätsmanagement), Organisationskompetenz (sich und andere dauerhaft zu regeln), Fachkompetenz (Kenntnisse im Fachgebiet) und soziale Kompetenz (Empathie und Verantwortungsbewusstsein). Eine permanente Qualifizierung der Mitarbeiter ist notwendig.
- Realisierung von Risiko- und Stakeholdermanagement.

Lösung zu Aufgabe 8: Misserfolgsfaktoren

- Keine Unterstützung der Unternehmensleitung oder des internen Auftraggebers.
- Keine klar definierten Ziele.
- Disharmonie im Projektteam.
- Keine Identifikation der Projektbeteiligten mit dem Projekt.
- Für die Projekte wird nicht ausreichend Personal zur Verfügung gestellt.
- Keine Abgrenzung der Aufgaben zwischen den Kernteammitgliedern.
- Kein Einsatz von Risiko- und Stakeholdermanagement.
- Die Analyse der Ist-Situation ist unzureichend.

Lösung zu Aufgabe 9: Messung des Projekterfolgs***

a) **Projekterfolg:**
Der Erfolg bei einem Projekt ist gegeben, wenn der (interne oder externe) Kunde zufrieden ist und die vereinbarten Ziele erfüllt wurden. Zudem sollten auch die Ziele der Stakeholder befriedigt werden, und die Vorgaben des magischen Dreiecks (Kosten, Zeit, Leistung) erreicht werden. Darüber hinaus sollten die weichen Faktoren (z. B. Kommunikation, Projektkultur) für alle Projektbeteiligten harmonisch realisiert oder Konflikte konstruktiv gelöst worden sein.

b) Die Erfolgskomponenten des „magischen Dreiecks" können wie folgt gemessen werden:
- **Kosten:** Soll-Ist-Vergleich; die Soll-Kosten entsprechen den Ist-Kosten oder die Ist-Kosten sind größer oder kleiner als die Soll-Kosten. Die Messung erfolgt im Rahmen der Projektkostenrechnung.
- **Zeit:** Die Ziele sind zum vereinbarten Zeitpunkt oder früher erreicht worden. Die Messung erfolgt durch einen Datumsvergleich.

> **Leistung:** Die vereinbarten Ziele sind so erreicht worden, dass der Kunde zufrieden ist. Bei messbaren Projektgegenständen sind die vertraglich vereinbarten Werte (z. B. Geschwindigkeit, Stück pro Stunde, ...) einem Soll-Ist-Vergleich zu unterziehen. Bei nicht direkt messbaren Projektgegenständen (z. B. Verbesserung der Unternehmenskultur) müssen Indikatoren aufgestellt werden, um einen Vergleich der Kriterien zu ermöglichen. Das Problem bei einer Ordinalskala (1 = sehr gut, ..., 5 = schlecht) besteht darin, dass keine (aussagefähigen) Differenzen ermittelbar sind. Zudem unterliegt die Bewertung einem subjektiven Blickwinkel. Daher sollten bei qualitativen Projektgegenständen möglichst genaue Angaben zur Messbarkeit (Methode, Vorgehensweise bei den Messungen) im Vertrag dokumentiert werden.

Die weichen Faktoren im Projekt sowie die Zielerreichung der Stakeholder können durch schriftliche und mündliche Befragungen untersucht werden. Die Erstellung von adäquaten Kriterien stellt eine Voraussetzung für die Messung dar.

Die Grenzen der Messung des Projekterfolgs liegen bei den qualitativen Faktoren im subjektiven Blickwinkel. Im Rahmen der Messung des Projekterfolgs ist wesentlich, dass die Pläne für die zu messenden Faktoren (magisches Dreieck, weiche Faktoren, Ziele der Stakeholder) vor dem Projektstart aufgestellt werden. Das in der Praxis häufig anzutreffende Vorgehen, dass die Erfolgsfaktoren erst während des Projektabschlusses aufgestellt werden, ist zu verwerfen, da ansonsten jedes Projekt durch geschicktes Verändern der Erfolgskriterien erfolgreich werden kann.

1.3 Zusammenhang Management, Unternehmenskultur und Projekte

Lösung zu Aufgabe 1: Managementrelevanter Kontext von Projekten (1)

a) Der grundsätzliche Zusammenhang zwischen Management und Projekten besteht in einer Mittel-Zweck-Beziehung. Projekte sind ein Mittel, um die strategischen und operativen Ziele des Managements zu erreichen. Da Planung die geistige Vorwegnahme zukünftigen Handelns ist, wird für die Umsetzung der (geistigen) Zielvorstellungen des Management eine Realisierung erforderlich. Die Projekte dienen dazu, die Managementziele zu verwirklichen. Das Management sowie die Projektakteure sollten darauf achten, dass die Managementziele auf die Ebene der Projektziele adäquat heruntergebrochen werden.

b) Zwischen der Unternehmens- und Projektkultur besteht ein Zusammenhang, da die Teammitglieder häufig aus der Linienorganisation rekrutiert werden. Die Projektmitarbeiter übertragen die sozialisierten Verhaltensweisen und Denkmuster aus der Linienorganisation auf die Projektorganisation. Je unabhängiger die Projektorganisation im gesamten Unternehmen ist, desto höher kann die Wahrscheinlichkeit sein, dass sich eine Loslösung (Emanzipation) von der Linienorganisation entwickelt. Damit besteht die Chance, dass neue Verhaltensmuster und Organisationskulturen in der Projektorganisation entstehen, wenn der Wille der Projektakteure vorhanden ist. Wenn kein Wille zur Veränderung der Projektkultur gegeben ist, dann werden die bisher gelebten Denk- und Verhaltensmuster auch auf die Projekte übertragen. Wenn die Linienorganisation effizient und effektiv ausgerichtet ist, dann muss dies kein Nachteil sein. Wenn die Linienorganisation hierarchisch-träge und ineffizient sowie ineffektiv organisiert ist, dann sollte vermieden werden, dass die Projekte ebenfalls in einem derartigen Stil geführt werden. Die Entscheidung für die Entwicklungsprozesse in der Organisation treffen die Gesellschafter, die Führungskräfte und der Betriebsrat. Ob sich neue Projektkulturen entwickeln können, hängt auch von den Projektmitarbeitern, deren Willen zu Veränderungen sowie deren Reifegrad (soziale Kompetenz, Organisationskompetenz, Methodenkompetenz, Fachkompetenz) ab.

c) Zusammenhänge zwischen Management und Projekt anhand von Beispielen:

Managementziel	Projekttitel
Ein Automobilunternehmen beabsichtigt, Technologieführer in dem Geschäftsfeld „Electronic Cars" zu werden.	Erweiterung der Reichweite von Electronic Cars durch Steigerung der Leistungsfähigkeit der Batterien
Ein Logistikunternehmen mit 1.000 Lkws möchte das ökologische Ziel verfolgen, den Flottenverbrauch zu senken.	Schulung der Lkw-Fahrer zur Optimierung des Flottenverbrauchs
Eine Restaurantkette möchte aus Wettbewerbsgründen die Qualität der Produkte erhöhen.	Einführung eines Total Quality Management
Ein Produktionsvorstand stellt fest, dass die Produktionsprozesse nicht effizient ausgerichtet sind.	Reengineering der Produktionsprozesse und Vermeidung von Verschwendung

Lösung zu Aufgabe 2: Managementrelevanter Kontext von Projekten (2)

Da die Nachfrage nach dem Teil X-18-35-L weltweit zunehmen wird, sollte das strategische Ziel darin bestehen, die Marktanteile zu erhöhen. Der zusätzliche Auftrag bzw. die Erhöhung der Stückzahlen eines Großkunden stimmt mit der Expansionsstrategie überein. Möglicherweise ist der zusätzliche Impuls des Großkunden auch der Auslöser, die Strategie endgültig auf eine Marktanteilserweiterung auszurichten.

Um die Erhöhung der Marktanteile zu realisieren, müssen verschiedene Projekte und deren Ziele definiert werden:

▶ Projekt „Einführung eines Zweischichtbetriebs":
- Ziel: Verdoppelung der Stückzahlen des Teils X-18-35-L innerhalb von sechs Monaten
- Subziele: Einstellung von zusätzlichen Mitarbeitern, Organisation höherer Inputmengen, Erweiterung des Lagers.

▶ Projekt „Erhöhung des Marktanteils":
- Ziel: Weltweiten Absatz des Teils X-18-35-L innerhalb von sechs Monaten steigern
- Subziele: Kundenkontakte intensivieren, zusätzliche Vertriebsmitarbeiter einstellen, zwei Vertriebsbüros in Asien und Nordamerika eröffnen.

- **Projekt „Produktionsstandort Asien":**
  - Ziel: Verdoppelung der Stückzahlen des Teils X-18-35-L innerhalb der nächsten 1,5 Jahre
  - Subziel: Standortsuche, Produktionshalle bauen, Mitarbeiter einstellen, Organisation der Beschaffungsmengen.

Lösung zu Aufgabe 3: Zusammenhang zwischen Unternehmenskultur und Projekt***

a) Fünf Eigenschaften der Unternehmenskultur:
  - Führungsstil
  - Sprache unter den Mitarbeitern und Kommunikationsverhalten
  - Kleidung
  - Gebäude und Innenausstattung
  - Rituale.

b) Einflussgrößen zur Entwicklung einer Unternehmenskultur können sein:
  - Einstellung des Gründers oder der (maßgeblichen) Gesellschafter
  - Erfahrungen, Einstellungen, Ausbildung, Fachkenntnisse der Führungskräfte
  - Einflüsse von Unternehmensberatern oder Stakeholdern (Umweltgruppen, ...)
  - Macht und Einstellung des Betriebsrats
  - Zusammenschlüsse von Unternehmen
  - Unabhängigkeit gegenüber Banken und Kapitalgebern
  - Lebenserfahrungen und Verhaltensweisen der Mitarbeiter
  - Organisationsstrukturen.

Die Merkmale einer Unternehmenskultur können sich auf die Projektkultur übertragen. Grundsätzlich bietet das Projektmanagement die Chance, eine eigene Kultur aufzubauen. Entscheidend sind die Übertragungswege sowie die Schnittstellen zwischen der Linien- und der Projektorganisation. Die Ausbreitung (Diffusion) der Merkmale einer Unternehmenskultur auf die Projektkultur kann durch Mitarbeiter der Linienorganisation, die in Projekten tätig sind, realisiert werden. Es gibt aber auch ungeschriebene Gesetze, die sich stillschweigend von der Linienorganisation auf die Projektkultur übertragen.

Es können positive, aber auch negative Impulse der Linienorganisation auf die Projektorganisation übertragen werden. Ein relevanter Aspekt besteht auch darin, welche Macht die Projektorganisation gegenüber der Linienorganisation hat. Wenn die Möglichkeit besteht, sich von der Linienorganisation kulturell zu lösen, dann kann sich eine eigene Projektkultur entwickeln.

Lösung zu Aufgabe 4: Strategische Planung, Unternehmensphilosophie und Projekt***

a) Merkmale der strategischen Planung:
   - Tendenziell langfristiger Planungszeitraum
   - Überwiegend qualitative Faktoren
   - Große Planungsunsicherheit
   - Doing the right Things
   - Planungsakteure: Geschäftsleitung.

   Ein wesentlicher Aspekt besteht darin, dass die strategische Planung eine Umsetzung durch Projekte erfordert. Es besteht eine Mittel-Zweck-Beziehung, wobei Projekte ein Mittel darstellen, um die strategische Planung (Zweck) zu realisieren. Die Ziele der strategischen Planung sollten mit den Projektzielen inhaltlich und zeitlich abgestimmt werden.

b) Elemente einer Unternehmensphilosophie:

   Die Unternehmensphilosophie
   - stellt einen Teil der Unternehmenskultur dar,
   - dokumentiert die Ziele sowie
   - Werte des unternehmerischen Denkens und Handelns.

   Die Unternehmensphilosophie prägt sich in der Praxis häufig durch Unternehmensgrundsätze und Leitbilder aus.

   Beispiele

   für Unternehmensgrundsätze können sein:
   - Ökologische Orientierung des Unternehmens
   - Intensive Orientierung am Mitarbeiter („Im Mittelpunkt steht der Mensch.")
   - Kooperatives Verhalten gegenüber Lieferanten (Vertrauen, Informationstransparenz)
   - Expliziter partizipativer Führungsstil
   - Religiöse (katholisch, evangelisch) oder philosophische (Anthroposophie) Ausprägungen der Unternehmensführung.

c) Zusammenhang zwischen Unternehmensphilosophie, Unternehmenskultur und Projekt anhand einer Grafik.

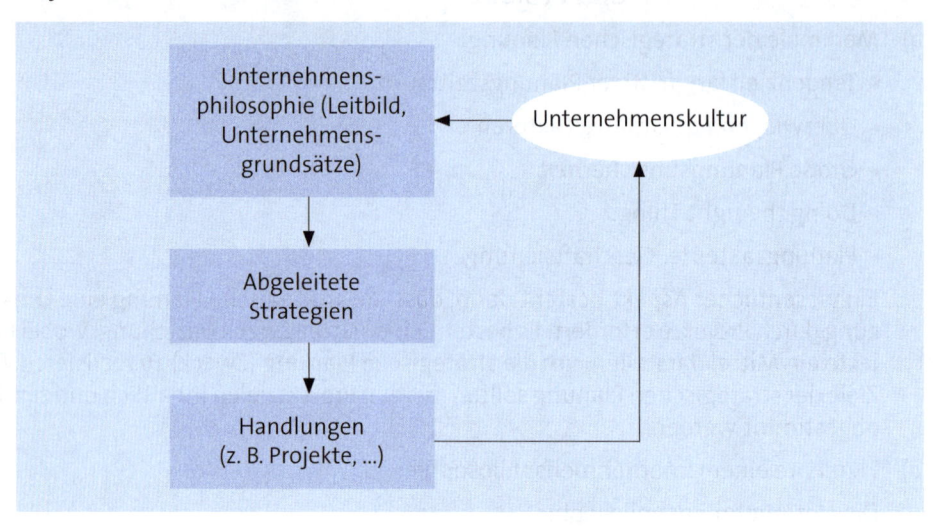

```
┌─────────────────┐
│ Unternehmens-   │
│ philosophie     │◄──── Unternehmenskultur
│ (Leitbild,      │
│ Unternehmens-   │
│ grundsätze)     │
└────────┬────────┘
         ▼
┌─────────────────┐
│   Abgeleitete   │
│   Strategien    │
└────────┬────────┘
         ▼
┌─────────────────┐
│   Handlungen    │
│ (z. B. Projekte,│───┐
│      ...)       │   │
└─────────────────┘   │
         ▲            │
         └────────────┘
```

d) **Leitbild:**
Die Carbon-Driving-Elements GmbH ist ein Automobilzulieferer mit der Materialtechnologie „Carbon", die in den nächsten Jahren erheblich beim Automobilbau an Bedeutung gewinnen wird. Ein wesentlicher Grundsatz des Unternehmens besteht darin, höchste Qualitätsansprüche sowie uneingeschränkte Kundenzufriedenheit zu erreichen. Wir führen mit unseren Lieferanten vertrauensvolle und faire Beziehungen. Den Mitarbeiter der Carbon-Driving-Elements GmbH werden modernste Arbeitsplätze mit Berücksichtigung der Ergonomie, Gesundheit und Umwelt zur Verfügung gestellt. Die hergestellten Produkte beinhalten einen hohen Stand der Technik und ermöglichen entsprechende Wertschöpfungen, die mit einem Bonussystem an die Mitarbeiter aufgeteilt werden. Die Nachfrage nach dem technischen Knowhow der Carbon-Driving-Elements GmbH ist weltweit zunehmend. Daher wird das Unternehmen die Internationalisierung in den nächsten Jahren vorantreiben.

Strategisches Ziel:
Die Carbon-Driving-Elements GmbH beabsichtigt, mit der zum 01.07.00 zu eröffnenden Niederlassung in Rio de Janeiro die Marktanteile in Brasilien innerhalb der nächsten fünf Jahre jährlich um 5 % zu steigern. Nach dem fünften Jahr soll in Südamerika ein Umsatz von 80 Mio. € realisiert werden.

Weiteres mögliches strategisches Ziel:
Die Carbon-Driving-Elements GmbH beabsichtigt, eine strategische Kooperation mit einem Unternehmen in den USA bis zum 01.09.00 einzugehen. Das Ziel besteht darin, durch die Kooperation den Marktanteil des Teils X-18-35-L (siehe Aufgabe 2) innerhalb der nächsten fünf Jahre zu verdoppeln.

Abgeleitetes Projekt aus dem strategischen Ziel:
- **Strategisches Ziel:** Kooperation mit einem amerikanischen Unternehmen zur Erhöhung der Marktanteile

- **Projekttitel:** Gestaltung einer Kooperation mit einem Unternehmen der USA
- **Projektziel:** Abschluss der Kooperation bis zum 01.09.00 und nachfolgende Erhöhung der Marktanteile innerhalb der nächsten fünf Jahre um 100 %
- **Subziele:** Auswahlentscheidung der Kooperationspartner, Kooperationsverhandlung, Kooperationsvertrag, Logistik in die USA sicherstellen, Marketing in den USA und Reporting der Verkäufe des Teils X-18-35-L in den USA.

e) Die strategischen und operativen Ziele werden mit der Balanced Scorecard verbunden.

1.4 Systemisches Denken und komplexe Projekte managen
Lösung zu Aufgabe 1: Begriff „System"

a) Ein System besteht aus mehreren Elementen, die miteinander verknüpft sind (vgl. *Vester*, 1983).

b) Systemarten:
- Technische Systeme
- Soziale Systeme
- Organisatorische Systeme
- Statische und dynamische Systeme
- Geschlossene und offene Systeme.

c)

Objekt/Subjekt	Richtig	Falsch
Ein Projektteam	X	
Eine Sonnenblume	X	
Ein Unternehmen	X	
Ein Haufen Kies		X

d) Inhaltliche Bedeutung der Verbindungslinien zwischen den Projektmitgliedern:

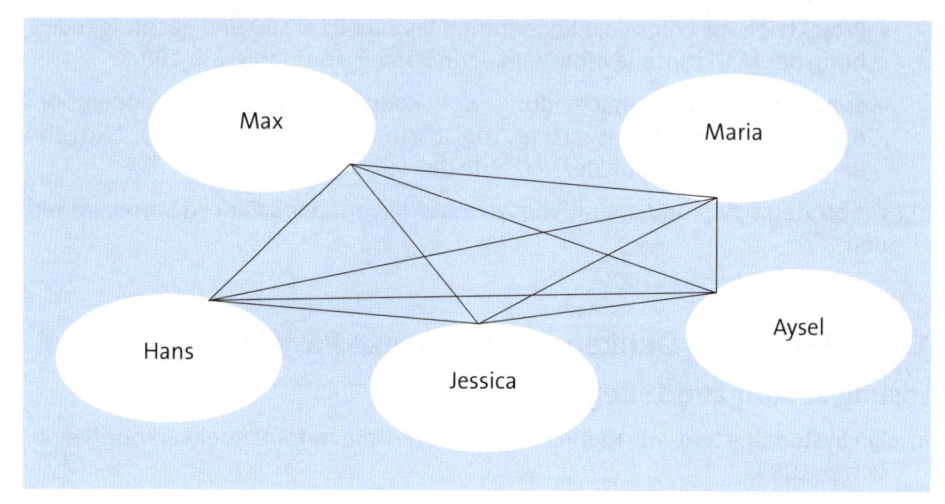

Abb.: Projektteam

Das Projektteam stellt ein System dar, da die einzelnen Teammitglieder verschieden und miteinander vernetzt sind. Die Verbindungslinien zeigen visualisiert die formellen und informellen Beziehungen zwischen den Projektteammitgliedern auf.

Formelle Beziehungen können der Austausch von Fachinformationen (z. B. Berichte, Mitteilungen, ...) sein. Informelle Beziehungen können sich durch Hobbys, gemeinsame Gesprächsthemen oder Sympathie auf einer emotionalen Ebene bilden.

In der Abbildung werden die Beziehungen durch die Verbindungslinien sichtbar. In der Realität unterliegt die Kommunikation einem Test. Wenn eine persönliche Grenze nicht überschritten werden darf, weil eine Person eine größere Nähe einer anderen Person nicht zulässt, dann bleibt es bei einer betriebsbedingten formellen Beziehung. Wenn jedoch durch die Kommunikation (verbal oder nonverbal) Impulse entstehen, die „emotionalen Fenster" zu öffnen, dann können sich informelle Beziehungen entwickeln, die Vorteile, aber auch Nachteile (z. B. Trennung eines Team-Paares während der Projektlaufzeit) mit sich bringen können.

Lösung zu Aufgabe 2: Denken in Systemen***

Der Projektleiter ist Teil des Systems „Projektteam". Damit ist er in die Sozialisierungsprozesse eingebunden bzw. hat sie selbst mitgestaltet. Der Projektleiter ist ein Teil des Ganzen und kann möglicherweise den „Wald vor lauter Bäumen" nicht mehr sehen. Wenn der Überblick fehlt, dann kann eine Distanz zum System „Projektteam" eine Möglichkeit sein, um sein eigenes Team aus einem anderen Blickwinkel zu betrachten. Der Projektleiter sollte gelegentlich oder in festen Zeitabständen einen „Adlerblick" zu seinem System „Projektteam" einnehmen (1). Dann sieht er den Wald als Ganzes und kann auch aufgrund der Schärfe der Augen eines Adlers Details erkennen und eingreifen (2). Dieser Balanceakt zwischen dem ganzheitlichen Blick und dem detailorientierten Denken ist für Projektleiter eine wesentliche Aufgabe. Die Systemtheorie kann für das praktische Denken Handlungsanleitungen vermitteln.

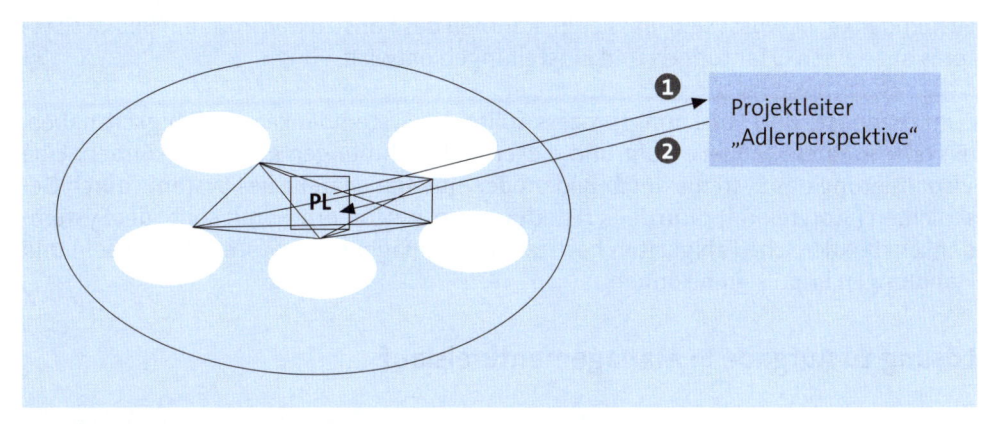

Abb.: Projektteam mit Projektleiter (PL)

Lösung zu Aufgabe 3: Axiom des Systemdenkens***

a) Das Axiom des Systemdenkens beinhaltet zwei Ausprägungen:
   ▸ Positive Rückkoppelung (Aufschaukelungsprozess)
   ▸ Negative Rückkoppelung (Abschaukelungsprozess).

b) Der Projektleiter kann bei den Kernteammitgliedern eine positive Rückkoppelung initiieren, indem er sie motiviert und bei gegebener Möglichkeit lobt. Die Aufmerksamkeit gegenüber den Kernteammitgliedern führt zu einem positiven Stimmungsbild beim Mitarbeiter und fördert die Entwicklung des Individuums sowie der Gruppe. Bei einer harmonischen Gruppenatmosphäre sowie positiv gestimmten Mitarbeitern besteht eine höhere Chance, dass die Ideenvielfalt wächst und die Produktivität steigt. Wenn die Leistungsziele erreicht werden, dann erfolgen eine weitere Motivation sowie wieder ein Lob. Insgesamt kann es zu einer Aufwärtsspirale kommen, die zu höherer Leistung und zunehmender Mitarbeiterzufriedenheit führt.

Negative Rückkoppelungen können entstehen, wenn der Projektleiter beispielsweise unangemessen kritisiert oder eine negative Stimmung gegenüber den Kernteammitgliedern entwickelt. Die Mitarbeiter sind demotiviert, die Leistung sinkt und die Kritik nimmt zu. Das Stimmungsbild in der Gruppe sinkt weiter und der Projektleiter hat noch mehr Anlässe zu kritisieren. Es entsteht eine Abwärtsspirale, bei der die Gesamtleistung sinken kann sowie die Mitarbeiterzufriedenheit abnimmt.

Lösung zu Aufgabe 4: Systemdenker***

Ein Systemdenker sollte viele Ideen über mögliche Einflussfaktoren und Zustände des Systems generieren können. Wesentlich ist jedoch, dass er Wechselwirkungen oder Korrelationen (Zusammenhänge) zwischen den internen und/oder externen Systemvariablen erkennen kann. Die Identifikation von Hebelgrößen sowie deren Zusammenhänge zu den restlichen Systemvariablen und dem Systemumfeld stellen eine Voraussetzung dar, um das Grundprinzip des Systems wahrzunehmen. Dabei sollte dem Systemdenker bewusst sein, dass er im Rahmen des Konstruktivismus ein Bild des Systems aus seinen Erfahrungen und Einstellungen entwirft.

Zum Diagnose- und Forschungsprozess sollte der Systemdenker die Fähigkeit haben, ein oder mehrere Modelle aufgrund dieser Wahrnehmungen gestalten können. Eine Visualisierung des Systems durch Bilder oder eine Transparenz des Systems durch Geschichten (Storytelling) kann den Erkundungsprozess fördern. Somit sollte der Systemdenker künstlerische Fähigkeiten besitzen. Ein Manager sollte Systemdenker sein und Handlungen impulsieren können.

Lösung zu Aufgabe 5: Managementkreislauf

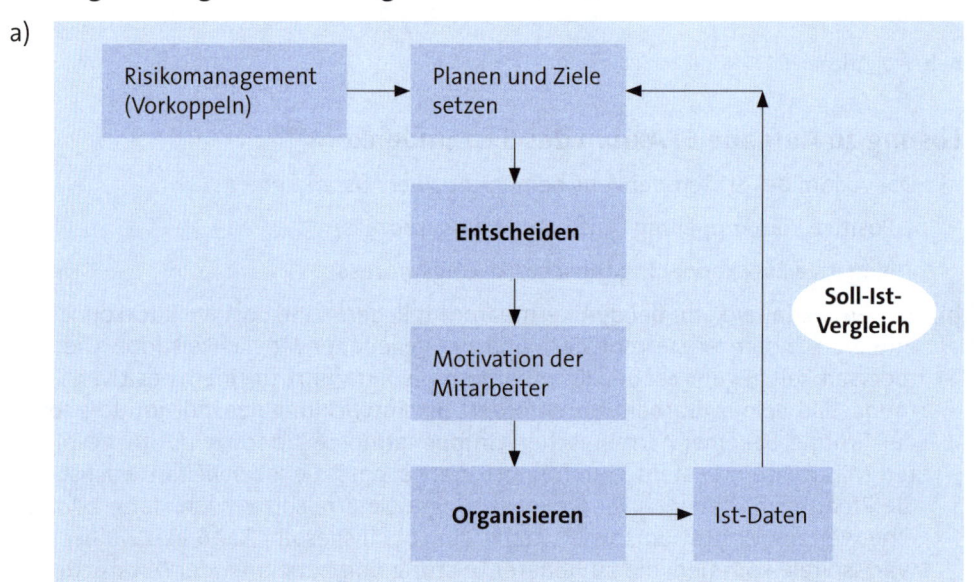

a)

```
[Risikomanagement    →  [Planen und Ziele  ←────────┐
 (Vorkoppeln)]          setzen]                     │
                            │                       │
                            ↓                       │
                        [Entscheiden]               │
                            │                  (Soll-Ist-
                            ↓                   Vergleich)
                        [Motivation der              │
                         Mitarbeiter]                │
                            │                       │
                            ↓                       │
                        [Organisieren]  →  [Ist-Daten]
```

b) **Funktionsweise des Managementkreislaufs:**
Zu Beginn des Managementkreislaufs steht die Realisierung von Risikomanagement (Vorkoppeln), das z. B. für börsennotierte Kapitalgesellschaften nach dem KonTraG (Gesetz zur Kontrolle und Transparenz im Unternehmensbereich) vorgeschrieben ist. Auch wenn keine gesetzliche Verpflichtung zur Frühwarnung besteht, sollte diese von jedem Unternehmen und Projektleiter freiwillig zur Absicherung vorgenommen werden. Aufgrund der erfassten Einflussfaktoren im Rahmen des Risikomanagement wird geplant und es werden Ziele aufgestellt. Die Ziele stellen in Unternehmen sowie in Projekten den „roten Faden" dar. Aus mehreren Planungsszenarien, die häufig in komplexen Unternehmensumfeldern notwendig werden, entscheidet der Manager oder Projektleiter, für welchen Weg er sich entscheidet. Damit sich die Mitarbeiter oder Projektteammitglieder mit den Zielen identifizieren können, motiviert die Führungskraft durch intrinsische und extrin-

sische Kriterien. Das (außergewöhnliche) Vorhaben wird anschließend „dauerhaft geregelt" (organisiert).

Wenn der Projektstart erfolgte, dann wird gearbeitet und spätestens nach dem ersten Meilenstein können Ist-Daten (Zeit, Kosten, Leistung) generiert werden, die mit den Soll-Daten verglichen werden. Der Soll-Ist-Vergleich dient dazu, einen Lerneffekt sowie die Einleitung von Maßnahmen beim Manager oder dem Projektleiter zu impulsieren, um dann die Ziele und/oder die Planung an möglicherweise veränderte Situationen anzupassen. Es erfolgt somit ein Feedback (Rückkoppelung), sodass der Managementkreislauf einen systemischen Ansatz in sich trägt.

Lösung zu Aufgabe 6: Projektmanagement und die Rolle der Wahrnehmung***

Komplexität tritt bei diesem Projekt mit vielen Variablen auf, die möglicherweise noch intensiv miteinander vernetzt sind. Projektleiter Huber wird mit einem multiplen Einflussvektor konfrontiert. Aufgrund von wirtschaftlichen und zeitlichen Restriktionen wird sich Projektleiter Huber mit einem unvollkommenen Informationsniveau (< 100 %) zufrieden geben müssen. Aus pragmatischen Gründen (Vielzahl von Einflussfaktoren, große Datenbestände) wird er Informationen zur Risikoanalyse sowie zur Lösung des Problems selektieren müssen. Dies bedeutet, dass Projektleiter Huber Informationen filtern wird. Damit er die für ihn wesentlichen Informationen selektiert, wird er sein individuelles Informationsanspruchsniveau bestimmen. Er wird überwiegend nur die Informationen wahrnehmen, die mit seinen Einstellungen harmonieren und er wird dissonante Informationen abwehren.

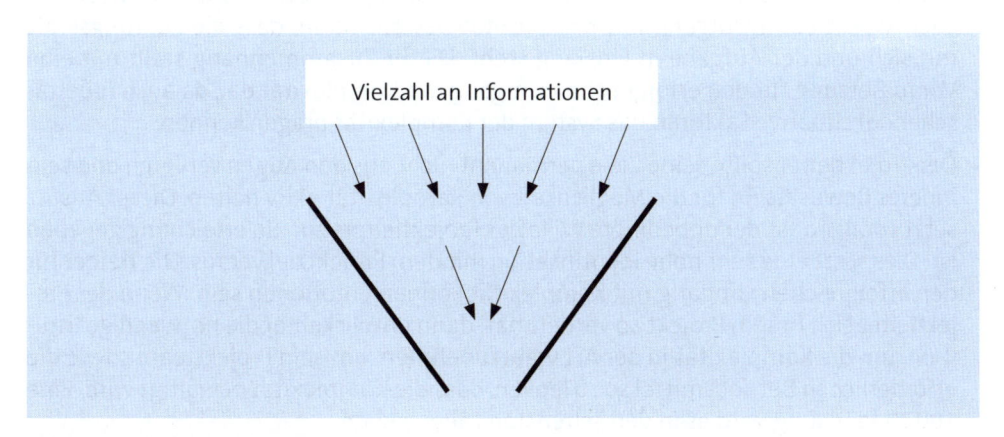

Abb.: Wahrnehmungstrichter

Der Projektleiter wird aufgrund seiner Einstellung nur einen Teil der Informationen wahrnehmen. Der Selektionsprozess hängt von der Einstellung, den Erfahrungen, aber auch von den Gefühlen und determinierten Zielen des Projekts ab. Dies bedeutet, dass der Projektleiter auf einen Teil der Informationen für seine Analysen und Entscheidungen verzichtet. Es stellt sich die Frage, ob eine vollkommene Informationstransparenz, wenn überhaupt möglich, sinnvoll ist? Wenn Projektleiter Huber einen systemischen Ansatz wählt, dann kann er aus der Vielzahl von Einflussgrößen Hebelfaktoren identifizieren. Zudem können durch die Bildung von Systemen und dem Erkennen der wechselseitigen Abhängigkeiten der Variablen Strukturen gebildet werden. Der Projektleiter sollte sich bewusst sein, dass es den perfekten Ansatz nicht gibt und ein Restirrtum in den meisten Fällen bestehen bleibt, der allerdings einen Impuls zu weiteren Lerneffekten setzen kann.

Lösung zu Aufgabe 7: Projektmanagement und Komplexität (1)***

Projektleiter Huber könnte Komplexität mit folgenden Ansätzen trainieren:

- Er könnte ein System mit den Abhängigkeiten zwischen den einzelnen Systemgrößen erstellen. Wenn die Zusammenhänge zwischen den Größen nicht direkt messbar sind, dann sollten sie (subjektiv) geschätzt werden. Das System könnte visualisiert werden, sodass der Projektleiter einen Adlerblick einnimmt und die Strukturen besser erkennt. Der Projektleiter könnte mit dem System verschiedene Simulationen erzeugen, indem er Annahmen (Prämissen) verändert.

- Ein Gefühl für den Umgang mit Komplexität kann entstehen, wenn der Projektleiter in der Vergangenheit bereits viele Projektfälle (Erfahrung) realisiert hat. Er könnte die Projektdokumentationen durcharbeiten und sein eigenes Verhalten reflektieren. Dabei könnte er mit zeitlichem Abstand den Informationsstand vor den Entscheidungen sowie das möglicherweise benötigte Informationsniveau aus nachträglicher Sicht bewerten. Durch den Vergleich von vielen Fällen können Lerneffekte entstehen, die ein Training für Komplexität darstellen.

- Eine weitere Möglichkeit besteht darin, dass der Projektleiter ein Reflexionstraining mit mentalen Techniken (Yoga, Achtsamkeitstraining, ...) durchführt. Ein wesentlicher Aspekt beim Umgang mit Komplexität besteht darin, dass die Führungskraft mit sich und der Aufgabe in Einklang steht. Dieser Zusammenhang stellt nur eine Voraussetzung für den erfolgreichen Umgang mit Komplexität dar, da auch (überraschende) situative Faktoren das System der Komplexität prägen können.

- Der Projektleiter sollte seine Ziele permanent nicht aus den Augen verlieren und sein inneres Bewusstsein für die Möglichkeit von Komplexität aktiv halten. Dieser Ansatz setzt voraus, dass der unbedingte Wille des Projektleiters zur Zielerreichung gegeben ist. Dies setzt eine sehr hohe Identifikation mit dem Projektziel voraus. Die Treiber für den erfolgreichen Umgang mit Komplexität können Emotionen sein. Wenn der Projektleiter sich in sein Projekt so vertieft hat, dann entwickelt er die notwendige Intuition, um die Komplexität in der Art wahrzunehmen, um sein Projektteam sowie die erforderlichen Betriebsmittel so zu lenken, dass die Komplexität bewältigt wird. Eine 100 %ige Lösung wird es in den seltensten Fällen geben.

- Weitere Ansätze in Stichpunkten:
    - Abwechselnd Distanz und Nähe zum System (z. B. Team, Projekt) ausüben.
    - Mut zum Risiko und aus Irrtümern lernen.
    - Abkehr von der Vorstellung, dass Linearität vorherrscht und nicht-lineares Denken zulassen.

Lösung zu Aufgabe 8: Projektmanagement und Komplexität (2)***

Aussage	Wahr	Falsch
(1) Wenn ein Projektleiter einen Plan aufstellt, dann stellt diese erzeugte Ordnung den Normalfall dar. Deshalb ist durch Störungen verursachtes Chaos der Sonderfall.		X
(2) Ein Projekt stellt kein komplexes System dar, sonst würde man nie einen Projekterfolg verzeichnen können.		X
(3) Im Rahmen einer Projektplanung besteht das Ziel darin, sämtliche Details, Risiken und Eventualitäten zu erfassen.		X
(4) Chaotische Phasen im Projekt zu akzeptieren, würde bedeuten, dass das Projekt blockiert wird. Daher sollte Selbstorganisation in Projekten grundsätzlich abgelehnt werden.		X
(5) Auf den Projektstart sollte kein Wert gelegt werden, da die Anfangsbedingungen in einem Projekt keine Rolle spielen. Mit der Zeit spielen sich die relevanten Faktoren von alleine ein.		X

Erklärungen zu den Antworten:
(1) Aufgrund der hohen Komplexität bei den meisten Projekten wäre ein Ordnungszustand die Ausnahme. Projekte sind außergewöhnliche Vorhaben und werden in der Regel permanent durch Störungen in einzigartige Zustände versetzt. Daher stellt der Umgang mit Chaos tendenziell eher den Normalfall als die Ausnahme dar.

(2) Ein Projekt stellt ein komplexes System dar, da eine Vielzahl von externen Einflussfaktoren auf das Projekt einwirkt. Zudem sind die Projektteammitglieder heterogen und miteinander vernetzt (System). Daher ist auch im Innenverhältnis des Projekts, bedingt durch die unterschiedlichen Einstellungen und Erfahrungen der Teammitglieder, eine hohe Komplexität gegeben. Die Kunst der Projektleitung besteht jedoch darin, diese Individualität der Projektteammitglieder aufrecht zu erhalten und trotz der Komplexität das Projekt zum Ziel zu führen. Dies erfordert vom Projektleiter häufig einen Balanceakt, um die unterschiedlichen Stakeholderinteressen auszugleichen.

(3) Aufgrund der hohen Komplexität (und auch Dynamik) können nicht alle Details, Risiken und Eventualitäten erfasst werden. Dies würde einen vermutlich unverhältnismäßig hohen Aufwand an Zeit und Kosten gegenüber einem möglichen Nutzen durch zusätzliche Informationen verursachen, sodass ein pragmatischer Ansatz darin besteht, aufgrund von Gefühl, Erfahrung und Systemmodellen eine wirtschaftliche Lösung auf einem niedrigen (unvollkommenen) Informationsniveau zu generieren.

(4) Wenn in einem Projekt chaotische Phasen blockiert werden, dann würde man die Lebensfähigkeit des Projekts eliminieren. Das Chaos kann auch Kreativität und neue Blickwinkel bewirken. Aufgrund der Außergewöhnlichkeit der Vorhaben sollte Chaos (bis zu einem gewissen Grad) akzeptiert und als normal erachtet werden. Daher sollte Selbstorganisation nicht grundsätzlich abgelehnt werden, da jedes Projektsystem ein eigenes Bewusstsein hat. Voraussetzung ist jedoch, dass die Projektakteure die methodische und menschliche Reife besitzen, mit den Freiheiten der Selbstorgani-

LÖSUNGEN

sation umgehen zu können. Das Vertrauen auf die Regeneration des Systems aus sich selbst heraus, stellt eine wesentliche Grundlage für den Projekterfolg dar. Darüberhinaus kennzeichnen die Merkmale „Chaos" und „Selbstorganisation" jedes Projekt individuell und bewirken, dass das Projekt und der Projektleiter einzigartig sind (Neuartigkeit und Einmaligkeit sind Projektmerkmale).

(5) Ein wesentlicher Aspekt in der Komplexitätstheorie besteht darin, die Bedeutung der Anfangsbedingungen zu erkennen. Durch einen organisierten und harmonischen Projektstart werden die Bedingungen für die weitere Entwicklung des Projekts positiv ausgerichtet. Systeme und Komplexitäten orientieren sich häufig an der Gestaltung der Anfangsbedingungen, da insbesondere bei sozialen Systemen (Projekt) in den überwiegenden Fällen die Nichtwiederholbarkeit (Irreversibilität) gilt. Beispielsweise können sich Kommunikationsmängel zwischen zwei Projektteammitgliedern in der Projektstartphase über die gesamte Projektlaufzeit ziehen und möglicherweise Konflikte verursachen, die den Projekterfolg gefährden können.

2. Elementare Faktoren zur Durchführung eines Projekts
2.1 Projektimpuls
Lösung zu Aufgabe 1: Projektinitiierung (1)
Das internationale Unternehmen Elementar making Ltd., das Werkzeuge herstellt, beabsichtigt einen Produktions- und Vertriebsstandort in Deutschland aufzubauen. Aufgrund eines verstärkten Wettbewerbs bei den Qualitätsmerkmalen der Werkzeuge entschied sich die Geschäftsleitung, in einer Region zu investieren, in der qualifizierte Mitarbeiter sowie ein hohes Qualitätsbewusstsein vorhanden sind.

- **Projektimpuls:** Auftrag durch Geschäftsleitung des Unternehmens
- **Projekttitel:** Gründung eines Produktions- und Vertriebsstandorts in Deutschland
- **Subprojekte:** Standortsuche, Bau des Werks, Beschaffung qualifizierter Mitarbeiter.

Allerdings bemerkten die Investoren, dass die europäischen und deutschen rechtlichen Rahmenbedingungen erheblichen Aufwand für die Gründung des neuen Standorts verursachen. Darüber hinaus soll das neue Werk am Rande einer mittelgroßen Stadt gebaut werden. Nach Bekanntgabe der Standortentscheidung organisierte eine engagierte Hausfrau der Bürgerbewegung „Bunte Liste" eine spontane Demo vor dem Rathaus.

- **Projektimpuls:** Rechtliche Rahmenbedingungen, Einfluss der Bürgerbewegung
- **Projekttitel 1:** Analyse der rechtlichen Rahmenbedingungen und Anpassung der internen Unternehmensstrukturen zur Gründung eines neuen Werks in Deutschland
- **Projekttitel 2:** Management der Stakeholder beim neuen Werk in Deutschland.

Dennoch hält die Geschäftsleitung an der Entscheidung fest, das Werk zu bauen, da aus Wettbewerbsgründen die Produktlinie der Gartenwerkzeuge veränderte Produktionsbedingungen benötigt, um langfristig Kosten zu sparen, und um hinsichtlich des Vertriebs in Deutschland, einem Gartenliebhaberland, näher beim Kunden zu sein.

- **Projektimpuls:** Wirtschaftliche Gründe (Innovation, Wettbewerbsfähigkeit steigern, Absatz erhöhen durch optimierten Vertrieb, Kosten senken)
- **Projekttitel 1:** Steigerung der Qualität der Gartenwerkzeuge durch Innovation im neuen Werk in Deutschland
- **Projekttitel 2:** Lean Management im neuen Werk in Deutschland
- **Projekttitel 3:** Optimierung des Vertriebs am neuen Standort Deutschland.

Lösung zu Aufgabe 2: Projektinitiierung (2)
- Auftrag eines externen Kunden
- Auftrag eines internen Kunden (z. B. IT in der Produktion optimieren)
- Etablierung eines Risikomanagement aufgrund gesetzlicher Bestimmung (KonTraG: Gesetz zur Kontrolle und Transparenz im Unternehmensbereich)

LÖSUNGEN

- Einführung eines Umweltmanagementsystems, da die Kunden eine Bestätigung über ein Engagement im Umweltbereich fordern.
- Fusion mit anderen Unternehmen
- Liquidierung eines nicht rentablen Unternehmensbereichs
- Organisation eines Marketingevents.

Lösung zu Aufgabe 3: Methoden der Ideenfindung
Brainstorming:
Diese Methode zielt darauf ab, insbesondere das Bauchgefühl einzusetzen. Die Intuition kann gefördert werden, indem eine sehr spontane und kurze Zeitspanne für Ideen angesetzt wird, oder wenn sehr lange Zeiträume eingeräumt werden, die nahezu meditativen Charakter haben. In beiden Fällen bestehen Chancen, dass Individuen ihren Gedanken freien Lauf lassen. Innerhalb eines Teams sollten Regeln für das Brainstorming aufgestellt werden:

- Kritik an den anderen Teilnehmern und ihren Ideen ausschalten
- Quantität geht vor Qualität: Jede noch so ungewöhnliche Idee sollte geäußert werden, da hierin ein neuer Ansatz oder eine Innovation verborgen sein könnte.
- Brainstorming bietet die Möglichkeit, an den Ideen der anderen Teilnehmer (rekursiv) anzuknüpfen.

Beim Brainstorming wird eine Gruppendynamik mit Synergieeffekten erzeugt. Die freien Assoziationen fördern das laterale Denken, das alle Seiten eines Themas (hier: Ideen für ein neues Projekt) betrachtet.

- **Vorteile:**
  - Ohne großen Mitteleinsatz können Ideen erzeugt werden
  - Methode kann schnell durchgeführt werden
  - Durch das Anknüpfen an andere Ideen entsteht ein Aufschaukelungs-Prozess.
- **Nachteile:**
  - Methode für introvertierte und/oder mehr visuell orientierte Menschen möglicherweise problematisch.
  - Ob wirklich durch Brainstorming Kreativität entsteht, ist umstritten, da Ideen häufig individuelle Ansätze und eine Reifezeit erfordern.
  - Brainstorming ist eine künstliche Methode, die Kreativität generieren möchte. Jedoch benötigt Kreativität häufig die Gunst des Zufalls oder der Situation. Man kann Ideen nicht erzwingen.
  - Die mündlich geäußerten Ideen müssen erst noch schriftlich fixiert werden. Häufig wird für Brainstorming zusätzlich ein Moderator benötigt.

Methode 635:
Bei dieser Technik der Ideenfindung wird die schriftliche Ausprägung von Ideen bevorzugt. Die Zahl „6" bedeutet, dass sechs Teilnehmer an der Ideenfindung beteiligt sind. Die Zahl „3" weist auf die Gestaltung von drei Spalten im Formular der Methode 635 hin. Die Teilnehmer tragen ihre Ideen in das Formular mit den Spalten ein und nach einer definierten Zeitspanne wird das jeweilige Formblatt an das nächste Teammitglied weitergegeben. Bei sechs Teammitgliedern erfolgt die Weitergabe 5-mal (Zahl „5" bei 635). Am Ende der Weitergaberunden erhält jedes Teammitglied sein ursprüngliches Ausgangsformular wieder.

▸ **Vorteile:**
- Gut geeignet für introvertierte Menschen, die lieber schreiben als reden.
- Eine schriftliche Dokumentation der Ergebnisse liegt durch diese Methode bereits vor.
- Ruhige Atmosphäre bei dieser Art des Brainwriting, während beim Brainstorming durch die mündlichen Äußerungen eine gewisse Betriebsamkeit im Team vorhanden ist.

▸ **Nachteile:**
- Bei der praktischen Durchführung stellt sich häufig die Schrift der anderen Teilnehmer als Problem dar.
- Leere Felder können entstehen.
- Hemmungen bei der Dokumentation, da Schrift identifizierbar.

Die Methode 635 ist eine Möglichkeit des Brainwriting. Im Rahmen der schriftlichen Fixierung von Ideen gibt es noch die Möglichkeiten der Kartenabfrage und der Galeriemethode.

▸ **Kartenabfrage:** Teilnehmer schreiben ihre Ideen auf Kärtchen. Diese werden dann für alle sichtbar an eine Pinnwand geheftet.

▸ **Galeriemethode:** Kärtchen oder Blätter mit Ideen werden von den Teilnehmern nacheinander an eine Pinnwand geheftet. Der jeweilige nachfolgende Teilnehmer kann die Struktur der Kärtchen des Vorgängers verändern sowie neue Ideen gleich mit einbringen. Der Ideenfindungsprozess wird für alle visualisiert. Bei dieser Methode bestehen verschiedene Auslegungen in der Literatur und Praxis.

Synektik:
Wenn durch die beiden traditionellen Methoden Brainstorming und Brainwriting keine weiteren Ideenimpulse vorliegen, dann kann auf die Synektik zurückgegriffen werden. Der Ansatz erfordert häufig eine professionelle Begleitung. Der Ansatz besteht darin, Analogien zum gewünschten Thema zu suchen. Es gilt das Prinzip: „Das Fremde vertraut machen – das Vertraute fremd machen".

LÖSUNGEN

Beispiel

Herr Maier leitet in einem Investitionsgüterunternehmen seit 15 Jahren das Profitcenter „Kräne für die Bauwirtschaft". Die Geschäftsleitung des Unternehmens wünscht in den nächsten Jahren höhere Gewinne. Herr Maier benötigt ein Projekt, um sein Profitcenter effizienter zu gestalten. Er sucht sich eine Analogie und transformiert.

- **Analogie:**
  Welche Merkmale zeichnen den Erfolg der Jagd bei Adlern aus?
- **Mögliche Antworten:**
  Wendig, flexibel, Schnelligkeit, Angriff der Beute auf dem Boden
- **Transformation:**
    - Die Produktion des Profitcenters muss schneller erfolgen. Leerkosten müssen noch mehr vermieden werden.
    - Prozesse müssen wendig und flexibel werden. Dies bedeutet, dass ein Reengineering durchgeführt werden muss.
    - Das Merkmal „Angriff der Beute auf dem Boden": Die Verschwendung der Produktionsmitarbeiter sollte durch das konsequente Aufstellen der Ziele minimiert werden. Für das Erreichen der Ziele im Rahmen von Lean Management sollten Prämien vergeben werden.
    - **Vorteile:**
        - Außergewöhnliche Ideen können durch Analogien sowie durch Vernetzung der Merkmale entstehen.
        - Bei passender Analogie ist vertieftes Verständnis der systemischen Zusammenhänge des Themas möglich.
    - **Nachteile:**
        - Einsatz eines professionelles Beraters (Psychologe, Coach, ...) ist erforderlich.
        - Die Fixierung auf eine Analogie kann den Blickwinkel verengen.
        - Passende Analogien müssen gefunden werden.

Lösung zu Aufgabe 4: Projektimpulsphase

Am Ende jeder Projektimpulsphase sollten resultieren:
- Interner Auftraggeber
- Projektauftrag
- Projektleitung.

2.2 Rolle des Auftraggebers eines Projekts

Lösung zu Aufgabe 1: Arten von Auftraggebern
- Interner Auftraggeber (z. B. Bereichsleiter)
- Externer Auftraggeber (Kunde)

Lösung zu Aufgabe 2: Organisatorische Stellung des internen Auftraggebers

Der **interne Auftraggeber** sollte auf der Bereichsleiterebene positioniert sein, da er das Bindeglied zwischen der strategischen und der operativen Ebene darstellt. Da Projekte ein Mittel darstellen, um die strategischen Ziele (Zweck) zu erfüllen, nimmt der Bereichsleiter eine Schlüsselposition ein. Aufgrund seiner formalen Stellung (z. B. mit Prokura) kann der interne Auftraggeber Mitarbeiter einstellen oder entlassen sowie entsprechende Entscheidungen für das Projekt treffen. Darüberhinaus sollte der interne Auftraggeber eine informell ausgeprägte Stellung einnehmen, was auch eine tendenziell hohe Akzeptanz der Belegschaft erfordert. Der interne Auftraggeber der Projekte sollte lediglich in Ausnahmefällen die Geschäftsleitung sein, damit bei Konflikten oder Problemen dann via einer Eskalationspyramide nach dem Projektleiter und dem internen Auftraggeber noch eine weitere Instanz zur Lösung des Falls bereitstünde.

Lösung zu Aufgabe 3: Aufgaben des internen Auftraggebers

a) Aufgaben des internen Auftraggebers:
- Der interne Auftraggeber setzt die Rahmenbedingungen. Dazu gehören die Zeit (Start und Ende des Projekts), das Budget, die Leistungs- und Qualitätskriterien. Er definiert den Projektauftrag mit Bezug zu den Unternehmenszielen.
- Der interne Auftraggeber ist auch für das Projektmarketing zuständig. Die Projektauswahl erfolgt häufig unter Wettbewerbsbedingungen, sodass sich der interne Auftraggeber für sein Projekt engagieren muss. Dazu gehört, dass er den Nutzen des Projekts für das gesamte Unternehmen darstellt. Deshalb zählt die Bildung eines positiven Images für das Projekt zu den wichtigsten Aufgaben. Eine unbedingte Voraussetzung hierfür ist die Identifikation des Auftraggebers mit dem Projekt.
- Der interne Auftraggeber wählt den Projektleiter aus und vergibt entsprechende Kompetenzen (z. B. Einstellung von Mitarbeitern, Einkaufsberechtigung z. B. bis 10.000 €). Der interne Auftraggeber kann dem Projektleiter bei der Auswahl der Kernteammitglieder behilflich sein. Er sollte eine Vertrauensbasis zum Projektleiter sowie zum Kernteam aufbauen. Grundsätzlich sollte ein Projektvertrag zwischen internem Auftraggeber und Projektleitung erstellt werden.
- Der interne Auftraggeber kann dazu beitragen, eine innovative Arbeitsatmosphäre zu erzeugen sowie dem Projektteam die Freiräume zu lassen, die notwendig sind, um neue Arbeitsmethodiken zu wagen, die Mitarbeiterzufriedenheit zu steigern und die Projektziele zu erreichen.

- Der interne Auftraggeber hat die Macht, Mitarbeiter aus der Linie in das Projekt zu versetzen oder aus dem Projekt in die Linie zurückzuholen.
- Der interne Auftraggeber gibt das Projekt frei und beendet das Projekt. Er erhält die Statusberichte (Kosten, Zeit, Leistung, weiche Faktoren) des Projektleiters bei den Meilensteinen und kann eine Projektphase wiederholen lassen, wenn die Ziele nicht erreicht wurden, oder das Projekt für die nächste Phase freigeben. Bei Problemen im Projekt nimmt der interne Auftraggeber dazu Stellung und kann entsprechende Empfehlungen geben oder Handlungen einleiten. Er stellt damit eine Entscheidungs- und Kontrollinstanz dar.

b) Ein Projektlenkungsausschuss, der aus mehreren internen Auftraggebern verschiedener Funktionsbereiche besteht, erweist sich bei unternehmensübergreifenden interdisziplinären oder komplexen Projekten mit hoher Risikoausprägung als zweckmäßig. Der Projektlenkungsausschuss hat die gleichen Aufgaben wie der interne Auftraggeber, jedoch besteht er aus mehreren Personen. Dies bedeutet, dass die Meinungsbildung nicht immer homogen sein wird und über unterschiedliche Präferenzen der Ausschussmitglieder diskutiert werden muss. Der Vorteil des Projektlenkungsausschusses bei komplexen und interdisziplinären Projekten besteht darin, dass ein multipler Blickwinkel zur Frühwarnung durch verschiedene Ausschussmitglieder entsteht.

Lösung zu Aufgabe 4: Geschäftsordnung und Projektvertrag

a) Ein Projektlenkungsausschuss für das Projekt „Beschaffung qualifizierter Mitarbeiter" im Rahmen der Gründung des neuen Werks in Deutschland ist sinnvoll, da bei der Einstellung der Mitarbeiter alle Funktionsbereiche betroffen sind. Daher ist es erforderlich, dass die entscheidungsbefugten Bereichsleiter als interne Auftraggeber im Projektlenkungsausschuss vertreten sind, um die Interessen ihrer Bereiche und des gesamten Unternehmens wahrzunehmen.

b) Aspekte, die eine Geschäftsordnung eines Projektlenkungsausschusses enthalten sollte:
- Gibt es einen Vorsitzenden und einen stellvertretenden Vorsitzenden des Projektlenkungsausschusses?
- Anzahl der Ausschussmitglieder (gerade oder ungerade Zahl)
- Wie werden Entscheidungen getroffen? Einstimmig, Zweidrittelmehrheit, usw.

Erhält der Vorsitzende des Ausschusses bei Pattsituationen eine doppelte Stimme?
- In welchen Zeitabständen finden Sitzungen statt?
- Geheimhaltungs- und Ethikerklärung der Ausschussmitglieder
- Wer führt das Protokoll?

c) Elemente des Projektvertrags zwischen Frau Meierhofer und dem Projektlenkungsausschuss:
- Projektziele und Aufgaben von Frau Meierhofer
- Kompetenzen der Projektleiterin

- Wann muss Frau Meierhofer Statusberichte an den Projektlenkungsausschuss abgeben?
- Welche Weisungsrechte hat der Projektlenkungsausschuss gegenüber der Projektleiterin?

Lösung zu Aufgabe 5: Projektauftrag

Elemente, die ein Projektauftrag eines internen oder externen Auftraggebers enthalten sollte:

- Projekttitel (wichtig für das interne und/oder externe Marketing)
- Projektziel (genaue Definition der zu erwartenden Leistung und Qualität)
- Budget
- Zeitrahmen (Start und Ende des Projekts, Meilensteine)
- Namen des internen Auftraggebers bzw. der Mitglieder des Projektlenkungsausschusses
- Bei externem Projektauftrag: Zahlungstermine.

Lösung zu Aufgabe 6: Weitere Projektbeteiligte

Direkte Projektbeteiligte:
Gesellschafter des Unternehmens, Kernteammitglieder, Teilaufgaben- und Arbeitspaketverantwortliche, Subauftragnehmer.

Indirekte Projektbeteiligte:
Projektcontroller, externe Berater (Coach, Mediator, …), Betriebsrat, Vertreter von Behörden, Qualitätsmanagementbeauftragter, Stakeholder von NGOs (**N**on-**G**overnmental-**O**rganization).

2.3 Instrumente zur Entscheidungsfindung

Lösung zu Aufgabe 1: Nutzwertanalyse

a) Durch die Nutzwertanalyse können Entscheidungen transparenter werden, da überwiegend nicht-monetäre Merkmale durch eine Ordinalskala (entspricht der Rangfolge beispielsweise von Schulnoten: 1 = sehr gut, …, 5 = schlecht) messbar gemacht werden können. Eine Nutzwertanalyse eignet sich insbesondere für Gruppenprozesse, da plurale Blickwinkel eingesetzt und Diskussionen impulsiert werden können.

LÖSUNGEN

Kriterien	Gewichtung	Erfüllungsgrad für		Nutzwert für	
		Projekt X	Projekt Y	Projekt X	Projekt Y

Die Kriterien werden durch Methoden der Ideenfindung generiert. Die Abstimmung der Gewichtungen der Kriterien findet im Rahmen eines Diskussionsprozesses der Projektteammitglieder oder eines anderen Entscheidungsgremiums (Projektportfolio-Board) statt. Die Summe der Gewichtungen kann 100 % ergeben. Bei vielen Kriterien ist jedoch auch eine Gewichtungsstruktur denkbar, bei der nicht 100 % resultieren.

Die Gewichte werden mit den Ausprägungen einer Ordinalskala multipliziert, um den Nutzwert zu erhalten. Je nach Aufbau der Ordinalskala (z. B. 1 = sehr gut) wird die Alternative präferiert, die den geringsten Nutzwert (Rang 1) aufweist. Beim Vergleich der Nutzwerte und der Festlegung der Rangfolge muss der Entscheider die Konstruktion der Ordinalskala beachten.

b) Vergleich von Projekt B und C im Rahmen der Nutzwertanalyse:

Kriterien	Gewichtung	Erfüllungsgrad für[1]		Nutzwert für	
		Projekt B	Projekt C	Projekt B	Projekt C
Unterstützung der Expansionsstrategie	0,5	1	4	0,5	2,0
Steigerung der Wettbewerbsfähigkeit	0,2	3	2	0,6	0,4
Imageförderung	0,2	1	5	0,2	1,0
Erhöhung der Mitarbeiterzufriedenheit	0,1	3	2	0,3	0,2
	1,0			1,6	3,6
				Rang 1	Rang 2

Das Projekt B wird aufgrund des geringeren Nutzwert (Rang 1) dem Projekt C im Rahmen der zu Grunde liegenden Kriterien und Bewertungen vorgezogen.

---

[1] Ordinalskala für die Bepunktung der Kriterien (Erfüllungsgrad der jeweiligen Alternative): 1 = sehr gut, ..., 5 = schlecht

LÖSUNGEN

Lösung zu Aufgabe 2: Portfoliotechnik

a) Nutzwertanalyse mit den drei Projekten A, B und C des Fallbeispiels:

Kriterien	Gewichtung	Erfüllungsgrad für[1]			Nutzwert für		
		Projekt A	Projekt B	Projekt C	Projekt A	Projekt B	Projekt C
Unterstützung der Expansionsstrategie	0,5	1	1	4	0,5	0,5	2,0
Steigerung der Wettbewerbsfähigkeit	0,2	1	3	2	0,2	0,6	0,4
Imageförderung	0,2	1	1	5	0,2	0,2	1,0
Erhöhung der Mitarbeiterzufriedenheit	0,1	2	3	2	0,2	0,3	0,2
	1,0				1,1	1,6	3,6
					Rang 1	Rang 2	Rang 3

Das Projekt A wird dem Projekt B und dieses dem Projekt C unter den gegebenen Kriterien und Bewertungen vorgezogen.

b) Portfolioanalyse mit den Variablen „Projektzeitraum" (Ordinate), „Nutzwert" (Abszisse) und „Projektaufwand" (Kreise im Portfolio):

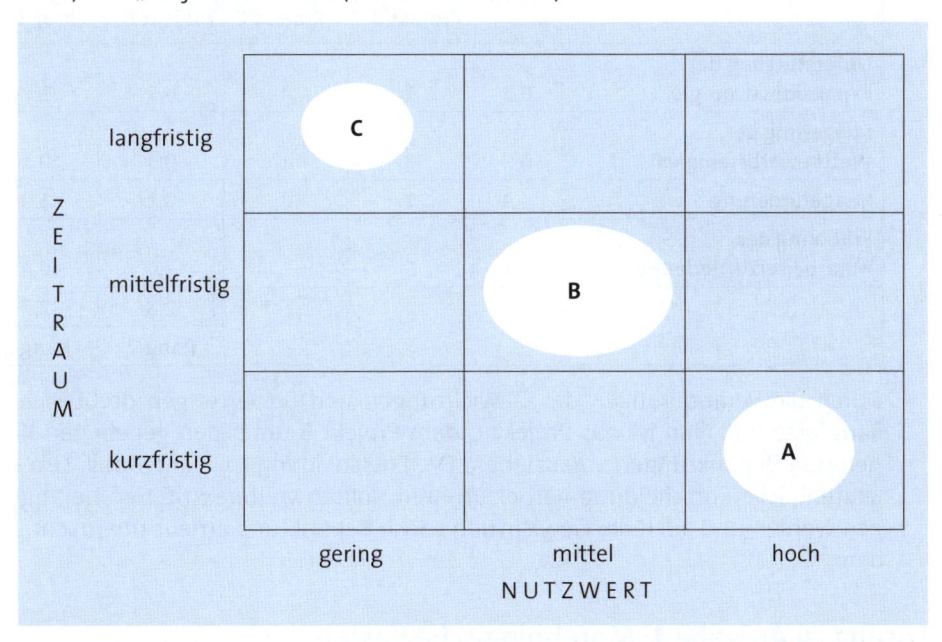

Die Größenverhältnisse der Kreise zueinander stellen (näherungsweise) das Verhältnis der geschätzten Aufwendungen dar.

---

[1] Ordinalskala für die Bepunktung der Kriterien (Erfüllungsgrad der jeweiligen Alternative):
1 = sehr gut, …, 5 = schlecht

Entscheidungsmöglichkeit:
Das Projekt A (Innovationsprojekt) stellt den höchsten Nutzwert innerhalb kürzester Zeit dar. Das Projekt B (Errichtung eines neuen Werks) stellt zwar nur einen mittleren Nutzwert dar, jedoch dient das Projekt der Expansionsstrategie, um die zusätzliche Nachfrage zu befriedigen. Die Budgets der Projekte A und B erfüllen gerade noch die Budgetrestriktion. Sie sind auch innerhalb eines überschaubaren Zeitraums realisierbar. Daher werden Projekt A und B genehmigt. Aufgrund der Budgetrestriktion wird Projekt C nicht mehr berücksichtigt.

Lösung zu Aufgabe 3: Sensitivitätsanalyse

a) Zweck einer Sensitivitätsanalyse liegt in der Veränderung der Kriterien und/oder Gewichtungen. Eine Sensitivitätsanalyse wird durchgeführt, um die Stabilität der Entscheidung zu überprüfen. Dieser Aspekt kann notwendig werden, wenn neue Informationen oder veränderte Umfeldbedingungen eintreten. Wenn aufgrund der neu gewählten Kriterien und/oder Gewichtungen die gleiche Präferenzordnung entsteht wie bei der Erstanalyse, dann ist die Entscheidung stabil.

b) Durchführung einer Sensitivitätsanalyse anhand der beiden Projekte B und C (siehe Aufgabe 1):

Kriterien	Gewichtung	Erfüllungsgrad für Projekt B	Erfüllungsgrad für Projekt C	Nutzwert für Projekt B	Nutzwert für Projekt C
Unterstützung der Expansionsstrategie	0,3	1	4	0,3	1,2
Steigerung der Wettbewerbsfähigkeit	0,1	3	1	0,3	0,1
Imageförderung	0,2	1	5	0,2	1,0
Erhöhung der Mitarbeiterzufriedenheit	0,4	5	1	2,0	0,4
	1,0			2,8	2,7
				Rang 2	Rang 1

Durch die Veränderungen der Gewichtungen und Bewertungen dreht sich die Rangfolge um. Nun ist das Projekt C dem Projekt B unter den gegebenen Kriterien und Bepunktungen vorzuziehen. Die Entscheidung ist nicht stabil. Um eine letztendliche Entscheidung herbeizuführen, sollten weitere Kriterien herangezogen werden und auch die Gewichtung sowie Bepunktung erneut überdacht werden.

Lösung zu Aufgabe 4: Morphologische Kasten

- **Projekt A:** F&E-Projekt, Erhöhung der Batterielaufzeit
  - Geschätzter Aufwand: 80 Mio. €
  - Projektzeitraum: Ein Jahr

LÖSUNGEN

- **Projekt B:** Errichtung eines Werks in Südamerika
  - Geschätzter Aufwand: 120 Mio. €
  - Projektzeitraum: Zwei Jahre
- **Projekt C:** Intensivierung von Lean Management in den europäischen Werken
  - Geschätzter Aufwand: 30 Mio. €
  - Projektzeitraum: Drei Jahre

a) Die Morphologie stellt die Lehre der Gebilde und Muster dar. Beim morphologischen Kasten werden Variablen oder Kriterien, die durch Ideenfindungsmethoden (Brainstorming, Methode 635, ...) entstanden, mit mehreren Ausprägungen in einer Tabelle (Kasten) dargestellt. Die Vielfalt im Rahmen des morphologischen Kastens wird dadurch erzeugt, dass die Inhalte der Zellen miteinander kombiniert werden. Somit entstehen verschiedene Muster oder Gebilde, die als Szenarien gewertet werden können. Aus den unterschiedlichen Szenarien können Alternativen zur Umsetzung ausgewählt werden.

b) Beispiel für die Entwicklung eines morphologischen Kastens:

Der Unternehmensberater erhielt während des Gesprächs mit der Geschäftsleitung verschiedene Impulse, die er in einer Teambesprechung des Consultingunternehmens integrierte. Die Consultants führten eine Brainstormingrunde durch. Daraus resultierten nachfolgende Kriterien. Im Rahmen des morphologischen Kastens wurden pro Kriterium drei Ausprägungen hinzugefügt.

Kriterien	Ausprägungen		
Umsatzwachstum	0 %	< 5 %	< 7 %
Exportanteil innerhalb fünf Jahren erhöhen	Stagnation	50 %	80 %
Erweiterung eines Werks in Europa	nein	Innerhalb der nächsten zwei Jahre	Innerhalb der nächsten fünf Jahre
Forschungs- und Entwicklungsaufwand gegenüber Vorjahr erhöhen	konstant	verdoppeln	verdreifachen
Kosten senken	Überhaupt nicht	Um 10 %	Um 20 %
Supply-Chain optimieren	nein	Nächstes Jahr	In fünf Jahren

Szenarien (Projektalternativen) aus dem morphologischen Kasten:

Art der gestrichelten Linie	Projekt
....	Erweiterung eines Werks in Europa und Steigerung des Exportanteils
————	Optimierung der Supply-Chain, um 10 % der Kosten zu senken

LÖSUNGEN

Lösung zu Aufgabe 5: Entscheidungsbaum***

a) Das Grundprinzip eines Entscheidungsbaums besteht darin, die strategischen Alternativen sowie die Optionen mit Wahrscheinlichkeiten aufzuzeigen. Der Entscheidungsbaum kann durch eine Grafik die verschiedenen Möglichkeiten des Handelns darstellen. Zudem kann der Erwartungswert (Produkt aus Eintrittswahrscheinlichkeit und Ereigniswert) berechnet werden. Wenn unter rationalen Aspekten entschieden wird, dann wird die Alternative mit dem höchsten Erwartungswert gewählt.

b) **Entscheidungsbaum:** Die Wahrscheinlichkeiten sind exemplarische Annahmen.

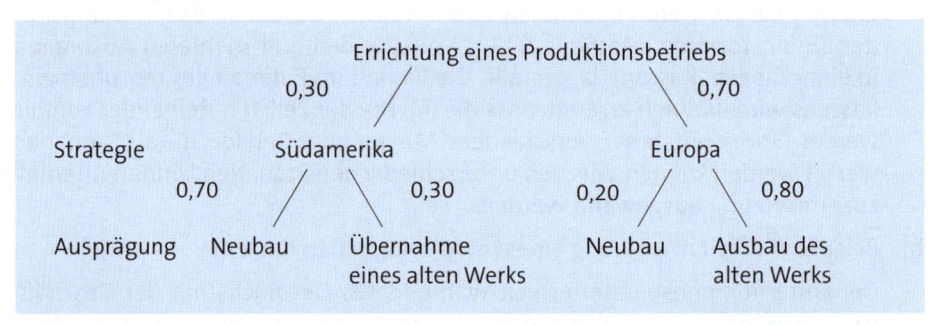

```
                    Errichtung eines Produktionsbetriebs
                 0,30                              0,70
Strategie       Südamerika                         Europa
        0,70          0,30              0,20              0,80
Ausprägung  Neubau    Übernahme         Neubau    Ausbau des
                      eines alten Werks           alten Werks
```

	Neues Werk in Südamerika	Ausbau des alten Werks in Europa
Prognostizierter zusätzlicher Gewinn pro Jahr	30 Mio. €	40 Mio. €
Eintrittswahrscheinlichkeit	0,30 · 0,70 = 0,21	0,70 · 0,80 = 0,56
Erwartungswert	30 Mio. € · 0,21 = 6,3 Mio. €	40 Mio. € · 0,56 = 22,4 Mio. €

Für die Alternativen „Übernahme eines alten Werks" sowie „Neubau in Europa" liegen keine Daten vor, sodass eine Berechnung des Erwartungswerts nicht möglich ist.

Da in Südamerika hohe Risiken vorhanden sind, wurde für die Alternative „Europa" eine höhere Eintrittswahrscheinlichkeit angenommen. Da der Neubau in Südamerika einer Übernahme eines Werks vorgezogen wird, wurde eine höhere Wahrscheinlichkeit für diese Alternative angesetzt. Der Ausbau des alten Werks in Europa wird wahrscheinlicher eintreten als ein Neubau.

Der Erwartungswert für den Ausbau des alten Werks in Europa übersteigt deutlich den Erwartungswert der Alternative „Neues Werk in Südamerika". Wenn der Entscheidungsbaum mit der Anwendung eines Erwartungswerts angesetzt wird, dann wird die Entscheidung zu Gunsten des Werksausbaus in Europa gefällt werden.

Wesentlich ist, dass die zu Grunde liegenden Informationen (Chancen, Risiken) in eine subjektive Wahrscheinlichkeit verarbeitet wurden. Das Bauchgefühl spielt auch beim Entscheidungsbaum eine wesentliche Rolle. Objektive Wahrscheinlichkeiten können bei hoher Komplexität nur mit ausgeprägten Modellen (näherungsweise) ermittelt werden. Der schnellere und der informationsverdichtende Ansatz ist die subjektive Wahrscheinlichkeit, die im Rahmen des Gesetzes der großen Zahl in eine objektive Wahrscheinlichkeit münden kann.

Lösung zu Aufgabe 6: Delphi-Methode***

Die Delphi-Methode stellt eine Expertenbefragung dar. Dadurch wird der Blickwinkel für Problemstellungen (Projektauswahl, Aufwands- und Zeitschätzungen, Risikoschätzung) erweitert, da unterschiedliche Einstellungen sowie Erfahrungen in die Meinungsbildung einfließen.

Den an der Delphi-Studie teilnehmenden Experten wird ein Fragebogen übermittelt, der ausgefüllt und dann ausgewertet wird. Die Auswertung zeigt das arithmetische Mittel sowie die Standardabweichung der Antwortausprägungen. Wesentlich ist, dass der jeweilige Experte anhand der Auswertung seine eigene Position sieht. Er erkennt, ob er im Durchschnitt, (deutlich) über oder unter dem Durchschnitt liegt.

Um einen Lerneffekt auszulösen, besteht der entscheidende Punkt darin, wenn sich der Experte die Frage stellt, warum er möglicherweise vom Durchschnitt der Befragten abweicht. Meistens liegen bei derartigen Schätzungen Annahmen (Prämissen) zu Grunde, die in einer nachfolgenden Expertenklausur diskutiert werden können. Eine andere Möglichkeit nach der Auswertung der schriftlichen Befragung besteht darin, dass eine erneute Delphi-Befragung aufgrund der Kenntnisse (A-priori-Information) der ersten Befragungsrunde durchgeführt wird. Durch eine weitere Befragungsrunde kann ein Lerneffekt auftreten, sodass die Experten möglicherweise ihr Urteil ändern. Dadurch kann die Schätzung stabilisiert werden und es entstehen A-posteriori-Informationen.

Die Delphi-Methode kann auch bei der Auswahl von Projekten eingesetzt werden. Es werden Experten verschiedener Fachgebiete zu den Entwicklungen auf den Märkten schriftlich befragt. Beispielsweise können Fragen zu E-Cars, E-Rollern und deren Bauteilen (z. B. Batterielaufzeit) gestellt werden. Aus den Ergebnissen der Befragungen können Informationen gewonnen werden, um die Entscheidung für oder gegen das Projekt zu fundieren.

2.4 Der Projektstart

Lösung zu Aufgabe 1: Bedeutung des Projektstarts

a) Im Rahmen des Projektstarts werden die Anfangsbedingungen für das Projekt gesetzt, da in der Planungsphase ca. 60 % bis 80 % der Kosten bestimmt werden. Aber nicht nur die harten Faktoren, sondern auch die weichen Faktoren spielen beim Projektstart eine wesentliche Rolle. Die Teammitglieder müssen ihre Rollen finden und der Projektleiter sollte die Kommunikation zwischen den Teammitgliedern fördern, sodass möglichst rasch ein gemeinsamer Konsens entsteht. Je erfolgreicher der Projektstart ist, umso größer ist die Wahrscheinlichkeit, dass die Projektziele erreicht werden.

b) Erfolgsfaktoren für einen gelungenen Projektstart:
- Projektauftrag genau definieren, damit die Projektmitarbeiter wissen, welche Aufgaben anstehen
- Teambildung; Zuständigkeiten und Rollen klären; mit den Kernteammitgliedern sollte ein Meeting durchgeführt werden, in dem das Selbstbild sowie das Fremdbild reflektiert werden.
- Identifikation der Teammitglieder mit den Zielen; harmonischer Projektstart; Projektleitbild entwickeln
- Relevante Stakeholder einbeziehen, z. B. spätere Nutzer
- Risikoanalyse und/oder Machbarkeitsstudie durchführen.
- Projektmarketing betreiben
- Finanzierung des Projekts absichern; Planung magisches Dreieck (Kosten, Zeit, Leistung)
- Projektorganisation aufbauen.

c) Der Projektleiter sowie der interne Auftraggeber nehmen eine zentrale Rolle im Rahmen des Projektstarts ein. Der interne Auftraggeber ist Schirmherr des Projekts. Aufgrund seiner formellen und informellen Stellung kann er ein positiv ausgerichtetes internes und externes Projektmarketing betreiben. Somit werden positive Rahmenelemente geschaffen, die zur Motivationssteigerung bei den Projektteammitgliedern beitragen. Der Projektleiter kann an die positiven Rahmenbedingungen anknüpfen und im direkten Kontakt mit den Teammitgliedern einen harmonischen Projektstart generieren. Dieser besteht darin, dass der Nutzen des Projekts vorgestellt wird, sich eine Identifikation der Teammitglieder mit den Zielen entwickelt sowie die Kommunikation im Projektteam gefördert wird. Die Teammitglieder sollen sich kennen lernen, damit die Abstimmung während des Projekts gelingt. Insgesamt sollten der Projektleiter sowie der interne Auftraggeber die Motivation der Teammitglieder für das Projekt initiieren sowie eine Begeisterung für die Projektziele entfachen.

Darüber hinaus sollten auch die harten Faktoren berücksichtigt werden. Dazu gehören eine Machbarkeitsstudie, eine Risiko- und Stakeholderanalyse, die Planung des magischen Dreiecks (Kosten, Zeit, Leistung) und die Projektorganisation.

LÖSUNGEN

Lösung zu Aufgabe 2: Startphase eines Projekts

a) Phasen des Projektstarts:

Phase	Ausprägung
Projektimpuls	Idee, Kundenauftrag, Projekt wird aufgrund gesetzlicher Erfordernisse oder Wettbewerbsgründen notwendig
Projektvorbereitung	Bestimmung der Teammitglieder durch Projektleiter/interne Auftraggeber; Brainstorming und Planung der ersten groben Eckdaten (Ziele, Budget, …) und Ansätze zur Projektorganisation; Entwickeln eines Projektantrags (Projektsteckbrief) mit Projektdefinition
Projektauftrag	Freigabe des Projekts durch den internen Auftraggeber und Erstellung des Lastenhefts
Erste Planungsworkshops	Stakeholder- und Risikoanalyse, Bestimmung der Feinziele, konkretere Schätzungen zu Kosten und Zeit Erstellung des Pflichtenhefts
Kick-off-Meeting	Nach Konkretisierung aller wesentlichen Projektbausteine gibt der interne Auftraggeber vor allen Stakeholdern im Rahmen einer Informationsveranstaltung das Projekt frei.
Erste Projektbearbeitungsschritte	Erste Ausführungstätigkeiten (Bestellung von Material, Einstellung von Mitarbeitern, …)

b) Faktoren, die unbedingt in der Startphase eines Projekts berücksichtigt werden sollten:

- Dienen die besprochenen Projektziele dazu, die strategischen Ziele zu unterstützen?
- Sind die Ziele ausreichend klar definiert?
- Könnte es Widerstände gegen das Projekt geben?
- Sind die benötigten Mitarbeiter in Menge und Qualifikation für den Projektzeitraum verfügbar?
- Sind die Rollen im Team geklärt?
- Wurden bereits ähnliche Projekte bearbeitet? Kann ein Analogieschluss („schließen von einem ähnlichen Projekt auf ein anderes") gezogen werden?
- Ist das Projekt überhaupt machbar (technisch, finanziell)?
- Wurden alle relevanten Eckpunkte dokumentiert und wurd ein Projektvertrag verfasst?
- Gibt es Subziele des internen Auftraggebers, die er aber nicht veröffentlicht?

Lösung zu Aufgabe 3: Projektantrag

a) Die Funktion des Projektsteckbriefs liegt darin, dass der interne Auftraggeber sowie der Projektleiter die Eckpunkte des Projekts in einer übersichtlichen Darstellung erhalten. Somit sind der rote Faden des Projekts sowie seine grundsätzlichen Bestimmungsfaktoren erkennbar. Die im Projektsteckbrief aufgezeigten elementaren Faktoren zur Durchführung eines Projekts sollten vom Projektleiter sowie vom internen Auftraggeber permanent bei den Meilensteinen beobachtet werden. Durch die Dokumentation der relevanten Eckpunkte des Projekts entsteht auch eine Bewusstseinsbildung für das Projekt selbst sowie für die Einflussfaktoren (Stakeholder, Risiken).

b) **Beispiel**

Projektsteckbrief

Projekttitel: Errichtung von 100 Windkraftwerken in der Türkei		Projektnummer: P-A-1200-13	Projektart: Internes Projekt Externes Projekt X
Interner Auftraggeber: Dr. Huber	Projektleiter: Dipl.-Ing. Meier	Geplante Kernteammitglieder: Fr. Stark Hr. Über Fr. Bald Hr. Meister Fr. Durchflut	Projektstart: 01.03.00 Projektende: 01.09.01
Relevante Stakeholder: Regierung Türkei	Risiken: Klimatische Veränderungen	Chancen: Referenzprojekt, um weitere Länderprojekte zu akquirieren	Budget: 120 Mio. €
Meilensteine: M_0: 01.03.00, M_1: 25.04.00, M_2: 30.06.00, M_3: 30.11.00 M_4: 15.01.01, M_5: 30.06.01, M_6: 01.09.01			Datum, Unterschrift Antragsteller

Lösung zu Aufgabe 4: Tagesordnung und Checkliste

Tagesordnung für einen Startworkshop:

- Begrüßung der Teilnehmer
- Vorstellung der Agenda
- Projekt und die Ziele darlegen
- Selbstvorstellung der Teilnehmer nach einem Kriterienkatalog
- Feedback durch Gruppe (Fremdbild)
- Definition der Rollen und Tätigkeiten im Projekt
- Gemeinschaftliches Essen
- Ausblick und Dank für die Teilnahme.

Checkliste für die Durchführung eines Startworkshops:

- Fixierung des Termins (mit Startzeit und Ende)
- Raumbuchung (Anzahl Tische, Stühle, Moderationstechnik, Beamer usw.)

- Auswahl der Teilnehmer und Versand der Einladungen
- Dokumentation der Einladungsbestätigung
- Organisation der Bewirtung
- Wer führt Protokoll?
- Welche Teilnehmer und Stakeholder (z. B. Linienvorgesetzte) erhalten welche Informationen aus dem Startworkshop?
- Versand des Protokolls.

Lösung zu Aufgabe 5: Lasten- und Pflichtenheft

Durch das Lastenheft werden die Erwartungen, Forderungen und Ziele des Auftraggebers (extern oder intern) dokumentiert. Mit dem Pflichtenheft werden die Anforderungen des Lastenhefts in realisierbare Ziele und Aufgaben transformiert.

Lösung zu Aufgabe 6: Kick-off-Meeting

Das Kick-off-Meeting findet am Ende der Projektstartphase statt und stellt häufig eine reine Informationsveranstaltung des internen Auftraggebers und der Projektleitung dar. Nachdem die relevanten Bausteine (Magisches Dreieck, Stakeholder- und Risikoanalyse, ...) des Projekts geplant und die Kommunikation im Team durch die ersten Startworkshops initiiert wurden, ist das Projekt so vorbereitet, dass ein Start in die Bearbeitungs- und Durchführungsphase erfolgen kann. Er stellt nochmals das Projekt, die Ziele, die Meilensteine sowie das Projektteam und die Umfeldfaktoren (Stakeholder, Risiken) zusammenfassend dar. Der interne Auftraggeber gibt das Projekt im Rahmen des Kick-off-Meetings frei. Häufig wird die Kick-off-Veranstaltung durch eine kleine Feierlichkeit begleitet.

2.5 Analyse der Ausgangssituation

Lösung zu Aufgabe 1: Projektumfeld

Faktorengruppen, die ein Projekt beeinflussen können:

- Natürliche Einflussfaktoren: Wetter (Eis, Schnee, große Hitze, ...), Erdbeben
- Wirtschaftliche Umfelder: Konjunktur (z. B. Boom: starke Preissteigerungen, Arbeitskräftemangel, ...), Wettbewerber, Wirtschaftspolitik von Ländern (Zölle, Wechselkurs, ...), Verhaltensänderungen beim Endkunden, Lieferanten
- Rechtliche Rahmenbedingungen (Gesetzesänderungen, ...)
- Interkulturelle Aspekte (Ländergepflogenheiten, Kommunikationsanforderungen, ...)
- Technische Faktoren: Technische Quantensprünge in der Wissenschaft, technischer Fortschritt der Konkurrenz
- Interne Richtlinien (Handbücher, ungeschriebene Gesetze)
- Personenbezogene Faktoren (Geschäftsleitung, Betriebsrat, Mitarbeiter)
- NGOs (**N**on-**G**overnmental-**O**rganizations: Greenpeace, Amnesty International, ...).

LÖSUNGEN

Lösung zu Aufgabe 2: Instrumente zur Offenlegung der Ausgangssituation eines Projekts

- Stakeholderanalyse
- Risikoanalyse
- Schriftliche und/oder mündliche Expertenbefragung (z. B. Delphi-Methode)
- Ideenfindungstechniken (Brainstorming, Brainwriting, ...)
- Wissensmanagement

Lösung zu Aufgabe 3: Stakeholderanalyse (1)

a) Stakeholder sind Personengruppen, die an einer Sache, einem Unternehmen oder im Rahmen des Projektmanagement an einem Projekt interessiert sind. „To have a Stake in something" bedeutet „an etwas ein Interesse haben".

b) Arten von Stakeholdern mit je einem Beispiel:

Stakeholder	Beispiel
Interne	Geschäftsleitung, Betriebsrat, Mitarbeiter
Externe	Kunden, Lieferanten
Aktiv	Projektmitarbeiter, Projektleiter, interner Auftraggeber
Passiv	Spätere Nutzer, externe Kunden
Privat	Kunden, Lieferanten
Öffentlich	Staat, regionale Politiker
Aktuell	Im Projektgeschehen identifizierte Stakeholder, die derzeit aktiv Einfluss ausüben.
Potenziell	Interessensgruppen, die noch kein aktives Interesse am Projekt haben, aber zukünftig ein Potenzial als Stakeholder entwickeln könnten.

c) Wenn Stakeholder eine aktive Position in einem Projekt einnehmen, dann können sie ein Projekt fördern (positiver Einfluss) oder blockieren (negativer Einfluss). Die Geschäftsleitung oder der interne Auftraggeber erzeugen durch Projektmarketing ein positives Bild vom Projekt. Sie unterstützen das Projekt durch Freigabe von Budgets, informieren über den Nutzen des Projekts und versuchen die notwendigen Weichen zu stellen, damit das Projekt zum Erfolg wird.

Andererseits können Gegner des Projekts negative Informationen über das Projekt streuen. Derartige Aktivitäten können durch verschiedene Kommunikationskanäle (Gerüchte, Betriebsversammlung) impulsiert werden. Externe Gruppen (z. B. Umweltbewegungen) können ein Projekt durch rechtliche Schritte (z. B. Klagen vor Gerichten) stoppen oder mithilfe der Medien eine Informationskampagne gegen das Projekt initiieren. Die Folge besteht in einem verschlechterten Image. Der worst Case besteht darin, dass das Projekt abgebrochen werden muss.

Im Rahmen eines Projekts kann die Rolle der Stakeholder auch von der Betroffenheit abhängen. Wenn externe Stakeholder (z. B. Eigentümer eines privaten Wohngebiets) durch den Bau einer Brücke oder einer Produktionsanlage erwarten, dass ihr Nutzenniveau beeinträchtigt wird, dann werden sie (negativ) vom Projekt betroffen. Häufig schließen sich die Betroffenen zu Gruppen oder zu Bürgerbewegungen zusammen, um gemeinsam den Widerstand und/oder eine Lösung zu organisieren. Die Projektakteure sollten daher gründlich im Rahmen einer Analyse das Macht- und Einflusspotenzial der Stakeholder untersuchen. Die Stakeholder können in der ersten Projektphase noch passiv sein, da sie sich noch nicht organisierten oder sich erst noch die Fachkenntnisse (z. B. rechtliche Möglichkeiten) zum Projekt beschaffen müssen. In fortgeschrittenen Projektphasen können jedoch die unterschätzten Stakeholder einen großen Einflussfaktor darstellen. Der Zuwachs an Einflussmacht hängt von der Fähigkeit ab, sich mit anderen Interessensgruppen zu verbünden (z. B. Bürgerinitiative und politische Partei). Mächtige Einflussgruppen können ein Projekt blockieren oder in der Realisierung verzögern, sodass es aus wirtschaftlichen Gründen abgebrochen wird.

Lösung zu Aufgabe 4: Stakeholderanalyse (2)

a) Ein Problem bei einer Stakeholderanalyse besteht darin, dass die Einflussstärke der Stakeholder während der Projektlaufzeit variieren kann. Die Beobachtung der Stakeholder kann zu Beginn eines Projekts einen geringen Einfluss darlegen, der möglicherweise kaum wahrgenommen wird. Im Laufe des Projekts kann der Einfluss der Stakeholder zunehmen und sich als großer Einflussfaktor erweisen. Das Kernproblem liegt darin, dass die Wahrnehmung des Status der Stakeholder vom Blickwinkel der Stakeholderanalysten abhängt. Aufgrund des Konstruktivismus entwickelt der Analyst mit seinen Erfahrungen und Einstellungen eine eigene Perspektive, die vom Informationsniveau des Falls abhängt. Somit kann es zu Fehleinschätzungen der wirklichen Lage des Stakeholdereinflusses kommen. Phasenweise können die Stakeholder unter- bzw. überschätzt werden.

Die Untersuchung der Stakeholdereinflüsse erfordert Rechercheaufwand. Ein zentraler Aspekt liegt in der Frage, wann der Analytiker ein ausreichendes Informationsniveau (Nutzen) für die Einschätzung der Macht und Einflussstärke der Stakeholder erreicht hat. Somit wird die Wirtschaftlichkeit (= Ertrag : Aufwand) zum entscheidenden Kriterium. Ein Unternehmen kann bei entsprechender Betriebsgröße eine eigene Lobbyabteilung gründen, um die Stakeholder des Unternehmens zu beobachten und mit ihnen zu kommunizieren. Aufgrund der Heterogenität und Komplexität von Gruppen (z. B. Bürgerinitiativen) kann häufig kein nachhaltig stabiles Informationsniveau erreicht werden, da die Meinungsbilder sowie Meinungsführer in den Gruppen auch dynamisch sind und wechseln.

Ein weiteres Problem bei der Stakeholderanalyse besteht in der Einschätzung, ob sich mehrere Stakeholder zusammenschließen. Dies bedeutet, dass der Analyst nähere Informationen der Stakeholderzusammenhänge eruieren muss und ein System entwickeln sollte. Nachfolgende Abbildung soll den Sachverhalt darstellen:

LÖSUNGEN

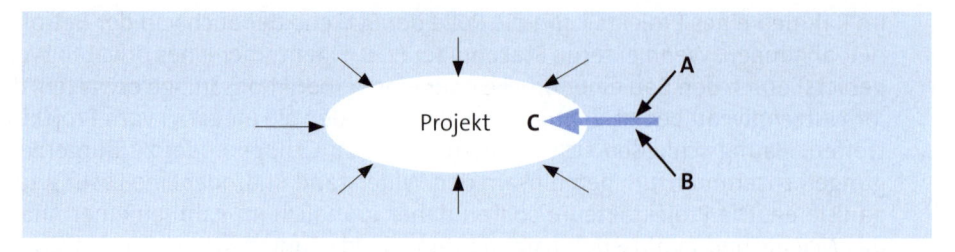

Die Pfeile sollen die Stakeholder sowie ihre Einflüsse auf das Projekt abbilden. Exemplarisch werden zwei Stakeholder (z. B. A = Partei X und B = Bürgerinitiative) aufgeführt, die sich verbünden und zusammen einen großen Einfluss direkt (C = Wirkung des Pfeils in das Projektinnere) auf das Projekt ausüben können.

b) Eine grundsätzliche Möglichkeit im Umgang mit Stakeholdern besteht in einer Strategie der Gegenposition. Das Unternehmen geht im Rahmen einer repressiven Strategie eine Auseinandersetzung mit den Stakeholdern ein. Häufig wird eine Konfrontationsstrategie bei ungleichen Machtverhältnissen eingesetzt. Wenn das Unternehmen glaubt, den Stakeholdern wirtschaftlich überlegen zu sein, dann werden Öffentlichkeitskampagnen eingeleitet. Die Vorgehensweise der Unternehmen zielt darauf ab, dass die Stakeholder sich und ihre Ansprüche zurücknehmen, sodass das Unternehmen seine Projektziele ohne Widerstand realisieren kann. Die Stakeholder versuchen, das Projekt des Unternehmens beispielsweise durch Gerichtsverfahren zu verzögern oder zu stoppen. Bei derartigen konfliktären Strategien verlieren beide Parteien. Die Unternehmen können einen Imageschaden erleiden und die Stakeholder werden häufig an ihre ökonomischen Grenzen geführt.

Eine aussichtsreichere Strategie besteht darin, einen konstruktiven Diskurs mit den Stakeholdern zu pflegen. Im Rahmen einer unternehmerischen Frühwarnung können die Interessen und Ziele der Stakeholder zum Projekt beobachtet (Monitoring) und in einen Dialog mit Entwicklungsmöglichkeiten für beide Seiten (Diskurs) eingebunden werden. Der Vorteil für das Unternehmen besteht darin, dass sich der Projektleiter sowie das Projektteam rechtzeitig auf die möglichen Risiken durch Stakeholderansprüche einstellen können. Ein konstruktiver Diskurs kann frühzeitig dazu beitragen, die Projektziele zu modifizieren, sodass kein Take off des Projektthemas entsteht und ein negativer Aufschaukelungsprozess vermieden wird.

Eine weitere Strategie im Umgang mit Stakeholdern besteht darin, dass die Stakeholder als Partner betrachtet werden. Eine permanente Kommunikation mit den Stakeholdern minimiert das Risiko, dass die Stakeholder Maßnahmen gegen das Projekt sowie das Unternehmen öffentlichkeitswirksam einleiten. Im Rahmen dieser partizipativen Strategie können die Unternehmen sowie Stakeholder Informationen austauschen, wie Probleme gelöst werden. Beide Seiten (Unternehmen, Stakeholder) sind an einer Win-win-Lösung interessiert.

Lösung zu Aufgabe 5: Fallbeispiel Stakeholderanalyse (1)

a) Stakeholderanalyse:

Grad der Betroffenheit:

+ = positiv, gering   ++ = positiv, mittel   +++ = positiv, stark
- = negativ, gering   -- = negativ, mittel   --- = negativ, stark

Stakeholder	Erwartungen/ Einflussnahme	Grad der Betroffenheit	Strategien/Maßnahmen	Verantwortlichkeit
Bürgerinitiative	Keine Emissionen/ hoch	---	Partizipative Strategie; Aufklärung durch Informationsveranstaltungen und fachliche Gutachten von neutralen Institutionen	Hr. Huber
Kunden	Höherer Absatz/ gering	++	Partizipative Strategie; Information über den Zeitpunkt höherer Liefermengen	Fr. Maier
Stadtverwaltung	Arbeitsplätze und Bürgerinteresse sichern/ mittel	+++	Partizipative Strategie; gemeinsame Gespräche mit der Stadtverwaltung, Abstimmung und Lösungssuche	Hr. Müller
Geschäftsleitung	Höhere Gewinne/ hoch	+++	Partizipation mit Stakeholdern und negative Konflikte vermeiden; Kommunikation mit Stakeholdern	Hr. Maierhofer
Mitarbeiter/ Betriebsrat	Arbeitsplätze erhalten und ausbauen/ hoch	+++	Partizipative Strategie, Informationsveranstaltungen	Fr. Klarsicht

b)

```
                    Einfluss-
                    nahme
                       ↑
  Bürger-                                    Geschäftsleitung,
  initiative         hoch                    Mitarbeiter/Betriebsrat


                     mittel                         Stadt-
                                                    verwaltung


                     gering        Kunden
  ─────────────────────────────────────────────────────────→
         negativ        0      positiv         Betroffenheit
  stark  mittel  gering     gering  mittel  stark
```

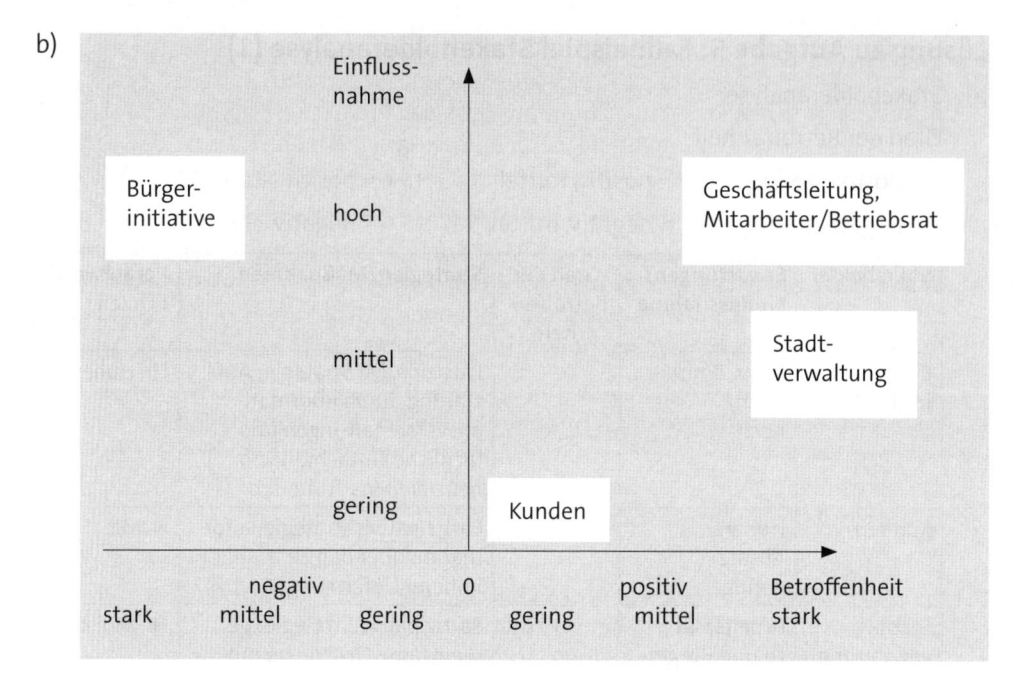

Lösung zu Aufgabe 6: Fallbeispiel Stakeholderanalyse (2)***

a) **Beispiel**

Netzwerkanalyse der Stakeholder:

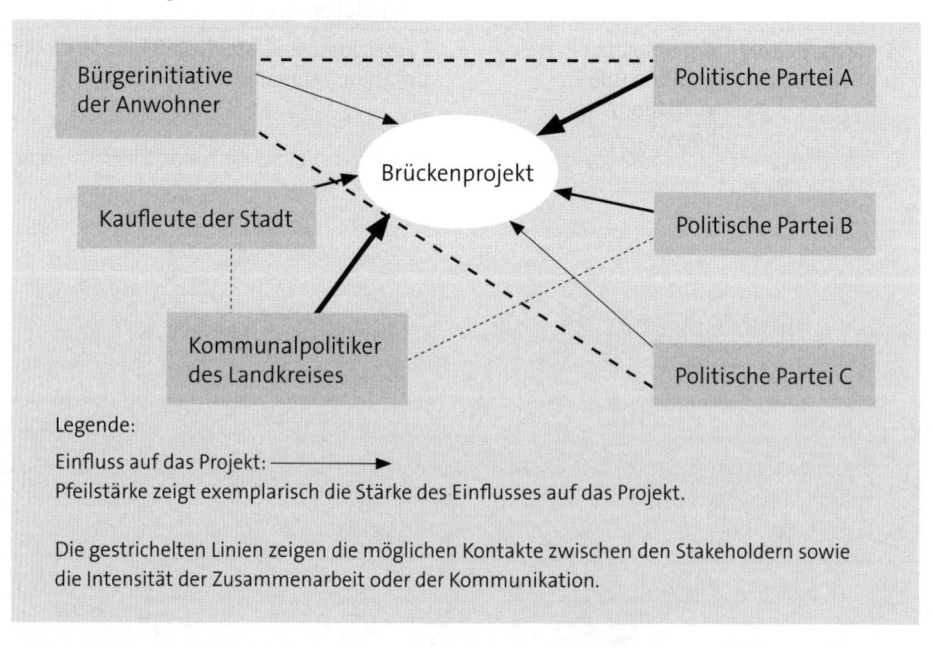

- Bürgerinitiative der Anwohner
- Politische Partei A
- Brückenprojekt
- Kaufleute der Stadt
- Politische Partei B
- Kommunalpolitiker des Landkreises
- Politische Partei C

Legende:

Einfluss auf das Projekt: ──────→
Pfeilstärke zeigt exemplarisch die Stärke des Einflusses auf das Projekt.

Die gestrichelten Linien zeigen die möglichen Kontakte zwischen den Stakeholdern sowie die Intensität der Zusammenarbeit oder der Kommunikation.

b) Der Leiter des Brückenprojekts sollte darauf achten, wie sich die Einstellungen der Stakeholder im Laufe des Projekts entwickeln. Wesentlich dabei ist, ob die Einflussstärke auf das Projekt so zunimmt, dass das Projektziel gefährdet ist. Zudem sollten Informationen eingeholt werden, inwieweit sich die Stakeholder verbünden und einen sehr hohen Einflussfaktor auf das Projekt darstellen können.

Das Problem besteht jedoch in der Praxis, dass die Intensität der Informationsvernetzung häufig nur durch informelle Kontakte recherchiert werden kann. Die Wahrnehmungen der Beobachter oder der Kontaktquellen sind subjektiv (Konstruktivismus). Zudem kann davon ausgegangen werden, dass keine vollständige Information möglich ist. Es bleibt eine gewisse Irrtumswahrscheinlichkeit übrig.

Darüberhinaus ist bei einer Stakeholderanalyse sowie einer Netzwerkanalyse zu klären, ob bestimmte Personen Hebelfunktionen in den Gruppen einnehmen. Wie verändert sich möglicherweise das Meinungs- und Stimmungsbild der Stakeholder, wenn ein dominantes Gruppenmitglied wegfällt oder sich die Mehrheitsverhältnisse in den Gruppen verändern?

Die Kernteammitglieder des Brückenprojektes sollten ein Bewusstsein für die Stakeholdereinflüsse entwickeln und sich in die Argumentationslagen der Stakeholder hineinversetzen können. Eine permanente Beobachtung der Stakeholderaktivitäten ist notwendig, da aus kleinen Gruppierungen durch Zusammenschlüsse mit anderen Stakeholdern ein bedeutender Einflussfaktor entstehen kann.

Lösung zu Aufgabe 7: Risikomanagement (1)

a) Ein Risiko stellt ein Ereignis dar, das mit Unsicherheit behaftet ist und sich negativ auf den Erfolg eines Projekts oder auf die Projektziele auswirken kann. Unsichere Ereignisse können verschiedene Zustände annehmen, die einer Eintrittswahrscheinlichkeit unterliegen.

b) Die Risiken eines Projekts sollten in der Planungsphase identifiziert werden. Dabei können Instrumente der Ideenfindung, die Delphi-Methode oder die Auswertung von Statistiken hilfreich sein. In dieser Phase können bekannte Risiken dokumentiert und neue gefunden werden.

Nach Erhebung der potenziellen Risiken werden diese mit einer Eintrittswahrscheinlichkeit und einer Schadenhöhe bewertet, nach ABC-Risiken klassifiziert und Maßnahmen sowie Strategien entwickelt, um die Risiken zu minimieren, zu eliminieren oder zu akzeptieren.

Nach der Entscheidung für geeignete Risikomaßnahmen werden entsprechende Handlungen eingeleitet, deren Wirkungen bei den Meilensteinen im Rahmen eines Soll-Ist-Vergleichs überprüft werden können. Bei Soll-Ist-Abweichungen können die einzelnen Bausteine des Risikomanagement nochmals überdacht und bearbeitet werden (systemtheoretischer Aspekt). Grundsätzlich sollte ein permanentes Risikocontrolling stattfinden und ein Risikobewusstsein der Projektmitarbeiter impulsiert werden.

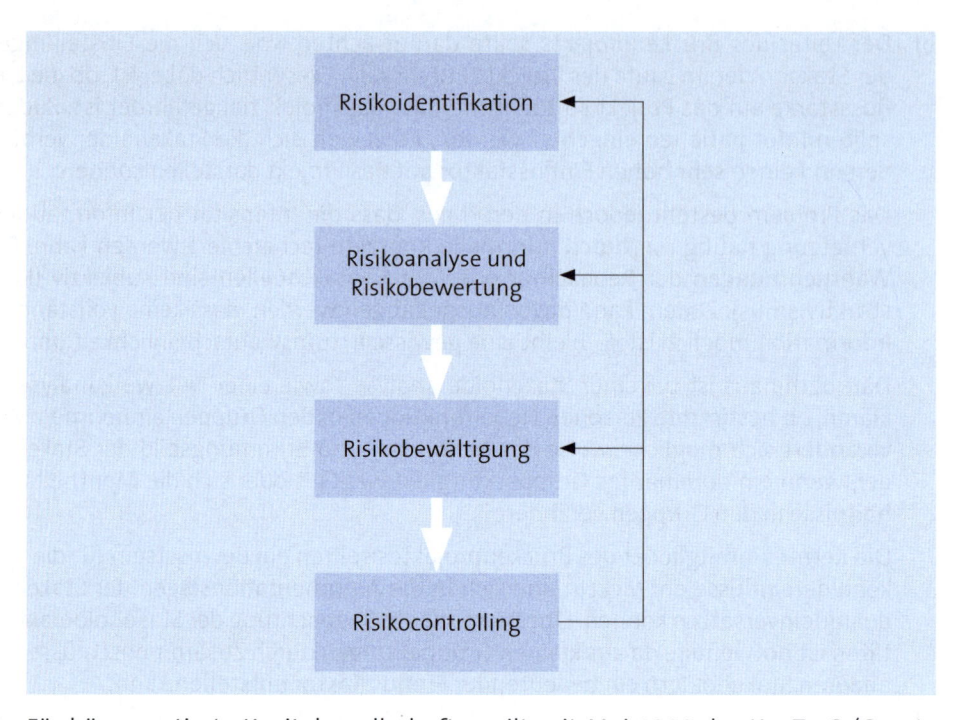

```
┌─────────────────────────┐
│   Risikoidentifikation  │◄──┐
└─────────────────────────┘   │
            │                 │
            ▼                 │
┌─────────────────────────┐   │
│   Risikoanalyse und     │◄──┤
│   Risikobewertung       │   │
└─────────────────────────┘   │
            │                 │
            ▼                 │
┌─────────────────────────┐   │
│   Risikobewältigung     │◄──┤
└─────────────────────────┘   │
            │                 │
            ▼                 │
┌─────────────────────────┐   │
│   Risikocontrolling     │───┘
└─────────────────────────┘
```

c) Für börsennotierte Kapitalgesellschaften gilt seit Mai 1998 das KonTraG (Gesetz zur Kontrolle und Transparenz im Unternehmensbereich), das die Etablierung von Risikomanagement sowie die dazugehörenden Pflichten von Vorstand und Aufsichtsrat vorsieht. Darüberhinaus fordern die Banken bei Kreditvergaben an Unternehmen die Existenz von Managementsystemen im Rahmen von Basel II. Ein Risikomanagementsystem kann dazu beitragen, dass Risiken frühzeitig erkannt und möglicherweise abgewendet werden. Dadurch besteht auch für die Banken, eine höhere Chance, dass die ausgegebenen Kredite von den Unternehmen zurückgezahlt werden. Auch im Rahmen von Reifegradmodellen (z. B. CMM = **C**apability **M**aturity **M**odel) kann Risikomanagement dazu beitragen, den Reifegrad der Unternehmensorganisation sowie der Projekte zu erhöhen.

Die Etablierung von Risikomanagement sollte auch auf freiwilliger Basis als sinnvoll erachtet werden, da mögliche Schäden vom Projekt oder vom Unternehmen rechtzeitig abgewendet werden können. Diese proaktive Vorgehensweise eröffnet Spielräume und erhöht die Chance, dass ein Projekterfolg eintritt. Wenn Risiken bereits auf ein Projekt Einfluss nehmen, dann werden Ressourcen für Gegenmaßnahmen oder für den Umgang mit den Risiken gebunden, sodass daraus weniger Aktivitäten für die eigentlichen Projektziele resultieren.

Lösung zu Aufgabe 8: Risikomanagement (2)

a)

Risikoart	Beispiel
Technische Risiken	Geologische Überraschungen beim Tunnelbau
Ressourcenrisiko	Mitarbeiter oder Maschinen fallen aus
Politisches Risiko	Umsturz oder Streiks im Land eines Lieferanten
Kaufmännisches Risiko	Kunde wird nach dem zweiten Meilenstein insolvent und kann keine weiteren Zahlungen leisten.
Terminrisiko	Benötigte Maschinen oder Teile werden nicht rechtzeitig geliefert; es kommt zu einer Terminverschiebung.

b) Instrumente, um Risiken zu identifizieren:
- Ideenfindungsmethoden (Brainstorming, Brainwriting, ...), Workshops
- Checklisten
- Delphi-Methode
- Szenariomethode
- Simulationen
- FMEA-Methode (**F**ailure **M**ode and **E**ffect **A**nalysis).

Lösung zu Aufgabe 9: Risikobewertung***

a) Der Risikowert berechnet sich nach folgender Formel:

> Risikowert = Eintrittswahrscheinlichkeit • Schadenhöhe

Die Schadenhöhe kann beispielsweise gemäß vertraglichen Vereinbarungen bestimmt werden. Wenn der (externe) Projektvertrag für einen Lieferverzug 1 ‰ des Projektbudgets pro Verzugstag vorsieht, dann lässt sich ein monetärer Wert berechnen.

Die Ermittlung der Eintrittswahrscheinlichkeit kann nach objektiven oder subjektiven Ansätzen ermittelt werden. Im Rahmen einer objektiven Bestimmung der Eintrittswahrscheinlichkeit werden Statistiken und deren Auswertung verwendet. Bei den subjektiven Ermittlungen der Eintrittswahrscheinlichkeit spielt die Intuition des Analytikers eine Rolle. Wenn umfassende Erfahrungen vorliegen und viele Individuen nach der Eintrittswahrscheinlichkeit eines Risikos befragt werden, dann können sich die subjektiven Einschätzungen den objektiven Ergebnissen gemäß dem Gesetz der großen Zahl nähern.

b) **Beispielrisiko:** Lieferant kommt möglicherweise in Lieferverzug, da hohe technische Anforderungen bestehen.

Im Rahmen der Delphi-Methode werden Experten befragt, wie hoch die Wahrscheinlichkeit ist, dass der Lieferant termingerecht liefert. Den Experten der Delphi-Umfrage werden Fragebogen übermittelt und jeder Experte schätzt den Lieferverzug des Lieferanten. Die rücklaufenden Fragebogen werden statistisch mit

dem arithmetischen Mittel, der Standardabweichung sowie einer V... ausgewertet. Anhand der Verteilung (z. B. Gauß-Verteilung) kann die W...nlich-
keit bestimmt werden. Nach Kenntnis der Auswertung (A-priori-I...) kann
jeder Experte in einer zweiten Runde überlegen, ob er seine Schä... igieren
möchte (A-posteriori-Information), da er nun die Urteile der and... rten sowie den Durchschnittswert und die Streuung der Schätzungen ... he andere Möglichkeit der Gestaltung einer zweiten Delphi-Runde bes... , in einer
Expertenklausur über die Annahmen (Prämissen) der Schätz... iskutieren
und aus der Diskussion die Wahrscheinlichkeit zu bestimmen.

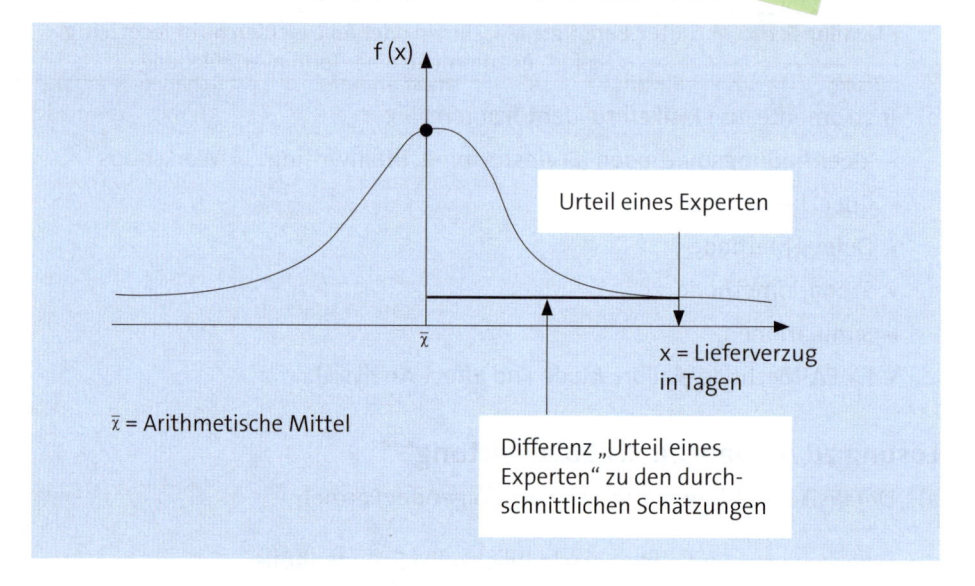

$\bar{x}$ = Arithmetische Mittel

Urteil eines Experten

x = Lieferverzug in Tagen

Differenz „Urteil eines Experten" zu den durchschnittlichen Schätzungen

Lösung zu Aufgabe 10: Vorsorgestrategien

Vorsorgestrategien zu Risiken:

Vorsorgestrategie	Beispiel
Risikovermeidung	Keinen Vertrag mit einem Lieferanten eingehen, wenn Informationen vorhanden sind, dass dieser unzuverlässig ist.
Risikobegrenzung	In einer Kommissionierabteilung wird ein zweiter Verpackungsautomat angeschafft, sodass ein Ersatz bereitsteht, wenn ein Automat ausfällt.
Risikoverlagerung	Durch einen Vertrag wurden die monetären Folgen durch einen möglichen Lieferverzug (Transportrisiko) auf den Lieferanten übergewälzt.
Risikoakzeptanz	Es werden Kleinteile für 1.000 € auf Dollarbasis auf Ziel eingekauft. Aufgrund des geringen Betrags wird das Risiko von Wechselkursschwankungen akzeptiert und kein Devisensicherungsgeschäft abgeschlossen.
Risikoverminderung	Im Rahmen eines Projektcontrolling werden die Kosten permanent beobachtet. Das Risiko einer Kostenüberschreitung wird durch das Controlling gemindert.

Lösung zu Aufgabe 11: Fallstudie (1)

a) ▸ **Risiko 1:** Da bei der Flex-Cut GmbH der Exportanteil 80 % beträgt, unterliegt das Unternehmen Wechselkursveränderungen, die Auswirkungen auf den Gewinn einnehmen können.

   ▸ **Risiko 2:** Das Unternehmen betreibt Global Sourcing mit 400 weltweit verteilten Lieferanten. Hieraus können Transportrisiken entstehen.

   ▸ **Risiko 3:** Koordinationsrisiko, da 50 Logistikdienstleister die Absatzlogistik der Großsäge für mehrere Recyclingunternehmen organisieren.

   ▸ **Risiko 4:** Projektleiter wird krank.

b)

Risiko	Eintritts-wahrschein-lichkeit**	ABC-Risiko[1]	Maßnahmen/ Strategien	Schaden-höhe[2]	Verant-wortlich-keit
Wechselkurs-schwankungen (Risiko 1)	60 %	B	Devisensicherungs-geschäft abschließen	100 T€	Fr. Müller
Transportrisiken durch Global Sourcing (Risiko 2)	85 %	A	30 % der globalen Lieferanten sollen in den nächsten zwei Jahren durch regionale Lieferanten im Umkreis von 200 km ersetzt werden.	500 T€	Hr. Schneider
Koordinations-risiko (Risiko 3)	90 %	A	Zahl der Logistik-dienstleister sofort um 50 % reduzieren	300 T€	Fr. Huber
Projektleiter wird krank (Risiko 4)	20 %	C	Es werden zwei Stell-vertreter des Projekt-leiters ernannt.	10 T€	Fr. Früh

---

[1] ABC-Risiko: A-Risiko (80 % - 100 %), B-Risiko (40 % - 79 %), C-Risiko (kleiner 40 %)
[2] Werte sind exemplarische Annahmen

LÖSUNGEN

Eintrittswahrscheinlichkeit

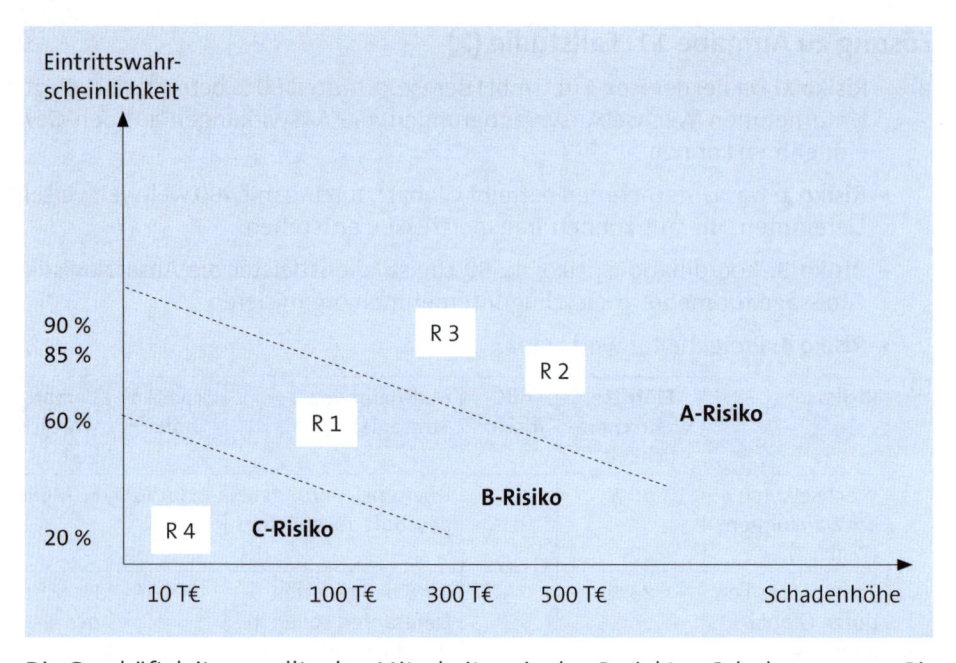

(Diagramm: Risikomatrix mit Achsen Eintrittswahrscheinlichkeit und Schadenhöhe)
- R 3 bei 85 %
- R 2 bei 85 % (höhere Schadenhöhe)
- R 1 bei 60 %
- R 4 bei 20 %
- Bereiche: A-Risiko, B-Risiko, C-Risiko
- Schadenhöhe-Skala: 10 T€, 100 T€, 300 T€, 500 T€
- Eintrittswahrscheinlichkeit: 20 %, 60 %, 85 %, 90 %

c) Die Geschäftsleitung sollte den Mitarbeitern in den Projekten Schulungen zum Risikomanagement anbieten. Darüber hinaus sollte die Geschäftsleitung Risikomanagement im Sinne einer Vorbildfunktion vorleben. Zudem können Anreizsysteme entwickelt werden, um einen Impuls bei den Mitarbeitern zu setzen, dass ein Risikobewusstsein sowie die Behandlung von Risiken die unternehmerische Existenz und die Arbeitsplätze sichern können. Auch die Förderung von Kommunikation, die Etablierung von regelmäßigen Workshops sowie Mitarbeitergespräche der Projektleitung können dazu beitragen, eine Sensibilisierung für Risiken zu erreichen. Es kann ein Leitfaden zur Abwicklung von Risikomanagement entwickelt werden, der Checklisten enthält.

Lösung zu Aufgabe 12: Fallstudie (2)***

a) Risiko „Verändertes Kundenverhalten":

Szenario	Eintrittswahrscheinlichkeit	Maßnahmen/Strategien
Die Kundenwünsche werden in Zukunft noch differenzierter und das Niveau der Leistungskriterien erhöht sich. **Szenario 1**	60 %	Einbringung von hoher modularer Flexibilität in die Konstruktion des Roboters sowie der Druckluftzylinder
Die Innovation begeistert die Kunden kaum und die Nachfrage steigt mit nur geringen Wachstumsraten an. **Szenario 2**	30 %	Mehr Aufklärung bei den Kunden, Artikel in Fachzeitschriften, Außendienst aktivieren
Die Innovation wird überhaupt nicht nachgefragt. **Szenario 3**	10 %	Ursachenforschung, keine Produktion starten

LÖSUNGEN

b) Risiko „Roboter fährt linken Arm zu schnell aus":

Vereinfachte FMEA:

Mögliche Fehler	Ursache/ Auswirkung	Ist-Zustand - RPZ			Lösung	Verbesserter Zustand - RPZ		
		Auftreten	Bedeutung	Entdeckung		Auftreten	Bedeutung	Entdeckung
Roboter fährt linken Arm zu schnell aus	Programmierfehler/ Qualitätsmängel durch ungenaue Bearbeitung	3	5	4	50 % längere Testphasen der Programmmodule mit detailliertem Bericht	2	2	1

Verantwortlicher: Dipl.-Ing. Hr. Huber

RPZ = Risikoprioritätszahl

$RPZ_{Ist} = 60$ $\qquad$ $RPZ_{neu} = 4$

Auftreten: Risiko kann eintreten

Bedeutung: Folgen für den Kunden

Entdeckung: Wird der Fehler vor der Auslieferung an den Kunden entdeckt?

Wahrscheinlichkeit des Auftretens, der Bedeutung des Risikos, der Entdeckung des Fehlers:

1 = sehr gering (0 % bis 10 %)

2 = gering (11 % bis 30 %)

3 = mittel (31 % bis 50 %)

4 = hoch (51% bis 80 %)

5 = sehr hoch (81 % bis 100 %)

c) Die Ziele der FMEA bestehen darin:
- Mögliche Schwachstellen bei technischen Anlagen oder sozialen Systemen frühzeitig (kausal) zu identifizieren.
- Bewertung der Risiken durch eine Ordinalskala; damit werden die Risiken sowie Veränderungen anhand der Risikoprioritätszahl messbarer.
- Austausch von Wissen, Erfahrungen und Problemlösungsansätzen innerhalb von Teams (lernende Organisation).

2.6 Bedeutung der Projektziele

Lösung zu Aufgabe 1: Aufgaben der Projektziele

Die Projektziele stellen ein Mittel dar, um die strategischen Ziele zu erreichen. Projekte sind Mittel zum Zweck (Strategieerfüllung). Die Projektziele nehmen die Anforderungen des Projekts auf. Die Anforderungen können durch technische, rechtliche oder ökonomische Projektimpulse entstehen. Die Anforderungen bilden die Wünsche des (internen) Auftraggebers ab. Die Projektziele stellen die Richtschnur (roter Faden) dar, an der sich der Projektleiter, die Projektteammitglieder, aber auch die restlichen Stakeholder (Auftraggeber, Lieferanten, Kapitalgeber, …) orientieren können.

Lösung zu Aufgabe 2: Funktionen von Projektzielen

Funktionen von Projektzielen	Beispiele
Kontrollfunktion: Die Projektziele sollten so aufgestellt werden, dass eine Messung möglich ist.	**Für quantitative Merkmale:** Ein Projektziel beinhaltet die quantitative Ausprägung, dass die Kosten um 10 % sinken sollen. **Für qualitative Merkmale:** Ein Projektziel soll die Zufriedenheit der Mitarbeiter erfassen. Hierfür wird als Messkriterium eine Ordinalskala (1 = sehr gut, …, 5 = schlecht) aufgebaut.
Orientierungsfunktion: Die Projektziele dienen insbesondere dem Projektleiter und den Teammitgliedern zur Orientierung (roter Faden) sowie zur Motivationssteigerung.	**Das Projektziel lautet:** Entwicklung eines Elektromotors mit einem 50 % geringeren Stromverbrauch gegenüber dem Vorgängermodell. Alle Aktivitäten im Projekt sollten auf dieses Ziel ausgerichtet sein. Der Projektleiter kann seine Teammitglieder dadurch motivieren, dass er auf die besondere Bedeutung des Ziels und auf den Stolz hinweist, in einem derart bedeutenden Projekt mit dabei zu sein.
Koordinationsfunktion: Durch das Aufstellen einer Zielhierarchie werden die Ziele, aber auch die Zusammenhänge zwischen den Zielen, transparent. Es können Ziele verbunden (koordiniert) werden, um Synergieeffekte zu erzeugen, und Überschneidungen der Ziele zu vermeiden.	**In einem international verteilten Großprojekt werden zwei Teilziele aufgestellt:** **Teilziel 1:** Beschaffung von Druckluftzylindern für einen asiatischen Standort **Teilziel 2:** Beschaffung von Druckluftzylindern für einen europäischen Standort Um Einkaufsvorteile zu erzielen, können beide Ziele zu einem Teilziel verknüpft werden.

Funktionen von Projektzielen	Beispiele
Selektionsfunktion: Durch eine transparente Zielhierarchie können auch Ziele identifiziert werden, die evtl. unrealistisch oder überflüssig sind. Diese Ziele sollten selektiert und eliminiert werden. Zudem können Ziele auch priorisiert werden (Instrument: Nutzwertanalyse).	Bei einem Softwareprojekt sollen ausländische Programmierer mit einem Honorar von 2 € pro Stunde eingesetzt werden. Das Ziel ist ethisch nicht vertretbar, sodass es gestrichen wurde. Die Kosten müssen bei anderen Aufgaben eingespart werden.

Lösung zu Aufgabe 3: Zielplanung

Am Anfang der Zielplanung stehen die Analyse des Ist-Zustands sowie eine Vision der Beziehung zwischen dem Projektziel und der strategischen Planung.

Die Projektziele können durch spontane Ideen, Ideenmanagement (Brainstorming, ...), durch Anforderungen des (internen) Auftraggebers oder durch exogene Faktoren (gesetzliche Auflagen, ...) entstehen. Die Projektideen müssen häufig aus einem abstrakten oder unausgereiften Zustand in konkrete und handhabbare Ziele gebracht werden. Hierfür können Managementinstrumente wie z. B. die Nutzwertanalyse für Zielpriorisierung, der morphologische Kasten für die Bildung von Zielstrukturen oder Zielszenarien, Workshops, Interviews oder Fragebogen eingesetzt werden.

Nach der Zielpriorisierung wird ein Verantwortlicher festgelegt, der den Zielerreichungsgrad während des Projekts beobachten kann. Jedes Ziel wird schriftlich fixiert. Gemäß des magischen Dreiecks werden die Zeit, die Kosten sowie die Leistung oder Qualität des Ziels bestimmt. Es wird in der Projektstartphase ein Zielplanungsworkshop durchgeführt. Dabei ist es auch wesentlich, dass sich die Projektteammitglieder mit den Zielen identifizieren, da hiermit die Motivation verbunden ist. Nachdem sich das Projektteam auf einen Zielkatalog sowie eine Zielhierarchie geeinigt hat, werden die Ziele dem Auftraggeber zur Genehmigung vorgelegt. Wesentlich ist, dass die Zielplanung nicht statisch ist. Während der Laufzeit des Projekts sollte die Beobachtung der Umfeldfaktoren (Risiken, Stakeholder) durch eine dynamische Zielplanung und möglicherweise eine Anpassung an veränderte Umfeldbedingungen erfolgen.

Lösung zu Aufgabe 4: Anforderungen an die Zielformulierung

a) Die Ziele müssen schriftlich dokumentiert werden, da sonst keine Verantwortlichkeiten verknüpft werden können. Die Ziele sollten in eine Zielhierarchie (Oberziele, Unterziele, Muss- und Wunschziele) eingebunden werden. Bei der Formulierung der Ziele sollte darauf geachtet werden, dass keine Mehrfachnennungen oder Überschneidungen der Ziele stattfinden, damit Doppelarbeiten oder fehlende Aktivitäten ausgeschlossen werden können. Die Klarheit und Eindeutigkeit bei der Zielformulierung stellt eine wesentliche Grundlage für den Projekterfolg dar.

Die Ziele sollten so formuliert werden, dass eine Zielkontrolle durch Messbarkeit möglich ist. Die Ziele sollten durch die so genannte W-Fragetechnik (wer, was, wie, wann, wie viele, ...) operationalisiert werden. Dadurch werden die Ziele messbar oder messbarer. Bei qualitativen Zielen sollten entsprechende Kriterien entwickelt werden, um die Zielerreichung messen zu können.

Ein gängiger Ansatz bei der Zielformulierung ist die Orientierung an SMART:

S (Specific): Die Ziele sollten konkret ausgeprägt sein.

M (Measurable): Die Ziele sollten operationalisiert (messbar) sein.

A (Achievable): Die Ziele sollten erreichbar sein.

R (Realistic): Die Ziele sollten realistisch sein.

T (Timeable): Die Ziele sollten mit einem Termin versehen werden.

Bei der Formulierung der Ziele spielt die Sprache eine große Rolle. Bei interdisziplinären Projekten ist zu beachten, dass auf der Meta-Zielebene eine allgemeine Sprache verwendet wird, da sonst Verständnis- und Wahrnehmungsprobleme bei den Empfängern der Ziele (z. B. Projektteammitglieder) entstehen können. Die „richtige" Auffassung der Ziele beim Projektteam prägt auch die Identifikation und die Motivation für das Projekt. Die Sprache ist Teil des projektkulturellen Rahmens. Zudem sollte die Erreichbarkeit der Ziele berücksichtigt werden. Häufig sind die Erwartungen zu Beginn eines Projekts groß, sodass die Ziele in kleine Schritte aufgeteilt werden sollten (Teilaufgaben, Arbeitspakete), um die Teammitglieder des Projekts nicht zu überfordern.

b) Ziel „Reduktion der Anzahl der Beschwerden über die Vertriebsmitarbeiter"

Zielformulierung:
Innerhalb der nächsten sechs Monate (Stichtag: 30.06.) reduziert sich die Zahl der Beschwerden über die Vertriebsmitarbeiter in Deutschland um 95 %. Die Zielverantwortliche ist Frau Meier.

Nach dem 30.06. kann gemessen worden, ob das Ziel erreicht wurde.

c) **Lastenheft:** Der Auftraggeber definiert seine Anforderungen und Wünsche, die er an das Projekt hat.

Pflichtenheft: Der Projektleiter sowie das Projektteam prüfen, ob die Anforderungen (Lasten) des Auftraggebers im Rahmen eines Projekts realisierbar sind. Wenn die Anforderungen in den Zielkatalog übernommen werden, dann entstehen für den Projektleiter und sein Team Pflichten, die bei externen Projekten rechtlich dokumentiert werden.

Lösung zu Aufgabe 5: Zielarten

Zielarten	Beispiele
Projektgegenstandsziel	Entwicklung eines Prototypen Senkung der Kosten um 10 %
Projektablaufziel (Prozessziel)	An einem Meilenstein erfolgt ein erster Test für ein Modul einer Software.

LÖSUNGEN

Zielarten	Beispiele
Ergebnisziele	**Finanzziele:** Senkung der Kosten um 5 %
	Leistungsziele: Senkung des Kraftstoffverbrauchs eines Pkws um 5 %
Vorgehensziele	**Ökologische Ziele:** Abnahme des CO_2-Ausstoßes um 10g/km bei einem Pkw
	Personelle und soziale Ziele: Verbesserung der Kommunikation oder der Unternehmenskultur
	Meilensteinziele: Bei Meilenstein M2 müssen 30 % der Leistung erbracht und dürfen 20 % der Kosten verbraucht sein.
	Beteiligungsziel: Drei Wochen nach dem Projektstart werden die Stakeholder im Rahmen eines Workshops an dem Projekt beteiligt.
Quantitatives Ziel	Erhöhung des Absatzes um 20 % innerhalb der nächsten sechs Monate
Qualitatives Ziel	Steigerung der Mitarbeiterzufriedenheit
Grobziele	Zu Beginn eines Projekts werden die Ziele erst einmal grob aufgestellt.
Feinziele	Im Laufe des Projekts werden die Ziele detaillierter und verfeinert ausgearbeitet.
Oberziele	Oberziele stellen das Bindeglied zur strategischen Planung dar (Mittel-Zweck-Beziehung). Das Projektziel ist Mittel zum Zweck (Strategie).
Unterziele	Unterziele dienen dazu, die Oberziele zu erfüllen. Sie zeigen eine Differenzierung sowie Strukturierung des Gesamtziels auf.
Mussziele	Mussziele fallen bei gesetzlichen Restriktionen (Umwelt, Arbeitssicherheit, Budgetrestriktionen, ...) an.
Wunschziele	Ein Wunschziel könnte für ein Projekt darin liegen, dass eine weitere Assistentin des Projektleiters vom Auftraggeber genehmigt und finanziert wird.
Kosten-, Zeit- und Leistungsziele	**Magisches Dreieck:** Der Begriff resultiert aus dem Zusammenhang, dass bei zunehmender Leistung die Kosten und die Zeit auch ansteigen, und somit die Ziele nicht alle synchron (magisch) erreicht werden können.

LÖSUNGEN

Anmerkung: Zwischen Projektgegenstandszielen und Ergebniszielen sowie zwischen Projektablaufzielen (Prozessziele) und Vorgehenszielen können Übereinstimmungen vorliegen. Diese Begriffe können als Synonyme betrachtet werden, wobei je nach Projektsituation sprachliche Differenzierungen bei den Ausprägungen und Strukturierung eingebracht werden können. Wesentlich ist, dass die Gestaltung von Zielen quasi ein Modell darstellt und der Konstrukteur der Ziele seine Wertvorstellungen integriert. Die Sprache kann bei der Zielaufstellung eine große Rolle spielen, da die Empfänger der Ziele die Teammitglieder sind und diese einem Wahrnehmungsprozess unterliegen, der wiederum für die Aufgabenerledigung sowie für die Motivation maßgeblich ist.

Lösung zu Aufgabe 6: Zielbeziehungen

a)

Zielbeziehungen	Beispiele
Zielkonkurrenz	Magisches Dreieck: Kosten, Zeit, Leistung a) Bei einem Projekt muss ein Endtermin eingehalten werden, sonst droht eine Vertragsstrafe. Daraufhin fallen Überstunden an, die zu Kostensteigerungen führen. b) Bei einem Projekt wünscht der Auftraggeber die Einhaltung der Kosten. Um dieses Ziel zu erreichen, werden Leistungen reduziert. c) Ein Auftraggeber fordert, dass die vereinbarten Leistungen sowie die Qualität unbedingt erreicht werden. Da die Aufgaben in der definierten Zeit nicht zu bewältigen sind, kommt es zu einem Zeitverzug.
Komplementäre Ziele	Im Rahmen eines Brainstorming wurden im Projektteam Ideen dazu gefunden, wie in einer Projektphase die Effizienz gesteigert werden kann. Dies führt dazu, dass die Kosten gesenkt sowie die Bearbeitungszeit einer Teilaufgabe im Projekt reduziert werden können.
Indifferente Ziele	Das Ziel „Kosten senken durch Verhandeln der Zahlungsbedingungen in einer Teilaufgabe" hat keine Auswirkung auf das Ziel „Projektfertigstellung 30.06."

b) Eine wesentliche Ursache für Zielkonflikte besteht darin, dass bei den Projektteammitgliedern unterschiedliche Auffassungen oder Wahrnehmungen zu den Zielen vorhanden sind. Es kann bei den Projektmitarbeitern auch an der Motivation oder an der Identifikation für das Projekt fehlen, sodass bewusst Konflikte bereits bei kleineren unterschiedlichen Vorstellungen provoziert werden, um das Projekt zum Scheitern zu bringen.

Weitere Ursachen für Zielkonflikte können auch auf der Sachebene liegen. Beispielsweise wurde keine ausreichende Problemanalyse durchgeführt, sodass der Ist-Zustand nicht genügend festgehalten wurde. Zudem können sich auf der Beziehungsebene Kommunikationsprobleme zwischen Teammitgliedern aufschaukeln und damit die Gruppe in zwei oder mehrere Parteien spalten. Darüber hinaus kann es vorkommen, dass die eigentlichen Beweggründe der Teammitglieder für ein Projekt nicht ausgesprochen werden, sodass Dissonanzen zwischen dem formal festgelegten Ziel und der intrinsischen Motivation des Teammitglieds entstehen. Weitere Gründe für Zielkonflikte können in der Angst vor Sanktionen oder vor hierarchisch höhergestellten Stakeholdern liegen, die keine Offenheit und somit Spannungen bei den Teammitgliedern sowie zum Projektleiter erzeugen.

c) Der Projektleiter sollte klären, welche Ursachen dem Zielkonflikt zu Grunde liegen. Die Ursache kann auf der Sachebene (z. B. Meinungsverschiedenheit über technische Aspekte) und/oder auf der Beziehungsebene (z. B. Kommunikationsprobleme zwischen Teammitgliedern) liegen. Grundsätzlich sollte sich der Projektleiter bei Zielkonflikten sofort einen Lösungsansatz überlegen, da die Ziele den roten Faden des Projekts darstellen. Der Projektleiter kann versuchen, einen Kompromiss oder eine Win-win-Situation zu gestalten. Bei einem Kompromiss sinkt das Nutzenniveau, während bei einer Win-win-Lösung ein Nutzenzuwachs der Beteiligten erfolgt. Bei größeren Projekten kann ein Coach oder Moderator den Zielbildungsprozess begleiten. Grundsätzlich sollte in der Projektstartphase geklärt werden, ob ein Zielkonflikt vorliegt und die Teammitglieder auf die Projektziele sachlich und emotional eingestellt sind.

Lösung zu Aufgabe 7: Zielhierarchie

Oberziel	Kugelbahn im Freizeitpark					
Ziele	Leistung				Marketing	Wirtschaftlich
Unterziele	Standortanalyse	Konstruktionsplan	Teileeinkauf, Produktion	Aufstellen der Kugelbahn	Print- und Onlinemarketing	Koeffizient größer 2
Messung	Gutachten	Vorlage Plan	Auftragsbestätigung, gefertigte Teile	Kugelbahn steht	Zahl der Besucher an der Kugelbahn	Leistung Kosten
Zeit (in Wochen)	3	4	10	2	Sechs Monate	Innerhalb eines Jahres
Verantwortlich	Herr Huber				Herr Schmidt	Frau Müller

Gesamtleitung des Projekts: Dipl.-Ing. Maier

Lösung zu Aufgabe 8: Zielbildung***

Ein zentraler Aspekt bei Projekten besteht darin, dass sich die Projektleiterin Süß mit den Projektzielen vollständig identifizieren muss, um den Projektauftrag umzusetzen. Da eine Vorerfahrung mit fairem Handel vorliegt, kann Frau Süß die Inhalte reaktivieren und sich selbst programmieren. Eine Möglichkeit besteht darin, dass sie die Projektziele schriftlich fixiert und sich die Inhalte, z. B. drei Wochen lang, mindestens drei Mal pro Tag laut vorsagt. Dadurch verändert sich die innere Einstellung zu den Zielen und Frau Süß glaubt mit der Zeit immer mehr an die Projektziele. Zudem kann sich Frau Süß zwischenzeitlich fachliche Informationen besorgen und sich von den Vorteilen fair gehandelter Schokolade überzeugen. Im Bewusstsein, dass die Projektleiterin dann für ihr Unternehmen einen Fair-Trade-Bereich ausbaut, steigert sich deren Motivation. Diese Motivation kann die Projektleiterin an ihr Projektteam weitergeben. Je stärker die intrinsische Motivation für das Thema ausgeprägt ist, desto intensiver können die Projektziele an die Projektmitarbeiter übertragen werden, sodass auch bei ihnen die Begeisterung für dieses Thema anwächst.

Grundsätzlich spielt bei derartigen Prozessen die positive Rückkoppelung (Systemtheorie) einer Information eine Rolle. Die Systemtheorie setzt jedoch eine Verbindung zwischen den Projektteammitgliedern voraus, die auf Kommunikation und Vertrauen basiert. Darüber- hinaus müssen die Projektmitarbeiter mit Schulungen zum Thema versorgt werden. Ein weiterer wesentlicher Aspekt für die Begeisterung zu einem Thema besteht darin, den Nutzen darzulegen. Im Fall des fairen Handels kommen ethische Argumente zum Zuge, die mit dem Unternehmensleitbild verknüpft werden können.

Lösung zu Aufgabe 9: Anforderungsmanagement***

a) Der Nutzen des Anforderungsmanagement besteht darin, dass die Kundenwünsche sowie die notwendigen Anforderungen an das Projektziel zu Beginn eines Projekts transparent dokumentiert werden. Dadurch werden die Leistungsziele eindeutig definiert, was auch für die Projektverträge einen wesentlichen Punkt darstellt. Die dokumentierten Anforderungen stellen die Grundlage für die Kundengespräche oder Änderungswünsche des Kunden dar. Zudem erhalten der Kunde sowie der Auftragnehmer Klarheit über die Basis des Projekts (z. B. über das Problem).

b) Das Anforderungsmanagement für dieses Projekt kann wie folgt gestaltet werden:

Allgemeiner Ansatz	Fallbeispiel „Außenspiegel"
Anforderungen darlegen	Die Anforderungen werden gemäß den bereits aufgezeigten Kriterien der Vertreter des Automobilunternehmens gesammelt und ergänzt: Anforderungen an den Außenspiegel können sein: Kein toter Winkel, Wasserdichtheit, vibriert nicht, geringes Geräusch des Motors des Außenspiegels bei Bewegung durch Stick Die Anforderungen sollten priorisiert werden. Beispielsweise wird dem Motorgeräusch des Außenspiegels die oberste Priorität zugeordnet.

LÖSUNGEN

Allgemeiner Ansatz	Fallbeispiel „Außenspiegel"
Anforderungen in Lastenheft dokumentieren (Spezifikation)	Die priorisierten Anforderungen sollten auf Eindeutigkeit und Konsistenz sowie auf Realisierbarkeit geprüft werden. Dann werden die Anforderungen in das Lastenheft, das die Präferenzordnung des Auftraggebers widerspiegelt, eingetragen. Dadurch werden Forderungen des Auftraggebers gegenüber dem Auftragnehmer aufgestellt. Der Auftraggeber sollte sich im Klaren darüber sein, dass seine Anforderungen auch gelten (Validierung). **Beispiel:** Der Auftraggeber ist sich einig, dass das Geräusch des Motors des Außenspiegels einen definierten Dezibelwert nicht überschreiten darf.
Gestaltung des Pflichtenhefts (Analyse und Vereinbarung)	Der Auftragnehmer prüft die Anforderungen des Lastenhefts auf Realisierbarkeit (Analyse) und dokumentiert in einem Pflichtenheft die durchzuführenden Leistungen, die vom Auftraggeber bestätigt werden (Vereinbarung). **Beispiel:** Der Auftragnehmer prüft, ob der vom Auftraggeber geforderte Dezibelwert für das Geräusch des Motors des Außenspiegels verwirklicht werden kann.
Beobachtung der Umsetzung der Anforderungen	Der Auftraggeber verfolgt die Entwicklung der Leistungen und somit die Realisierung der Anforderungen. Wenn die Anforderungen vom Auftragnehmer nicht erfüllt werden, dann greifen die rechtlichen Konsequenzen aus den Verträgen. Wenn der Auftraggeber Änderungen wünscht, dann wird ein Änderungsmanagement beim Auftragnehmer impulsiert, das auch die Aktivierung von Claim Management zur Folge hat. **Beispiel:** Der Auftraggeber möchte einen Bericht zu einem Meilenstein über den Entwicklungsstand des Dezibelwerts des Außenspiegels.

3. Projektorganisation und Vorgehensmodelle
3.1 Organisationsansätze
Lösung zu Aufgabe 1: Grundsätzliches zur Organisation von Projekten

a) Eine spezielle Organisation in Projekten wird notwendig, wenn eine ausgeprägte Komplexität vorliegt. Eine Projektorganisation kann Strukturen erzeugen, die einen Überblick über das Projekt vermitteln. Zudem werden durch eine Projektorganisation Instanzen (z. B. Auftraggeber, Projektleiter, Project-Office, ...) geschaffen sowie Abläufe geregelt (Meilensteinplan, Vorgehensmodelle). Somit werden den Projektakteuren für die Projektlaufzeit durch eine Projektorganisation ein stabiler Rahmen und eine Orientierung gegeben.

Weitere Gründe für die Etablierung einer Projektorganisation können in einem hohen Neuartigkeitsgrad des Projekts liegen. Durch die Generierung einer Aufbau- und Ablauforganisation kann ein roter Faden entwickelt werden. Darüberhinaus kann eine Projektorganisation sinnvoll sein, wenn hohe Werte (z. B. Anlagen, Gehälter von Spezialisten, ...) durch die Projektaktivitäten gebunden sind. Das Risiko des Scheiterns kann durch eine Projektorganisation gesenkt werden.

Die Kunst, Projekte zu realisieren, besteht auch darin, das geeignete Maß für die Ausprägung der Projektorganisation zu finden. Eine Überorganisation kann zu einer Reglementierung (z. B. zu viel Bürokratie) der innovativen Kräfte im Projekt führen. Eine Unterorganisation kann möglicherweise Chancen zur optimalen Steuerung des Projekts, z. B. durch nicht ausreichende Informationen über den Projektstatus, verhindern.

b) Determinanten zur Wahl der Art der Projektorganisation:
- Größe des Projekts
- Finanzieller Umfang des Projekts
- Größe der Stammorganisation
- Leitbild des Unternehmens bzw. Unternehmensphilosophie
- Art und Bedeutung des Projekts
- Unternehmensstrategie
- Verfügbarkeit von Ressourcen.

Lösung zu Aufgabe 2: Organisationsmöglichkeiten mit Projekten***

a) Projekte können **innerhalb** der Stammorganisation (Stabs-Projektorganisation, Matrixorganisation, autonome Projektorganisation) oder **außerhalb** der Stammorganisation (z. B. ARGE [**Ar**beits**ge**meinschaft], Konsortium, ...) realisiert werden.

b) Der klassische Ansatz der Unternehmensführung besteht darin, neben einer Linienorganisation bei Bedarf für außergewöhnliche Vorhaben Projekte einzusetzen. Der Begriff „sekundäre Organisationsform" setzt voraus, dass Projektmanagement die Rolle eines methodischen Instruments für z. B. 5 % der Aufgaben in einem Unternehmen einnimmt. Jedoch orientieren sich durch die zunehmende Komplexität und Dynamik in verschiedenen Branchen Unternehmen tendenziell an projektorientierten Organisationsformen, sodass sich das Verhältnis der „Linien- zur Projektorganisation" umkehrt. Das bedeutet, dass das Außergewöhnliche (Projekte) zum Standard wird.

Wenn der traditionelle Ansatz Linienorganisation mit Projekten für außergewöhnliche Restfälle betrachtet wird, dann nimmt Projektmanagement eine sekundäre Rolle ein. Dies bedeutet, dass die Unternehmenskultur der Linienorganisation auf die Projektorganisation übertragen wird. Da nur wenige Aufgaben in Projekten in Relation zum gesamten Unternehmenskontext bearbeitet werden, finden kaum Investitionen für Projektmanagement statt. In derartigen Situationen werden keine ausgeprägten eigenen Strukturen für Projekte (z. B. Project-Office) aufgebaut und Projektmanagement nimmt eine untergeordnete Rolle gegenüber der Linienorganisation ein. Wenn sich jedoch die Verhältnisse auf den relevanten Märkten des Unternehmens zu mehr Komplexität und Dynamik wandeln, dann steigt die Bedeutung des Projektmanagement. Die Aufgaben, die mit einer Linienorganisation abgewickelt werden können, werden abnehmen. Dann kann die Chance ergriffen werden, die partiellen Erfahrungen des Projektmanagement zu nutzen und eine Diffusion von Projektmanagement im Unternehmen voranzutreiben.

Lösung zu Aufgabe 3: Arten der Projektorganisation (1)

Vor- und Nachteile einer Einfluss-Projektorganisation (Synonym: Stabs-Projektorganisation):

Vorteile	Nachteile
Im Rahmen einer Stabs-Projektorganisation muss keine ausgeprägte Projektorganisation aufgebaut werden, da diese Organisationsform meist für kleinere oder unternehmensübergreifende (beratende) Projekte eingesetzt wird.	Der Projektleiter nimmt eine Position im Stab der Geschäftsleitung ein. Er recherchiert, sammelt und verdichtet Informationen, z. B. für unternehmensübergreifende Projekte. Der Projektleiter realisiert die Projekte nicht in der Linie, sondern berät die Geschäftsleitung, welche weiteren Schritte einzuleiten sind. Aufgrund der beratenden Funktion kann er den Bereichsleitern keine Weisungen erteilen.
Der Projektleiter einer Stabs-Projektorganisation ist keinem Linienvorgesetzten, außer der Geschäftsleitung, unterstellt, sodass der Projektleiter mit dem Adlerblick aufgrund seiner Position in der Stabsstelle den Überblick hat und sich diese Organisationsform für abteilungsübergreifende Veränderung bewährt. Zudem können Vorhaben durch den Projektleiter impulsiert werden, da er aufgrund seiner Stabsstelle die Nähe zur Geschäftsleitung einnimmt.	Häufig liegen „unechte" Projektleitungen vor, da der Projektleiter einer Stabs-Projektorganisation keine Kostenverantwortung, sondern nur Leistungs- und Zeitziele hat. Die Effizienz der Projekte kann möglicherweise gering sein.

LÖSUNGEN

Lösung zu Aufgabe 4: Arten der Projektorganisation (2)

a) Bei einer Matrix-Projektorganisation wird die Arbeitszeit der Mitarbeiter zwischen der Linien- und der Projektorganisation aufgeteilt. Beispielsweise wirkt ein Projektteammitglied zwei Tage im Projekt und drei Tage in der Linienorganisation. Im Idealfall sind die Tätigkeiten in der Linie und im Projekt klar abgegrenzt, damit sich der Mitarbeiter auf das Projekt konzentrieren kann. Der Linienvorgesetzte gibt den Projektmitarbeiter befristet für ein Projekt frei. Er bleibt jedoch sein disziplinarischer Vorgesetzter. Der Projektleiter übernimmt die Rolle des Fachvorgesetzten des Projektmitarbeiters. Die Matrix-Projektorganisation wird in der Praxis sehr häufig für mittlere bis größere Projekte eingesetzt. Der Projektleiter nimmt eine echte Projektleitung mit Kosten-, Zeit- und Leistungsverantwortung ein.

Vor- und Nachteile einer Matrix-Projektorganisation:

Vorteile	Nachteile
Die Projektmitarbeiter bleiben in der Linienorganisation. Es wird keine grundsätzlich andere Arbeitsumgebung erforderlich, sodass die Erkenntnisse aus der Projektarbeit auf die Linienorganisation übertragen werden können und somit eine Entwicklung der Mitarbeiter sowie der Organisation stattfinden kann. Die Mitarbeiter des Rechnungswesens lernen aus dem Projekt (z. B. Kreativitätsmethoden einzusetzen). Diese Erkenntnisse können in der täglichen Arbeit der Linienorganisation zu einem kontinuierlichen Verbesserungsprozess beitragen.	Die Idealvorstellung einer Arbeitsteilung zwischen Linie und Projekt wird in der Realität durchbrochen. Die Projektmitarbeiter des Rechnungswesens (Fallbeispiel) werden innerhalb der regulären Arbeitszeit das operative Geschäft (z. B. Buchungen) erledigen, während das Engagement für das Projekt häufig nach „Dienstschluss" erfolgt. Dadurch können mit der Anwendung eines ausgeprägten Rationalprinzips erhebliche Be- und Überlastungen der Mitarbeiter entstehen, die zu Krankheiten führen können.
Durch die Matrix-Projektorganisation können flexibel Ressourcen eingesetzt werden. Der Projektleiter kann durch Abstimmung mit der Linie ein heterogenes Team zusammenstellen. Im Fallbeispiel werden Teammitglieder aus dem Rechnungswesen, der IT, dem Einkauf, dem Lager sowie aus dem Absatzbereich eingesetzt. Dadurch kann ein Informations- und Wissensaustausch zwischen den einzelnen Funktionsbereichen erfolgen, der zu Synergieeffekten und zur Weiterentwicklung des Unternehmens beitragen kann.	Die Matrix-Projektorganisation kann jedoch dazu führen, dass die Linienorganisation den Projektleiter auffordert, den Mitarbeiter wieder vollständig in der Linie agieren zu lassen. Dadurch wird dem Projekt ein Mitarbeiter entzogen, was für das Projekt eine Stagnation bedeuten kann. Im Fallbeispiel würde dieser Sachverhalt eine Blockade oder Verzögerung der Einführung der Software bedeuten.

b) Exemplarische Matrix-Projektorganisation zum Fallbeispiel:

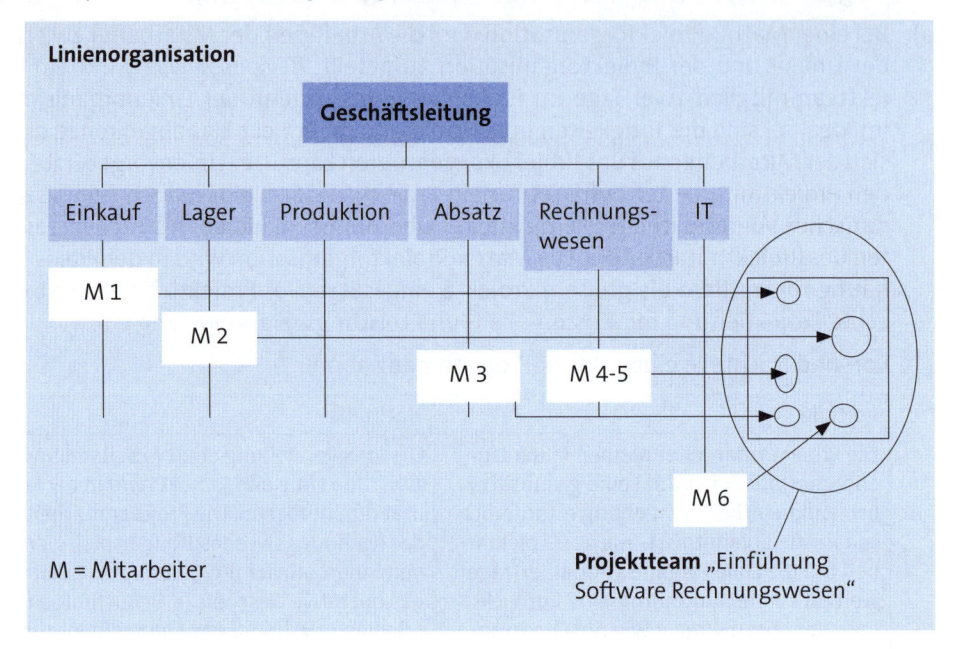

Linienorganisation

```
                        Geschäftsleitung
    ┌──────┬──────┬──────┬──────┬──────────┬──────┐
  Einkauf  Lager  Produktion  Absatz  Rechnungs-  IT
                                       wesen
    │
   M 1                                          ┌─○
        │                                       │
       M 2                                      │ ○
              │                                 │
             M 3      M 4-5                     │─○
                                                │
                                                └─○
                              M 6

M = Mitarbeiter            Projektteam „Einführung
                           Software Rechnungswesen"
```

Lösung zu Aufgabe 5: Arten der Projektorganisation (3)

a) Die reine bzw. autonome Projektorganisation wird in der Regel bei großen Projekten eingesetzt. Die Projektmitarbeiter werden auf Zeit vollständig von der Linienorganisation für das Projekt freigestellt. Für autonome Projekte wird eine eigene Organisationseinheit gestaltet, wobei häufig auch eine eigene Rechtsform gewählt wird. Der Projektleiter befindet sich auf der gleichen Befugnisebene wie der Linienvorgesetzte. Da sich die reine Projektorganisation für längerfristige größere Projekte eignet, übernimmt der Projektleiter zu der fachlichen auch eine disziplinarische Weisungs- und Entscheidungsbefugnis.

Vor- und Nachteile einer reinen bzw. autonomen Projektorganisation:

Vorteile	Nachteile
Aufgrund der Eigenständigkeit (Autonomie) des Projekts wird eine sehr hohe Identifikation der Projektmitarbeiter erforderlich.	Bei reiner Projektorganisation werden häufig Investitionen getätigt, deren Auslastungsgrad nicht vorhersehbar ist, da Projekte außergewöhnliche Vorhaben sind und keine Erfahrungswerte vorliegen. Deshalb können Unterauslastungen und Leerkosten auftreten.

Vorteile	Nachteile
Der Projektleiter hat ausgeprägte Befugnisse und Entscheidungsrechte, da er ein großes Projekt steuern muss. Daher besteht Handlungsfreiheit, die jedoch auch fachliche Kompetenzen und Führungseigenschaften voraussetzt. Da er quasi wie ein Unternehmer im Unternehmen handelt, besteht eine hohe Chance auf den Projekterfolg.	Wenn das Projekt beendet ist, kann es zu Problemen bei der Wiedereingliederung in die Linienorganisation kommen, da sich der Projektmitarbeiter an mögliche Freiheiten und an eine andere Unternehmens- bzw. Projektkultur gewöhnt hat. Zudem nehmen die Projektmitarbeiter Knowhow mit, wenn sie aus dem Projekt ausscheiden.

b) Projekte in Linienverantwortung:

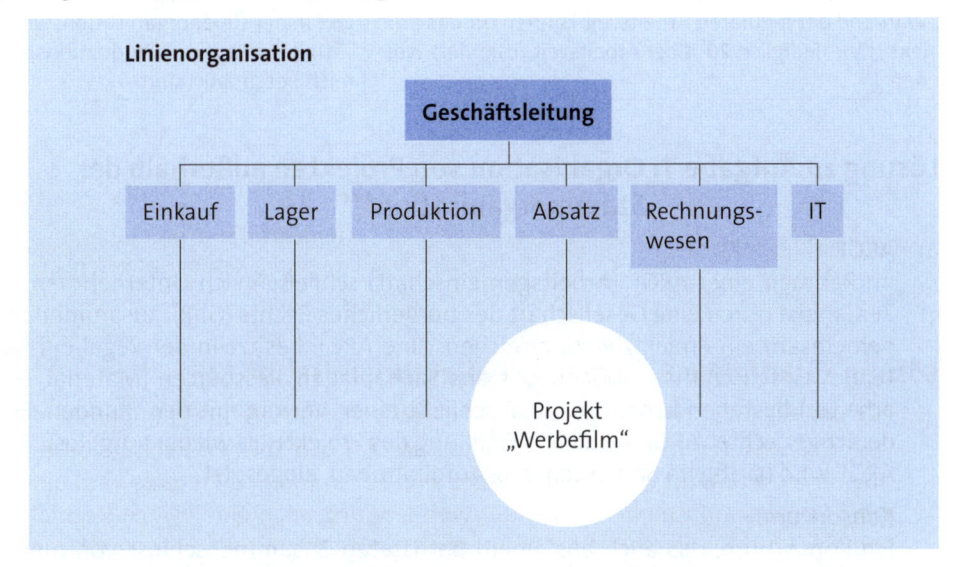

Linienorganisation

Geschäftsleitung
— Einkauf
— Lager
— Produktion
— Absatz
— Rechnungswesen
— IT

Projekt „Werbefilm"

Im Rahmen der Linienorganisation wird im Funktionsbereich „Absatz" ein Projekt „Werbefilm" initiiert. Ausgewählte Mitarbeiter des Absatzbereichs schließen sich zu einer teilautonomen Gruppe zusammen. Diese Art Projektorganisation in Linienverantwortung kann für kleinere bis mittlere Projekte sinnvoll sein. Der Vorteil dieser Projektinseln liegt in der Spezialisierung sowie in einer Teilautonomie, da kein anderer Funktionsbereich die Kompetenz oder Zuständigkeit für das Projekt „Werbefilm" hat.

LÖSUNGEN

Lösung zu Aufgabe 6: Arten der Projektorganisation (4)

Fallbeispiel	Art der Projektorganisation
In einem Handelsunternehmen soll das Reporting in allen Funktionsbereichen optimiert werden. Für diese Anforderung wird ein Projekt definiert.	Einfluss-Projektorganisation (Stabs-Projektorganisation), da abteilungsübergreifend
Ein börsennotiertes Unternehmen führt jährlich mehrere karitative und sportliche Events mit bekannten Markenherstellern sowie die Hauptversammlung durch.	Reine bzw. autonome Projektorganisation; es wird eine eigene Organisationseinheit oder sogar eine eigene Rechtsform hierfür gegründet
Bei einem Automotivehersteller werden in einem Produktionsabschnitt die Prozesse nach Kaizen optimiert. Während der regulären Arbeitszeit können für das Projekt „KVP" lediglich 20 % der Arbeitszeit reserviert werden.	Matrix-Projektorganisation, wenn Aufgaben interdisziplinär sind; Projekt in der Linienorganisation, wenn Tätigkeiten auf den Produktionsbereich beschränkt sind

Lösung zu Aufgabe 7: Organisation von Projekten außerhalb der Stammorganisation***

a) **ARGE:**
Im Rahmen einer ARGE (**Ar**beits**ge**meinschaft) schließen sich Unternehmen auf Zeit, meist durch eine Gesellschaft des bürgerliches Rechts (GbR), zusammen, um gemeinsam ein Projektziel zu erreichen. Eine ARGE besitzt in der Regel ein haftendes Gesellschaftsvermögen, das aus Sachanlagen, Ressourcen (Material, Mitarbeiter) bestehen kann. Die ARGE schließt einen Vertrag mit dem Kunden. Eine derartige „echte" ARGE wird nach Erfüllung des Projektziels wieder aufgelöst. Eine ARGE wird häufig im Bauwesen, z. B. Autobahnbau, eingesetzt.

Konsortium:
Ein Konsortium, das auch aus einem befristeten Zusammenschluss von mehreren Unternehmen besteht, die gemeinsam ein Projektziel erreichen möchten, wird von einem Konsortialführer geleitet. Die Konsorten (Mitglieder des Konsortiums) haften gesamtschuldnerisch. Der Konsortialführer schließt einen Vertrag mit dem Auftraggeber ab. Die Konsorten treten untereinander in Vertragsbeziehungen.

Durch das Konsortium oder eine ARGE können größere Projekte (z. B. Flughafenbau, Tunnelbau, große Einkaufszentren, …) durch Synergieeffekte und Arbeitsteilung realisiert werden. Problematisch können jedoch die Abstimmungs- und Kommunikationsprozesse sowie aufgrund der Komplexität die Steuerung des Vorhabens sein.

b) Weitere Organisationsansätze von Projekten außerhalb der Stammorganisation:

Projektgesellschaften:
Eine autonome Projektorganisation erhält eine eigene Rechtsform. Häufig werden technische und kaufmännische Geschäftsführerpositionen ermöglicht. Dies bedeutet, dass die Projektleitung mit einer Doppelspitze versehen ist. Nach Realisierung der Projektaufgaben und Erreichen der Projektziele wird die Gesellschaft wieder aufgelöst. Die neu gegründeten Gesellschaften können bei großen Projekten die Merkmale von Linienorganisationen aufweisen. Inwieweit sich die Projekt-

gesellschaft von der Stammorganisation entfernt oder in einen Konzernverbund (Mutter-Tochter-Gesellschaft) aufgenommen wird, hängt von der jeweiligen Umfeldsituation sowie vom Projektgegenstand ab.

Virtuelle Projektorganisation:
Die Teammitglieder kommunizieren ohne eine räumliche Präsenz mit neuen Medien (Internet, ...). Ein Vorteil besteht in Synergieeffekten, da global verschiedene Wissensbestände kombiniert werden können. Ein Nachteil kann in interkulturellen Aspekten sowie in der doch mangelnden persönlichen Begegnung liegen.

Lösung zu Aufgabe 8: Aufbauorganisation in Projekten***

Die fundamentalen Faktoren einer Aufbauorganisation in Projekten sind aufseiten des Auftragnehmers:

- **Interne Auftraggeber oder Lenkungsausschuss:** Diese Akteure können Projekte impulsieren sowie internes Projektmarketing betreiben. Sie verfügen aufgrund ihrer formellen und informellen Stellung über die Macht, den Projektleiter sowie die Kernteammitglieder in das Projektteam zu berufen. Sie sind Empfänger der Projektstatusberichte des Projektleiters. Sie geben Projektphasen frei oder fordern zur Wiederholung auf, wenn die geplante Leistung nicht erreicht ist.

- **Project-Office:** Hier können Daten und Informationen aus den einzelnen Projekten zusammengefasst werden. Das Project-Office dient als Koordinierungsstelle, sodass auch Synergieeffekte beim Ressourcenmanagement (Mitarbeiter, Rabatte bei Einkauf, ...) möglich sind.

- **Projektteam:** Das Projektteam besteht aus dem Projektleiter, den Kernteammitgliedern sowie temporär im Team mitwirkenden Akteuren. Die Aufgaben des Projektleiters bestehen in der Planung, Steuerung und Zielerreichung des Projekts. Die Kernteammitglieder sind verantwortlich für die Teilaufgaben oder einzelne Arbeitspakete. Die temporären Teammitglieder sind auch für Arbeitspakete zuständig.

LÖSUNGEN

Lösung zu Aufgabe 9: Ablauforganisation in Projekten***

a) Wesentliche Phasen eines Projektablaufs in einer Grafik:

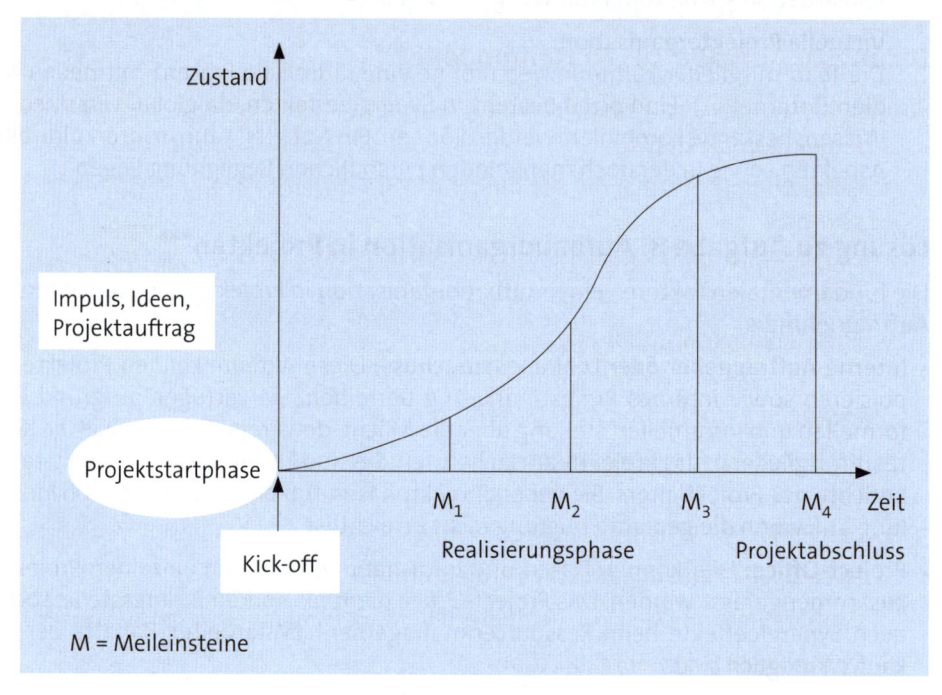

[Grafik: Zustand (y-Achse) über Zeit (x-Achse) mit S-Kurve; Beschriftungen: Impuls, Ideen, Projektauftrag; Projektstartphase; Kick-off; Meilensteine M_1, M_2, M_3, M_4; Realisierungsphase; Projektabschluss; M = Meileinsteine]

b) Wesentliche Elemente in jeder Projektablaufphase:
- **Impulsphase:** Ideen für Projektziele finden, externer oder interner Projektauftrag, Projektimpuls durch Problem (Gesetzgebung, Wettbewerb, ...).
- **Projektstartphase:** Projektauftrag mit Kosten, Zeit und Leistung durch Auftraggeber definieren, Projektleiter und Projektteam berufen, Machbarkeitsstudie, Grobplanung der Ziele, Risiko- und Stakeholderanalyse, Meilensteinplan entwerfen, Projektstrukturplan, grobe Planung der Kosten, Zeit und Leistung.

  Am Ende der Projektstartphase erfolgt die Konkretisierung der Planung (Kosten, Zeit, Leistung und Feinziele mit Zielhierarchie). Beim Kick-off gibt der interne Auftraggeber das Projekt frei. Kurz nach dem Kick-off erfolgen noch weitere Feinplanungen und die Vergabe der Aufträge sowie der Abschluss der Arbeitsverträge.

- **Realisierungsphase:** Die geplanten Tätigkeiten werden durchgeführt. An den Meilensteinen erstellt der Projektleiter den Statusbericht über Kosten, Zeit und Leistung sowie über die weichen Faktoren. Aus den Soll-Ist-Abweichungen im Rahmen des Projektcontrolling lernt der Projektleiter und führt entsprechende Steuerungsmaßnahmen ein, um das Projektziel zu erreichen.

- **Projektabschluss:** Das Projektteam bereitet den Projektabschluss in Form von Checklisten und Übergabeprotokollen vor. Der Projektabschluss stellt auch einen rechtlich bedeutenden Faktor dar, da nach der Übergabe des Projektgegenstands der Gefahrenübergang auf den externen Kunden erfolgt. Zudem entsteht beim Projektabschluss der Zahlungsanspruch. Die Projekterfahrungen werden dokumentiert, um eine lernende Organisation zu entwickeln.

Lösung zu Aufgabe 10: Phasenmodelle***

a) Einflussfaktoren, die die Gestaltung von Phasenmodellen bestimmen können:

- **Projektkomplexität**

    Hohe Komplexität bei der Planung: Stärkere Differenzierung in frühen Projektphasen.

    Hohe Komplexität bei der Durchführung: Intensivere Gliederung in späteren Projektphasen.

- **Entscheidungssituationen**

    Bei Projekten mit häufigen Entscheidungen sollte die Gliederung der Phasen kleinteiliger und differenzierter sein.

- **Reifegrad der Projektmitarbeiter**

    Wenn eine ausgeprägte Projekterfahrung mit entsprechenden Kompetenzen bei den Projektmitarbeitern vorliegt, dann genügt ein grobes Phasenmodell.

- **Heterogenes und dynamisches Projektumfeld**

    Grobes Phasenmodell, um flexibel auf Veränderungen reagieren zu können.

- **Vorhandene Prozessorganisation**

    Wenn bereits ein Prozessmodell vorhanden ist, kann (evtl. partiell) darauf zurückgegriffen werden.

- **Grad der Information**

    Da Projekte außergewöhnliche Vorhaben sind, ist eine vollständige Information zukünftiger Realisierungsschritte nicht möglich. Daher kann nur eine dem Informationsstand angepasste Phasengliederung als erster Ansatz versucht werden. Insbesondere bei Auftragsprojekten besteht ein individuelles Verhalten (Änderung von Wünschen), sodass meist nur eine Grobplanung sinnvoll ist.

- **Branche und Unternehmenskultur**

    Die Branche spielt eine Rolle, da zum Beispiel aus Erfahrung Standardphasenmodelle erprobt sind (z. B. Bauwirtschaft). Die Unternehmenskultur kann bedeutend sein, da die Möglichkeit der Akzeptanz von Fehlern das Mitarbeiterverhalten (risikoreich, selbstbewusst, ängstlich, detailliert, ...) sowie die Planung (grob, fein) beeinflussen.

b) Eine Projektphase stellt einen Zeitabschnitt im Projekt dar, der von anderen Abschnitten inhaltlich abgegrenzt ist. Durch ein Phasenmodell wird eine erste Strukturierung des Projekts aufgezeigt. Dadurch kann Komplexität reduziert werden und den Projektmitarbeitern ein roter Faden sowie eine Orientierungshilfe gegeben werden. Durch ein Phasenmodell wird das Projekt übersichtlicher und überschaubarer. Für einen befristeten Zeitabschnitt wird ein stabiler Organisationsrahmen vorgegeben. Die Projektakteure können das Projekt aus der Adlerperspektive betrachten. Dadurch können Schwachstellen und grundlegende Zusammenhänge identifiziert sowie die Transparenz erhöht werden. Am Ende jeder Projektphase wird ein Meilenstein gesetzt. Der Projektleiter berichtet bei jedem Meilenstein dem internen Auftraggeber über Kosten, Zeit und Leistung sowie über die weichen Faktoren. Somit wird eine Zäsur am Ende jeder Projektphase gesetzt. Der interne Auftraggeber kann das Projekt bei Erreichung der Ziele in der jeweiligen Phase freigeben.

Die Grenzen des Phasenmodells bestehen darin, dass in der Praxis die Projektphasen nicht deutlich (signifikant) voneinander getrennt werden können. Um Projektphasen detaillierter zu gestalten, sind mehr Informationen nötig, die jedoch aufgrund der Komplexität, Dynamik sowie durch die kundenspezifischen Aufträge mit hoher Wahrscheinlichkeit eines Änderungsbedarfs nur grob geplant werden können. Eine weitere Grenze des Phasenmodells besteht darin, dass sich Prozessmodelle immer mehr ausweiten. Dies bedeutet, dass bereits Strukturierungen vorliegen, sodass möglicherweise auf diese Standardisierung, auch im Rahmen von außergewöhnlichen Vorhaben, (partiell) zurückgegriffen werden kann.

c) Die Unterschiede zwischen 3-Phasen-, 5-Phasen- und 6-Phasen-Modell:

Bei einem 3-Phasen-Modell wird eine grobe Strukturierung des Projektlebenszyklus vollzogen:

Beispiel

1. Phase	2. Phase	3. Phase
Projektstartphase:	**Projektdurchführungsphase:**	**Projektabschluss:**
Auftragsklärung (Idee, Problem, ...), Teambildung, Stakeholder- und Risikoanalyse, Ziele definieren, Projektplanung (Kosten, Zeit, Leistung)	Realisierung der Projektaufgaben und Projektcontrolling	Präsentation und Übergabe an Auftraggeber, Projektabschlussbericht, Analyse der Sach- und Beziehungsebene, Wirtschaftlichkeitsuntersuchung

Bei einem 5-Phasen-Modell findet eine weitere Differenzierung der Phasen statt:

Beispiel

1. Phase	2. Phase	3. Phase	4. Phase	5. Phase
Impulsphase:	Planungsphase:	Durchführungsphase:	Vorbereitung Projektabschluss:	Projektabschluss:
Idee, Problem, Projektauftrag erstellen	Teambildung, Stakeholder- und Risikoanalyse, Ziele definieren, Projektplanung (Kosten, Zeit, Leistung)	Realisierung der Projektaufgaben und Projektcontrolling	Präsentation, Vorbereitung Übergabe an Auftraggeber, Abschluss aller Projektaufgaben	Projektabschlussbericht, Analyse der Sach- und Beziehungsebene, Wirtschaftlichkeitsuntersuchung

Aus obigem Beispiel ist erkennbar, dass die Phasenbildung von der jeweiligen Situation sowie von der Einstellung der Planer abhängig ist. Es könnte noch eine sechste Phase (Testphase bei Software-Projekten) hinzugefügt werden, die zwischen der dritten und vierten Phase positioniert wird.

Grundsätzlich können noch mehrere Phasen entworfen werden. Der Detaillierungsgrad hängt von der Komplexität, Dynamik, der Unternehmenskultur und dem Reifegrad der Mitarbeiter ab (siehe Teilaufgabe 10 a).

Lösung zu Aufgabe 11: Weitere Organisationsinstanzen und Rollen im Projekt

a) Ein **Projektlenkungsausschuss** stellt die Summe der internen Auftraggeber eines Projekts dar. Bei interdisziplinären und abteilungsübergreifenden Projekten werden die Bereichsleiter aus jedem Funktionsbereich in den Lenkungsausschuss berufen. Der Lenkungsausschuss vergibt den Projektauftrag, ernennt den Projektleiter sowie die Kernteammitglieder und ist Empfänger der Projektstatusberichte. Der Lenkungsausschuss gibt die nächsten Projektphasen frei und führt ein Projektmarketing durch. Er ist Schirmherr des Projekts.

Ein **Projektportfolio-Board** ist nicht für ein Projekt (Singleprojektmanagement), sondern für mehrere Projekte (Multiprojektmanagement) zuständig. Ein Projektportfolio-Board stellt die Schnittstelle zwischen strategischer Planung der Geschäftsleitung und der operativen Realisierung der Projekte dar. Es wählt beispielsweise die Projekte aus, die am besten die Strategie des Unternehmens unterstützen. Im Rahmen des Multiprojektmanagement sind Project-Offices etabliert, die operative Aufgaben (Berichte bündeln, Ressourcen managen, Synergieeffekte erzeugen, ...) ausüben und dem Projektportfolio-Board die verdichteten sowie strategisch relevanten Informationen aus den Projekten übermitteln.

b) **Projektcontrolling:**
Das Projektcontrolling kann bei kleineren Projekten durch den Projektleiter durchgeführt werden. Bei mittleren bis größeren Projekten wird ein Projektcontroller engagiert, der in der Linienorganisation positioniert ist und die Aufgaben zum Projektcontrolling zusätzlich erledigt. Zudem ist denkbar, dass ein separater Projektcontroller ins Projektteam aufgenommen wird, der sich vollständig auf die Projektaufgaben konzentriert.

Projektleiter:
Der Projektleiter sollte den „Adlerblick" über das Projekt haben. Er ist Ansprechpartner für die Teammitglieder, für den internen Auftraggeber sowie bei externen Projekten für den Kunden. Der Projektleiter stellt die Projektziele auf und plant die Kosten sowie die Termine des Projekts. Er kann Seelsorger, Motivator, Controller sowie Analyst sein. Er nimmt je nach Projektsituation verschiedene Rollen ein. Der Projektleiter muss Druck vom internen Auftraggeber sowie vom Projektteam aushalten können (Sandwich-Effekt).

Projektmitarbeiter:
Der Projektmitarbeiter sollte vom Projektziel überzeugt sein. Er ist motiviert und führt seine Teilaufgaben sowie Arbeitspakete unter Beachtung des magischen Dreiecks aus Kosten, Zeit und Leistung durch. Er sollte über mehrere Kompetenzen verfügen: Fachkompetenz, soziale Kompetenz, Methoden- und Organisationskompetenz.

Project-Office:
Bei mittleren bis größeren Projekten kann zusätzlich ein Projektbüro (Project-Office) eingerichtet werden. Es kann den Projektleiter sowie den Projektcontroller bei operativen Aufgaben (Ressourcenmanagement, Synergieeffekte generieren durch gemeinsamen Einkauf, Datenpool aufbauen) im Rahmen des Singleprojektmanagement entlasten. Häufig wird ein Project-Office im Multiprojektmanagement eingesetzt. Es bereitet Projektberichte der einzelnen Projektleiter für das Projektportfolio-Board vor und erledigt Aufgaben wie z. B. Koordination der Mitarbeiter in verschiedenen Projekten.

3.2 Vorgehensmodelle

Lösung zu Aufgabe 1: Nutzen von Vorgehensmodellen***

Vorgehensmodelle können zur Strukturierung und zur Reduktion von Komplexität beitragen. Wenn stabile Anforderungen im Rahmen des Projekts vorliegen (z. B. Bauprojekt, Flugzeuge bauen), dann können Vorgehensmodelle dazu beitragen, dass eine einheitliche Vorgehensweise praktiziert wird und dadurch Projekte auch hinsichtlich der Effizienz vergleichbar werden.

Vorgehensmodelle tragen zu einer Transparenzsteigerung bei. Mitarbeiter haben eine Orientierungshilfe bei der Einarbeitung oder bei kritischen Situationen. Durch die Strukturierung sowie durch eine erhöhte Transparenz können die Risiken im Projekt unter Berücksichtigung des Risikomanagement minimiert werden.

LÖSUNGEN

Lösung zu Aufgabe 2: Meilensteinplan

a) Meilensteine sind „Ereignisse besonderer Bedeutung". Sie werden gesetzt, um das Projekt in Phasen zu strukturieren. An den Meilensteinen berichtet der Projektleiter an den internen Auftraggeber. Bei den Meilensteinterminen finden Meetings des Projektteams statt, in denen der Projektstatus (Kosten, Zeit, Leistung) sowie die weichen Faktoren reflektiert werden. Zudem wird das Projektumfeld (Stakeholder, Risiken) zu den Meilensteinterminen beobachtet und der Zustand dokumentiert.

b) Beispiele für Meilensteine:
- Start- und Abschlussereignisse
- Lieferantenereignisse
- Testereignisse
- Marktstudie
- Terminplan, Projektstrukturplan
- Meilensteine können bei Ereignissen gesetzt werden, die fundamental für den weiteren Projektfortschritt sind.

c) Entscheiden Sie, ob bei den nachfolgenden Beispielen Meilensteine vorliegen oder nicht.

Beispielaussage	Meilenstein (Ja/Nein)
Dipl.-Kaufmann Müller fertigt eine Tabelle im Rahmen einer Kostenschätzung an.	Nein
Zwei Teammitglieder eines Projekts bereiten einen Modultest für eine Software vor.	Ja
Der Projektleiter und der interne Auftraggeber tauschen nach einer Sitzung Informationen aus.	Nein
Die Logistik-Software zur Steuerung einer Supply-Chain wird im Rahmen eines Projekts pünktlich geliefert.	Ja

Lösung zu Aufgabe 3: Arten von Vorgehensmodellen***

a)

Merkmal	Art des Vorgehensmodells
Stabilität	Wenn Projekte einen stabilen Anforderungsrahmen haben, der sich z. B. durch konstante Kundenwünsche ausprägt, dann sollte das Wasserfallmodell eingesetzt werden. Bei sehr großen Projekten kann das V-Modell verwendet werden.
Volatilität	Bei hoher Dynamik der Kundenanforderungen (Änderungswünsche, Variationsvielfalt mit großem Kundeneinfluss), dann sollte ein inkrementelles oder ein evolutionäres Vorgehensmodell eingesetzt werden.

Wasserfallmodell:
Aufgrund stabiler Verhältnisse werden beim Wasserfallmodell die einzelnen Phasen des Projekts streng nacheinander durchlaufen. Rücksprünge zu den jeweiligen Vorphasen sind kaum noch möglich. Nach der Realisierung z. B. einer fünften Phase

kann die zweite Phase aufgrund eines zusätzlichen Kundenwunsches nicht mehr geändert werden. Durch den stabilen Ablauf wird eine entsprechende Dokumentationsstruktur aufgebaut. Eine Phase startet erst, wenn die Vorgängerphase beendet wurde.

Beispiel

Wasserfallmodell eines Softwareprojekts (grober Ablauf)

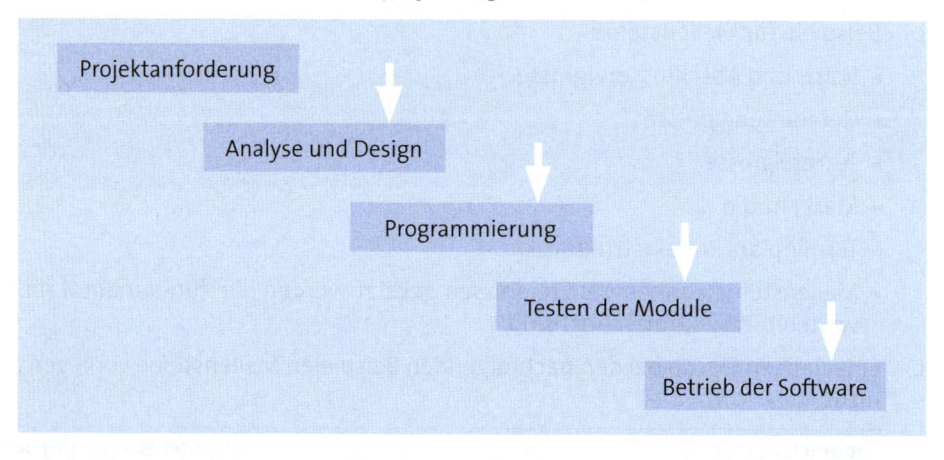

```
Projektanforderung
        ↓
    Analyse und Design
            ↓
        Programmierung
                ↓
            Testen der Module
                    ↓
                Betrieb der Software
```

Evolutionäres Vorgehensmodell:
Wenn Änderungswünsche der Kunden aufgrund einer ausgeprägten Marktdynamik vorhanden sind, dann sollten die Vorgehensmodelle flexibel ausgestaltet sein. Ein Rückgriff auf die erste Phase, um sich Kundenwünschen anzupassen, sollte vorhanden sein. Derartige Vorgehensmodelle sind durch keine starre Struktur, sondern durch Selbstorganisation gekennzeichnet. Die formalen Abläufe stehen nicht im Vordergrund. Der Mensch, die Kommunikation sowie die Erfüllung der Kundenwünsche sind zentral. In derartigen evolutionären Vorgehensmodellen mit inkrementellem Charakter sind kontinuierliche Verbesserungsprozesse eingebaut, um die Leistung weiter zu steigern.

b) Weitere Vorgehensmodelle:
- V-Modell XT
- PRINCE 2
- Reifegradmodelle, wie z. B. SPICE, CMMI oder Modelle zum Qualitätsmanagement (ISO, EFQM) werden als roter Faden für Projekte verwendet.

3.3 Lernende Organisation
Lösung zu Aufgabe 1: Grundsätzliche Faktoren zu einer lernenden Organisation

a) Voraussetzung für eine lernende Organisation ist die **Unternehmensphilosophie**, die die Strukturen sowie Möglichkeiten bereitstellt, dass sich die Organisation weiterentwickeln kann. Dazu gehört die Personalentwicklung, die den Projektmitarbeitern ein Personal-Mastery-System (Mentoren oder Coaches) zur Verfügung stellt.

Ein weiterer Faktor einer lernenden Organisation besteht im **systemischen Denken**. Das Bewusstsein, dass formelle und informelle interaktive Vernetzungen zwischen Funktionsbereichen und/oder Mitarbeitern vorhanden sind, fördert das ganzheitliche Denken. Durch die Vernetzung können Rückkoppelungen und Synergieeffekte entstehen, die das Lernen des Einzelnen sowie der Organisation impulsieren.

Darüber hinaus fördern **Visionen** und **mentale Modelle** das Lernen, da somit ein Ziel etabliert wurde, an dem gearbeitet werden kann. Die Orientierung an den Wunschvorstellungen generiert Lernimpulse, da ein höheres Niveau erreicht werden muss, um die Visionen zu verwirklichen. Der Weg zu einem höheren Zustandsniveau erfolgt durch das Lernen der einzelnen Mitarbeiter (Personalentwicklung) sowie durch das Lernen der Organisation (Reengineering, Changemanagement).

b) Das Lernen in einer Linienorganisation unterscheidet sich vom Lernen in einer Projektorganisation dadurch, dass in Projekten in den meisten Fällen nur ein begrenztes Zeitbudget für die Weiterentwicklung vorhanden ist. Bei einer Linienorganisation mit einem unterstellten stabilen Marktumfeld haben die Akteure die notwendige Zeit, um das Personal sowie die Organisation zu entwickeln. Bei Projekten müssen innerhalb kürzester Zeit Zustandsveränderungen erzeugt werden, sodass die Einarbeitungsmöglichkeiten sowie die Personalentwicklungsaktivitäten (geplantes Lernen) beschränkter als in der Linienorganisation sind.

In der Linienorganisation können die Mitarbeiter durch viele Fälle Lerneffekte (autonomes Lernen) und somit Erfahrung erzeugen. Bei Projekten existiert häufig nur ein außergewöhnliches Vorhaben, aus dem keine Vergleiche oder Analogieschlüsse gezogen werden können. Die Einzigartigkeit bzw. Neuartigkeit des Projekts verändert das Lernen, da Erfahrungen eine geringere Rolle spielen als Ideen und neue Ansätze zur Lösung des Problems.

Aufgrund des außerordentlichen Charakters von Projekten spielt das zufällige Lernen eine größere Rolle als bei Linienorganisationen. Da Projekte eine Zeitrestriktion aufweisen, müssen Lösungen, auch wenn sie im Rahmen einer Projektnachbetrachtung Second-best-Lösungen sind, realisiert werden. Dabei kann die Chance des Zufalls oder der jeweiligen Situation Lerneffekte erzeugen, während eine stabile Linienorganisation zwar auch ein zufälliges Lernen, z. B. durch Kundenbeschwerden, aufweisen kann, jedoch nicht der Druck besteht, die nächstbeste Lösung zu ergreifen.

LÖSUNGEN

Lösung zu Aufgabe 2: Zusammenhang zwischen lernender Organisation, Projekt und Funktionsbereichen eines Unternehmens***

Beispiele

Beispiel 1	Im Rahmen einer Matrixorganisation werden neue Instrumente bei der Kostenschätzung eingesetzt. Herr Maier ist für das Projektcontrolling an zwei Tagen pro Woche zuständig. Die neuen Ansätze impulsieren Herrn Maier, in seiner Abteilung der Linienorganisation einen Verbesserungsvorschlag einzureichen. Somit übertragen sich Lernimpulse aus der Projekt- auf die Linienorganisation. Insgesamt entwickelt sich das gesamte Unternehmen dadurch weiter.
Beispiel 2	Frau Müller ist stellvertretende Leiterin des Einkaufs einer Linienorganisation. Seit vielen Jahren besteht die Erfahrung, eine ausgeprägte Nutzwertanalyse für die Lieferantenauswahl einzusetzen. Frau Müller wird für einen Tag pro Woche in ein Entwicklungsprojekt berufen. Da in diesem Projekt umfangreiche Einkäufe realisiert werden müssen, schlägt Frau Müller den Einsatz ihrer bewährten Nutzwertanalyse für die Lieferantenauswahl vor. Dadurch werden Erfahrungen von der Linien- auf die Projektorganisation übertragen. Insgesamt werden dadurch von der Linienorganisation die Grundlagen für die Weiterentwicklung der Projektorganisation gelegt.

Die beiden Beispiele zeigen, dass sich die Linien- und die Projektorganisation gegenseitig befruchten können. In der Praxis ist abzuwägen, welche Erfahrungen und Instrumente übernommen werden, sodass tatsächlich eine Weiterentwicklung entsteht.

Lösung zu Aufgabe 3: Lernende Organisation und KVP***

Eine lernende Projektorganisation setzt voraus, dass Daten, Informationen und Wissen über die Projektlaufzeit gespeichert werden. Es werden zu den Meilensteinen Projektstatusberichte angefertigt, die Informationen über Kosten, Zeit und die Leistung zum jeweiligen Projektfortschritt beinhalten. Zudem wird am Ende des Projekts ein Projektabschlussbericht erstellt, der die Sach- und Beziehungsebene sowie die Erfahrungen aus dem Projekt beinhaltet. Diese Daten-, Informations- und Wissensbasis (Dokumentationsfunktion) stellt die Voraussetzung für kontinuierliche Verbesserungsprozesse dar. Es bestehen Soll-Vorstellungen über die zu erreichenden Ziele. Durch einen Soll-Ist-Vergleich können die Abweichungen sowie die Schwachstellen identifiziert werden. Durch Ideenfindungsmethoden oder durch das betriebliche Vorschlagswesen können in den Projektteams Möglichkeiten zur Verbesserung der jeweiligen Zustände erarbeitet werden. Eine Voraussetzung ist die Kommunikation zwischen den Teammitgliedern (System).

Die Anwendung des Deming-Zyklus (**P**lan-**D**o-**C**heck-**A**ct: PDCA-Zyklus) kann zur Lösung von Einzelproblemen, aber auch für die Gesamtentwicklung eines Projekts eingesetzt werden. Es sollte ein Plan entwickelt (Plan) und dann ein erster Versuch zur Lösung des Problems gestaltet werden (Do). Nach einer Testphase (Check) wird geprüft, ob sich durch die neuen Ansätze eine Verbesserung des Zustands ergab. Wenn die Verbesserung nachhaltig eingesetzt werden soll, dann erfolgt eine dauerhafte (in Projekten auf die Projektlaufzeit begrenzte) Implementierung (Act). Die nachfolgende Abbildung soll den Sachverhalt im Projektablauf veranschaulichen:

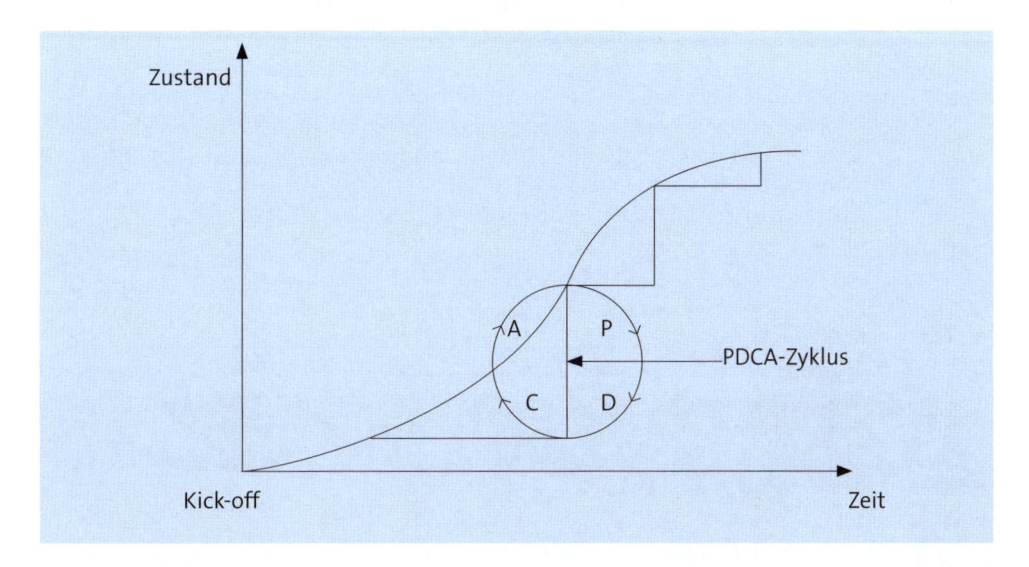

Die Meilensteine können einen Stufenabschnitt (Phase) zur **k**ontinuierlichen **V**erbesserung (KV) darstellen. Um ein höheres Zustandsniveau zu erreichen, vollzieht sich über das gesamte Projekt ein KV-Prozess (KVP). KVP stellt den Motor des Projekts dar, den der Projektleiter durch Visionen, Motivationen und die Projektmitarbeiter mit Ideen beleben.

Lösung zu Aufgabe 4: Projektorientiertes Unternehmen***

Die Linienorganisation dient dazu, Kostendegressionseffekte durch viele Fälle zu erzeugen. Bei Projekten sind außergewöhnliche Vorhaben gegeben, bei denen keine Erfahrungen (und somit keine vielen Fälle), außer via Analogieschluss, vorliegen. Die Linienorganisation kann den Nachteil beinhalten, dass die Flexibilität sowie die Reaktionsfähigkeit auf veränderte Umfeldbedingungen fehlen. Ein Grund für Projekte besteht darin, dass die durch Komplexität (z. B. Vielfalt von Kundenwünschen) und Dynamik (z. B. Sofortness, schnelles Time-to-Market) erforderliche Anpassungsfähigkeit vorhanden ist. Die Entwicklung einer lernenden Organisation im Rahmen eines Pilotprojekts kann begrenzt sein.

Wenn jedoch für ein Unternehmen die Fortsetzung der Komplexität und Dynamik auf den relevanten Märkten prognostiziert wird, dann lohnt sich die Entwicklung zu einem projektorientierten Unternehmen. Das bedeutet, dass die überwiegende Zahl der Aufgaben mit Projekten abgewickelt wird. Dann können die Lerneffekte der einzelnen Projekte beispielsweise in einer Datenbank im Rahmen des Projektabschlusses gespeichert und ausgewertet sowie für zukünftige Projekte verwendet werden.

LÖSUNGEN

Die Vorstellung eines projektorientierten Unternehmens beinhaltet eine lernende Organisation, wenn die Daten und Informationen, das Wissen sowie die Erfahrungen dokumentiert und genutzt werden. Projektorientierte Unternehmen können in komplexen und dynamischen Umfeldern der Linienorganisation hinsichtlich der Anpassungsfähigkeit an veränderte Marktbedingungen überlegen sein.

4. Projektteam und Projektleiter

4.1 Projektteam

4.1.1 Grundlegendes zum Projektteam

Lösung zu Aufgabe 1: Verfügbarkeit der Projektmitarbeiter

Ein zentrales Problem beim Projekt „Biogas – more Efficiency" der Biological-Systems GmbH besteht darin, dass möglicherweise keine Projektmitarbeiter verfügbar sind. Wenn die Projektorganisation aus der Linienorganisation Mitarbeiter rekrutiert, dann ist die Projektleiterin Maierhofer vom Goodwill der Linienorganisation abhängig, dass Mitarbeiter freigestellt werden. Geeignete Projektmitarbeiter können auch in anderen Projekten gebunden sein, sodass sie für das Projekt „Biogas – more Efficiency" nicht zur Verfügung stehen. Die Projektleiterin sollte auch prüfen, ob Urlaubszeiten, Weiterbildungen, usw. den Einsatz der potenziellen Mitarbeiter verzögern.

Darüber hinaus sollte eine geeignete Qualifikation vorliegen. Insbesondere beim vorliegenden Projekt „Biogas – more Effiency" ist die Zahl der Spezialisten, die zusätzliche Innovation schöpfen können, begrenzt.

Lösung zu Aufgabe 2: Personalbeschaffung in Projekten

a) Die Leiterin des Projekts „Biogas – more Efficiency" könnte Kontakte mit Forschungseinrichtungen, Hochschulen, Doktoranden, Masterstudenten, usw. aufnehmen, um den qualitativen und quantitativen Personalbedarf zu decken, falls bei der Biological-Systems GmbH kein geeignetes Personal zur Verfügung steht. Zudem können Headhunter oder Zeitarbeitsunternehmen zur Personalsuche eingesetzt werden. Auch Anzeigen in Printmedien (Zeitungen, Fachzeitschriften) oder im Internet sind möglich.

b) Ausgewählte Fragen für ein erstes Sondierungsgespräch:

Merkmale	Bemerkung des Interviewers
Welche Motivation liegt für das Projekt vor?	
Wie gehen Sie mit Komplexität um?	
Haben Sie bereits Erfahrungen in ähnlichen Projekten gesammelt?	
Wie kommen Sie zu Ideen?	
Arbeiten Sie lieber alleine oder im Team?	
Welche Arbeitsprinzipien haben Sie?	
Können Sie Familie und Überstunden vereinbaren?	
Ab wann wären Sie verfügbar?	

LÖSUNGEN

Lösung zu Aufgabe 3: Zusammensetzung des Projektteams

a) Ein Projektteam sollte nicht zu groß und nicht zu klein sein. Wenn ein Projektteam sehr groß ist, dann entstehen zwischen den einzelnen Teammitgliedern sehr viele Kommunikationsbeziehungen, sodass möglicherweise der Überblick für den Projektleiter verloren geht. Es können Kommunikations- und Koordinationsprobleme auftreten. Die nachfolgende Abbildung soll den Fall mit zehn Teammitgliedern darstellen:

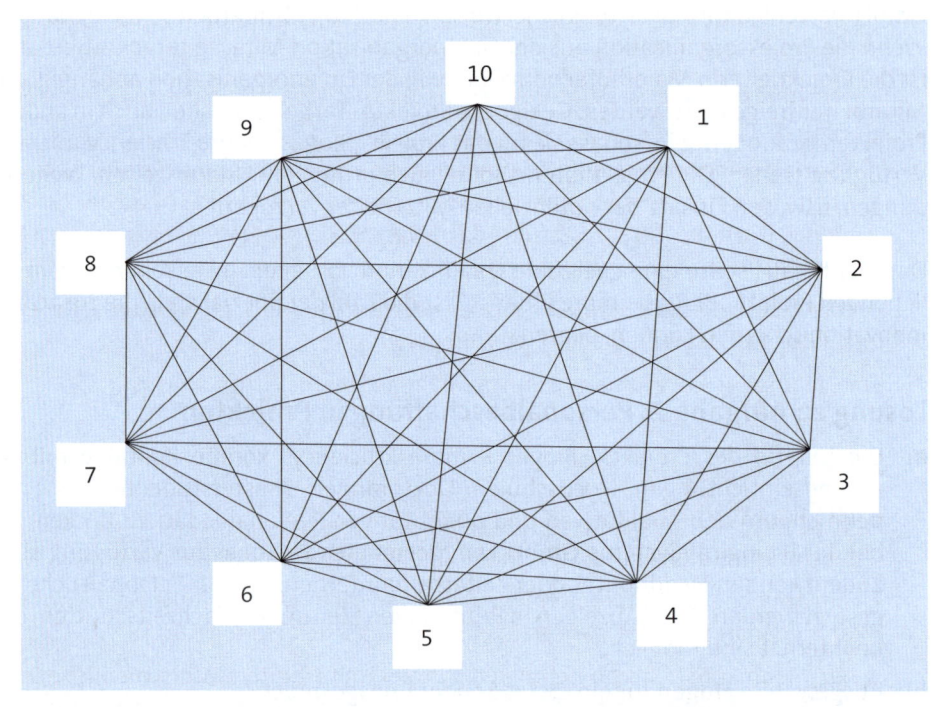

Anmerkung: Jedes Kästchen entspricht einem Projektteammitglied.

Es besteht die Gefahr, dass sich bei zu großen Kernteams wieder Subgruppen bilden, die möglicherweise in Konkurrenz zueinander stehen. Das andere Extrem liegt in einer Teamgröße mit nur drei Mitarbeitern. Das Risiko bei kleinen Gruppengrößen liegt darin, dass zu wenig Ideen, Pluralität und Austauschmöglichkeiten vorhanden sind.

Das Optimum liegt bei fünf bis sechs Kernteammitgliedern, wobei die Gruppengröße vom Projektumfang abhängig ist. Weiterhin können Projektteams in ein Kernteam (Verantwortliche für Teilaufgaben) und ein temporäres Team eingeteilt werden. Die Teamgrößen können über die Projektphasen schwanken. Zu Beginn des Projekts ist tendenziell ein Team mittlerer Größe erforderlich, was vom Projektumfang und der Unternehmensgröße abhängt. In den Leistungsphasen kann das Projektteam (erweitertes Team) durchaus sehr groß werden, da die Bearbeiter der Teilaufgaben und Arbeitspakete hinzukommen.

b) Für die Komposition eines Projektteams können folgende Merkmale herangezogen werden:

- **Alter:** Sollten die Teammitglieder jung oder älter sein, oder wird eine ausgewogene Mischung angestrebt?
- **Geschlecht:** Sollten 50 % Frauen und 50 % Männer im Team enthalten sein?
- **Promotoren:** Die Projektleiterin sollte auf ein ausgewogenes Team hinsichtlich der Mentalitäten achten. Es gibt folgende Klassifikation:
    - **Machtpromotoren:** Sie sind die Alpha-Mitarbeiter, die sich in Gruppen sehr schnell behaupten können und die Führungsrolle einnehmen. Machtpromotoren sind mit ihrer Durchsetzungsfähigkeit sowie mit ihrem Einfluss geeignet, repräsentative Aufgaben, z. B. bei externen Projekten, zu übernehmen.
    - **Fachpromotoren:** Darunter fallen die Spezialisten und Experten zum jeweiligen Projektthema.
    - **Sozialpromotoren:** Diese Gruppe zeichnet sich durch Empathie aus. Sie erwerben ein hohes Vertrauen bei den Kollegen und sind Ansprechpartner für Probleme. Die hohe Akzeptanz führt dazu, dass Sozialpromotoren häufig auch Multiplikatoren in der Gruppe sind.

Für die Teamzusammenstellung gibt es noch andere Ansätze, die auf die Rollen als Innovator, Netzwerker, Macher, usw. eingehen.

Eine gelungene Zusammenstellung von Projektteams hängt ab von

- der Projektsituation
- dem Projektumfang
- dem Projektumfeld
- der Unternehmenskultur der Linien- und Projektorganisation sowie
- vom Angebot der Mitarbeiter (wenn vier von sechs Mitarbeitern Machtpromotoren sind, dann ist die Chance auf ein harmonisches Team gering).

Je nach Teamkonstellation nehmen die Projektmitarbeiter unterschiedliche Rollen ein. So kann es vorkommen, dass in einem Team Herr Maier ein Fachpromotor und im nächsten Team ein Machtpromotor ist. Die relative Positionierung innerhalb des Teams ist ausschlaggebend. Die Projektleiterin sollte in den Vorstellungsgesprächen ein Gespür für die sozialen Konstellationen entwickeln.

Lösung zu Aufgabe 4: Kompetenzen der Teammitglieder

Fachkompetenz:
Die Teammitglieder sollten über die notwendigen fachlichen Fähigkeiten verfügen.

Methodenkompetenz:
Die Teammitglieder sollten die Methoden des Projekt-, und Qualitätsmanagement beherrschen.

Organisationskompetenz:
Es sollte die Fähigkeit vorhanden sein, Systeme dauerhaft zu regeln sowie anderen Mitarbeitern Leitlinien und Orientierungen vorzugeben. Darüberhinaus sollte der Projekt-

mitarbeiter sich selbst organisieren können. Dies setzt entsprechende Kenntnisse im Zeitmanagement voraus.

Soziale Kompetenz:
Diese Fähigkeit beinhaltet das Impulsieren von Kommunikation und das Motivieren, jedoch auch die Verantwortung für das eigene Handeln. Ein sozial kompetenter Projektmitarbeiter kann Empathie zeigen, ist bereit und fähig andere Funktionen und Rollen im Team einzunehmen und verfügt über eine Konfliktlösungsfähigkeit.

Lösung zu Aufgabe 5: Aufgaben der Projektmitarbeiter und Gruppenarbeit

a) Eine relevante Aufgabe der Mitarbeiter im Rahmen des Projekts „Biogas – more Efficiency" besteht in der Entwicklung von neuen Ideen, die zum technischen Fortschritt, zu mehr Effizienz bei Biogasanlagen und somit zu Wettbewerbsvorteilen führen. Darüberhinaus sollten die Mitarbeiter die ihnen übertragenen Aufgaben erfüllen und den Projektleiter zur Erreichung der Projektziele unterstützen. Der Projektmitarbeiter kontrolliert seinen Arbeitsfortschritt in den Teilaufgaben und Arbeitspaketen und berichtet an den Projektleiter bei den (Mikro-)Meilensteinen. Zudem dokumentiert er den Zeitaufwand (z. B. bei Matrixprojektorganisation) sowie die Kosten für die Erstellung der Leistung, wenn diese nicht implizit durch die Linienorganisation abgedeckt sind. Die Gruppenmitglieder sollten auch teamfähig, flexibel und kommunikationsbereit sein. Die Projektmitarbeiter möchten gemeinsam (alle ziehen am selben Strang) das gleiche Ziel erreichen.

b) Gruppenregeln:
- Pünktlich zu Beginn des Meetings erscheinen
- Ideen einbringen und aktiv mitmachen (nicht passiv dabeisitzen)
- Den anderen ausreden lassen, Redezeiten einhalten und die anderen Meinungen respektieren
- Das Meeting nicht kontraproduktiv stören oder sanktionieren
- Handy ausschalten und sich nicht vom Tagesgeschäft ablenken und aus dem Meeting holen lassen
- Bis zum Ende des Meetings bleiben
- Keine Killerphrasen („Das haben wir immer schon so gemacht.")
- Kritik sachlich formulieren
- Informationen allen zugänglich machen
- Bei Statements: Ich-Form verwenden
- Nicht über den anderen, sondern mit ihm sprechen.

c) Gestaltung Workshop:

Allgemein:
Dauer der Veranstaltung (Anfang **und** Ende) festlegen
- Ort des Workshops, Verpflegung organisieren
- Tagesordnung (Agenda) erstellen
- Einladungen rechtzeitig versenden
- Keinen Stakeholder bei der Einladung vergessen.

Ablauf:
- Begrüßung mit Überblick zur Veranstaltung
- Durchführung, Moderation der Redebeträge
- Dokumentation, Protokoll erstellen
- Fazit und Verabschiedung.

Aspekte:
- Individuelle Vorbereitung
- Offenheit und Ehrlichkeit.

Lösung zu Aufgabe 6: Funktionen von Projektteams

Argumente für und gegen Teamarbeit:

Pro-Argumente	Contra-Argumente
Es wird die Kommunikation gefördert, die zwischenmenschliche Distanzen abbauen kann. Der Informationsfluss zwischen den Teammitgliedern wird effizienter. Durch verschiedene Blickwinkel der Teammitglieder entsteht ein heterogenes System, das zur Frühwarnung verwendet werden kann, da mehrere Teammitglieder mehr Risiko- und Informationsspektrum betrachten können als eine einzelne Person.	Die Teambildung und Meetings erfordern einen Zeitaufwand. Kosten entstehen für die Zeit der Meetings (zwei Teilnehmer sprechen miteinander, sechs sitzen passiv daneben) sowie für gemietete Räume, Hotels usw.
Jedes Teammitglied hat seine Stärken, sodass durch die Spezialisierung eine Arbeitsteilung entsteht. Ein Einzelner könnte nicht alle Qualifikationen besitzen. Durch die Zusammenarbeit wird die Gesamtleistung erhöht (Koaktionseffekt). Synergieeffekte können entstehen, sodass durch die Interaktion in der Gruppe ein (formeller und informeller) Mehrwert entsteht.	Die meisten Leistungen sind aus Einzelaktivitäten entstanden. Brainstorming-Runden sowie ausgiebige Meetings bringen keine Synergieeffekte. Zudem möchten viele Teammitglieder keine Ideen vor den anderen Gruppenmitgliedern preisgeben, da sie sich als Konkurrenten betrachten. Gruppen entscheiden tendenziell risikofreudiger als Einzelpersonen, da Folgen auf Einzelmitglieder abgeschoben werden.

Pro-Argumente	Contra-Argumente
Im Team kann ein Wir-Gefühl entstehen und somit eine Gruppenkohäsion. Das Motto „Gemeinsam sind wir stark" kann zu kollektiven Werten führen, die motivierend auf die Teammitglieder einwirken können. Auch der solidarische Gedanken spielt hierbei eine Rolle: „Alle für einen, einer für alle." Es findet auch eine soziale Aktivierung und Unterstützung statt.	Die Feedbacks sowie Fremdbeurteilungen anderer Personen gegenüber dem eigenen Verhalten demotivieren und führen zu einer suboptimalen Projektkultur.

4.1.2 Teamentwicklungsprozesse
Lösung zu Aufgabe 1: Teamentwicklungsphasen

a) Ein bekanntes Modell zur Teamentwicklung wurde von *Tuckman* gestaltet:

Teamentwicklungsphase	Inhalt
Forming (Orientierungsphase)	Höflicher sowie distanzierter Umgang, gegenseitiges Vorstellen (Selbstbild, Fremdbild), eigene Erfahrungen werden eingebracht, Herantasten an das Projekt durch Rollenzuordnungen, Gruppenregeln aufstellen
Storming (Machtkampfphase)	Wenn Gruppenregeln fehlen und/oder keine Selbstbild-Fremdbild-Vorstellung sowie keine Rollenzuordnung realisiert wurden, kann es zu Konflikten um die Rollen und den Status im Projekt kommen. Dies ist eine gefährliche Phase, da ein Projektabsturz aufgrund von unüberbrückbaren Meinungsverschiedenheiten im Projektteam möglich ist.
Norming (Organisationsphase)	Normen (Rollen, Status) sowie Aufgaben sind festgelegt und stabil. Das Team kann beginnen zu arbeiten.
Performing (Leistungsphase)	Die eigentliche Projektarbeit beginnt. Es entsteht ein Wir-Gefühl; die Leistungen sowie erste Erfolge entstehen, sodass ein positives Aufschaukeln zu beobachten ist, da sich das Zustandsniveau des Projekts erhöht. Es entsteht eine tendenzielle Selbstorganisation, Euphorie und Zufriedenheit.
Adjourning (Auflösungsphase)	Das Team nähert sich dem Projektabschluss. Es entsteht eine allmähliche Distanz vom Projekt, da die Verabschiedung von den Teamkollegen ansteht. Möglicherweise steckt im Team noch viel Energie, sodass der emotionale Loslösungsprozess erst nach dem Projektabschluss kommt, da die Teammitglieder voller Begeisterung bzgl. des Projektziels noch nicht loslassen möchten. Es entstehen sentimentale Erinnerungen an Ereignisse während des Projekts.

LÖSUNGEN

b)

Teamentwicklungs-phase	Aktivitäten der Projektleiterin
Forming (Orientierungsphase)	Die Projektleiterin sollte neben der Darstellung der Ziele des Projekts die Kommunikation unter den Teammitgliedern fördern. Die Projektleiterin sollte eine harmonische Atmosphäre herstellen, damit sich die Teammitglieder öffnen und die ersten Schritte für das Zusammenwachsen des Teams ermöglicht werden. Die Projektleiterin stellt auch mit dem Team die Gruppenregeln auf und sollte eine Selbst- und Fremdbild-Vorstellungsphase mit Aufgaben-, Rollen- und Statusvorschlägen einbringen.
Storming (Machtkampfphase)	Wenn die Machtkampfphase kaum auftritt, weil die Rollen und Muster in der Orientierungsphase optimal konfiguriert wurden, dann tritt die Projektleiterin nur in Beobachtungsfunktion. Wenn jedoch ein Storming eintritt, das sich in Konflikten, Widerständen, usw. äußern kann, dann muss die Projektleiterin mit den Mitteln des Konfliktmanagement oder evtl. mit einem Coach oder Mediator eingreifen. Die zentrale Aufgabe der Projektleiterin liegt dann in der Strukturierung des Projekts auf der Beziehungsebene. Dies bedeutet, Aufgaben, Rollen und Status klären. Im Vorfeld der Machtkampfphase kann ein Eskalationsweg eingerichtet werden.
Norming (Organisationsphase)	Im positiven Fall wachsen aufgrund der sozialen Struktur das Vertrauen sowie die Kommunikation unter den Teammitgliedern. Die Projektleiterin sollte weiterhin aufmerksam die Beziehungen und das Verhalten der Teammitglieder beobachten sowie in Einzel- und Gruppengesprächen nochmals auf die Erwartungen, Rollen, Kompetenzen und Verantwortungen hinweisen. Im negativen Fall kann sowohl noch keine Identifikation einzelner Teammitglieder mit den Projektzielen als auch mit den Rollen entstanden sein. Die Projektleiterin sollte Mitarbeitergespräche führen und weiterhin bemüht sein, eine harmonische Atmosphäre mit viel Zuversicht zu schaffen. In den Mitarbeitergesprächen werden die Aufgaben, die Rollen, der Status, usw. nochmals intensiv für den einzelnen Mitarbeiter ausgearbeitet. Die Projektleiterin übernimmt die Funktion eines Coachs oder Mentors.

LÖSUNGEN

Teamentwicklungs-phase	Aktivitäten der Projektleiterin
Performing (Leistungsphase)	In der Leistungsphase tritt eine gewisse Eigendynamik ein. Die Mitarbeiter kennen ihre Aufgaben und können sich, je nach Reifegrad, selbst organisieren. Die Projektleiterin sollte als Vermittler im Team auftreten, fachlich und persönlich unterstützen, moderieren, impulsieren und kritisch hinterfragen. Die Grundhaltung sollte positiv sein, damit die Leistungsprozesse nicht blockiert werden. Bei einer Leistungsreduktion sollte die Projektleiterin Veränderungen vornehmen, damit das Projektziel nicht gefährdet ist. Es können neue Projektmitarbeiter auf Zeit in das Team integriert oder Experten beauftragt werden. Die Projekteiterin hat permanent das Controlling (Kosten, Zeit, Leistung) sowie die Erwartungen auf der sozialen Ebene im Blickfeld.
Adjourning (Auflösungsphase)	Die Projektleiterin muss darauf achten, dass alle Arbeiten für das Projektziel erledigt wurden. Auf der sozialen Ebene wird das Team auf den Projektabschluss vorbereitet, indem weitere Perspektiven aufgezeigt werden. Die Projektleiterin wird Mitarbeitergespräche führen und ein Verabschiedungsritual einführen, damit der Schmerz der Teamauflösung minimiert wird. Sie hat Verständnis, dass sich Mitarbeiter vom Projekt distanzieren. Die Mitarbeiter, die nicht loslassen können, wird sie emotional unterstützen (Trauerarbeit), da ihr das Motto „Never change a winning Team" bekannt ist. Die Projektleiterin wird die Leistungen der Mitarbeiter bewerten, Referenzen ausstellen, mit dem Team eine kritische Reflexion der Sach- und Beziehungsebene durchführen und die Abschlussfeier organisieren.

Lösung zu Aufgabe 2: Projektstart***

Zum Projektstart gehört auf der Sachebene, den Projektmitarbeitern das Projektziel vorzustellen. Eine zentrale Aufgabe der Projektleiterin Maierhofer besteht darin, dass sie bei den Projektmitarbeitern auch die Motivation für die Projektziele impulsiert. Die Motivation ist abhängig von der Identifikation mit dem Projektziel, aber auch von den Beziehungen zu den anderen Teamkollegen sowie von der relativen Positionierung in der Gruppe. Zudem spielen die eigene Einschätzung der Mentalität sowie die Qualifikation (Selbstbild) und das Fremdbild (Meinung der anderen Teammitglieder) eine Rolle, wie sich die Teammitglieder in der Gruppe fühlen.

Die Projektleiterin sollte darauf achten, dass sich alle Projektmitarbeiter, zumindest beim Projektstart die Kernteammitglieder, wohlfühlen und eine harmonische Atmosphäre herrscht. Daher sollten auch entsprechende Räumlichkeiten organisiert werden, in denen sich das Projektkernteam ungestört kennen lernen kann.

Das Kennenlernen der eigenen Person oder die Wahrnehmung von Kriterien einer Person durch andere Teammitglieder kann in dem so genannten *Johari*-Fenster struktuiert werden. Der Begriff „Johari" kann auf die Erfinder, den amerikanischen Sozialpsychologen **Joseph Luft** und **Harry Ingham**, zurückgeführt werden.

	Dem Selbst bekannt	Dem Selbst nicht bekannt
Anderen bekannt	**A-Fenster:** Bereich der freien Aktivität Die Projektleiterin sollte versuchen, durch entsprechende Fragen (Persönliches, Hobbys) die Teammitglieder zu öffnen. Beispiel: In der Vorstellungsrunde stellt sich heraus, dass Herr Huber ebenso gerne kocht wie Frau Maier. In der Pause tauschen sie erste Kochrezepte aus. Das Ziel sollte sein, dass das A-Fenster in der Orientierungsphase erweitert wird, da damit Vertrauen in die Gruppe einzieht und somit die Basis für die weitere Zusammenarbeit gelegt wird.	**B-Fenster:** Bereich des blinden Flecks Wenn der Projektleiterin Sachverhalte auffallen, dann sollte sie ein Mitarbeitergespräch ansetzen. Beispiel: Frau Müller setzt bei ihren Gesprächen einen extrem beleidigenden Tonfall an, den sie selbst gar nicht so wahrnimmt. Die anderen Projektmitglieder stört der Tonfall.
Anderen nicht bekannt	**C-Fenster:** Bereich des Verbergens Aus Gründen der Ehrlichkeit sollte bzgl. des Projektziels dieser Bereich sehr gering gehalten werden. **Beispiel:** Im Projekt „Biogas – more Efficiency" weiß nur das Kernteammitglied Herr Schmidt, dass er Wissenslücken bei biologischen Zusammenhängen hat. Er versucht stets, dies geschickt zu verbergen. Die Projektleiterin sollte bereits im Einstellungsgespräch sowie in der Orientierungsphase derartige Schwachstellen offenlegen, damit das Projektziel nicht gefährdet ist.	**D-Fenster:** Bereich der unbekannten Aktivität Dem Teammitglied Hofer ist nicht bekannt, dass er an einem Burnout-Syndrom leidet. Die anderen Teammitglieder schätzen ihn als engagiert und fröhlich ein. Als die Projektleiterin die Aufgaben und seine Rolle in der Orientierungsphase bekannt gibt, entstehen bei Herrn Hofer große innere Ängste, Schweißausbruch und Überlastungserscheinungen. Er kannte sich so bis dahin selbst nicht. Die Projektleiterin sollte in solchen Fällen externen Rat (Arzt, Psychologe, usw.) einholen, da Herr Hofer in dieser Verfassung nicht leistungsfähig ist.

Lösung zu Aufgabe 3: Soziale Strukturen in Projekten***

a) In Projekten sind folgende Ausprägungen von sozialen Strukturen maßgeblich.

▸ **Rolle:**
Den Teammitgliedern wird von der Projektleiterin Maierhofer eine Rolle formal zugeordnet. Dies erfolgt aufgrund des Eindrucks der Projektleitung von dem jeweiligen Mitarbeiter. Einflussfaktoren für die Rolle können die Persönlichkeits-

faktoren, die Werte sowie die Qualifikation sein. Durch die Rolle werden Erwartungen von den anderen Gruppenmitgliedern sowie von der Projektleiterin an deren Erfüllung gesetzt. Teammitglieder können mehrere Rollen einnehmen, z. B. Innovator, Netzwerker, Analytiker, Kritiker, Experte, Controller, Vermittler, stellvertretender Projektleiter, usw.

Eine Rolle kann aber auch aus einem informellen Kontext entstehen. Beispielsweise stellt sich nach kurzer Zeit im Projektteam heraus, dass Herr Müller die Alpha-Rolle in der Gruppe einnimmt. Problematisch kann es für die Projektleiterin werden, wenn sie keine ausgeprägten Führungseigenschaften hat und im Team ein oder mehrere Alpha-Mitarbeiter sind. Dies kann zu Konflikten führen. Zudem sollte einem Mitarbeiter keine Rolle zugeordnet werden, in der er sich nicht wohlfühlt. Es können intraindividuelle Konflikte entstehen.

- **Status:**
Der Status in einer Gruppe ist eng mit dem Ansehen bei den restlichen Gruppenmitgliedern verknüpft. Der Status hängt auch von der Erfüllung der Rolle ab. Hierbei ist auch wiederum wesentlich, dass eine Übereinstimmung zwischen Selbst- und Fremdbild herrscht und keine Dissonanzen entstehen, die ein Konfliktpotenzial beinhalten.

b) Die Projektleiterin Maierhofer sollte darauf achten, dass sich eine Harmonie bei den jeweiligen Mitarbeitern einstellt. Die Projektmitarbeiter sollten nicht über- und unterfordert sein (Flow-Modell). Bei Überforderung kann es in den nachfolgenden Projektphasen vorkommen, dass durch Stress Konflikte entstehen. Durch die Vorstellungsphase der Teammitglieder (Selbstbild) und durch den Abgleich mit dem Fremdbild sowie der Zuordnung der Aufgaben und Rollen entstehen soziale Strukturen in der Gruppe, die erst einmal formal definiert sind. Im Laufe der Zeit entwickeln sich auch informelle Strukturen. Die Projektleiterin sollte darauf achten, dass sich bei jedem Projektmitglied eine Stimmigkeit und Zufriedenheit mit seiner relativen Positionierung in der Gruppe einstellt. Die Projektleiterin sollte die Teammitglieder in der Orientierungsphase auffordern, Unzufriedenheit sofort mitzuteilen, damit eine Balance im Team hergestellt wird.

Beispiel

Frau Müller wird die Rolle der Controllerin zugeordnet. Frau Müller hat zwar betriebswirtschaftliche Grundlagen, möchte aber mehr im naturwissenschaftlichen Bereich aktiv sein, da sie dort mehr ihre Stärken sowie ihr Entwicklungspotenzial vermutet. Frau Müller spricht den Sachverhalt an und die Gruppe überlegt, wer das Controlling übernehmen könnte.

Ein weiterer wesentlicher Aspekt in der Orientierungsphase besteht darin, dass die Chance des ersten Eindrucks gewahrt wird. Die Projektleiterin könnte in dem Einladungsschreiben zum ersten Workshop die Information hinterlegen, dass die Teilnehmer ohne Vorbehalt zum Meeting kommen und sich respektvoll und offen verhalten sollen. Dies gilt auch für so genannte Stereotype, die allgemeine Vorurteile gegenüber regionalen Zugehörigkeiten beinhalten. Die Projektleiterin kann durch

Aufklärung und Vorinformation diese Sachverhalte ansprechen, damit nicht bereits in der Orientierungsphase soziale Über- und Unterordnungen entstehen. Damit besteht eine Chance, die gedachten Rollen und den Status ohne eine A-priori-Verzerrung wachsen zu lassen.

Beispiel

Frau Huber wird Herrn Müller kurz vor Eröffnung des Workshops zum Projekt „Biogas – more Efficiency" vorgestellt. Herr Müller signalisiert Frau Huber durch Rümpfen der Nase bei der ersten Begegnung, was er von ihr hält. Damit hat die Beziehung bereits einen Stempel erhalten. Grundsätzlich bleibt noch eine zweite oder dritte Chance zur Korrektur der ersten misslungenen Begegnung, aber das Unterbewusstsein hat den Eindruck bereits gespeichert und ein Grundgefühl für die Beziehung entwickelt.

4.1.3 Kommunikation in Projekten

Lösung zu Aufgabe 1: Grundlegendes zur Kommunikation in Projekten

a) Beispiele einer formellen und informellen Kommunikation in Projekten:

Formelle Kommunikation:
- Meilensteinbericht an alle Kernteammitglieder (schriftlich)
- Diskussion der Kernteammitglieder über die Auswertung eines morphologischen Kastens (mündlich)
- Kritikgespräch mit einem Mitarbeiter, da er vor allen Mitarbeitern eine Kollegin beleidigt hat (mündlich)
- Projektleiter lädt per E-Mail zu einer Sitzung mit dem Thema „Psychologische Faktoren in Projekten" ein (schriftlich).

Informelle Kommunikation:
- Frau Huber und Herr Müller unterhalten sich in einer Meetingpause über den letzten Urlaub
- Max und Evi, beide Kernteammitglieder, gehen am Abend gemeinsam zum Essen
- Beim Kopieren trifft Herr Müller die Arbeitspaketverantwortliche Frau Maier und diskutiert mit ihr über das Wetter.

b) **Voraussetzungen** für die Kommunikation in Projekten bestehen darin, dass die Teammitglieder zur Kommunikation bereit sind. Die Projektmitarbeiter sollten in der Orientierungsphase mit dem Projekt infiziert werden, sodass die Identifikation hinsichtlich der Projektziele zunehmen kann. Auf dieser Grundlage kann sich ein gemeinsamer Nenner für die Kommunikation entwickeln, da die Projektmitarbeiter das gleiche Ziel anstreben.

Die Projektmitarbeiter sollten über soziale Kompetenz verfügen und sich in die Perspektiven der anderen Mitarbeiter einfühlen und -denken können. Der Projektleiter und das Team sollten Gruppenregeln zur Kommunikation vereinbaren. Dies bedeutet beispielsweise, dass die Erreichbarkeit (auch am Abend oder Wochenende, der Empfängerkreis bestimmter Informationen sowie Zeitfenster für die persönlichen Gespräche) vereinbart werden.

Der **Nutzen** der Kommunikation besteht darin, dass die anderen Gruppenmitglieder den gleichen Informationsstand erhalten und die Chance auf Synergieeffekte durch Arbeitsteilung sowie Austausch von Erfahrungen besteht. Die Informationsvermittlung läuft in Projekten aufgrund der modernen Kommunikationsmittel (E-Mail, SMS, usw.) überwiegend schriftlich und nur noch zu einem geringen Teil mündlich ab. Lediglich bei Meetings und Workshops spielt die direkte Face-to-Face-Kommunikation eine Rolle. Bei internationalen Projekten werden Videokonferenzen eingesetzt.

Bei komplexen Projekten wird eine intensivere Kommunikation zwischen sehr vielen Projektteammitgliedern mit vielseitigen Blickwinkeln erforderlich sein als bei einfachen Projekten.

Neben der Informationsfunktion kann die Kommunikation auch dazu dienen, einem internen Projektkunden eine Vorleistung zu liefern, damit dieser weiterarbeiten kann. Kommunikation kann auch den Gesprächspartner motivieren, da nicht nur die verbale Ausprägung (Sprache, aber auch z. B. E-Mails), sondern auch die nonverbale Komponente (Blick, Körperhaltung, Geruch, ...) eine Rolle spielen können.

c) Grenzen der Kommunikation in Projekten:
- Bei Großprojekten mit sehr vielen Projektmitarbeitern können nicht alle miteinander kommunizieren.
- Es kann nicht permanent kommuniziert werden (z. B. SMS im 5-Minuten-Takt), da die Projektteammitglieder in den Teilaufgaben und Arbeitspaketen ihre Leistungen erstellen. Daher wird ersichtlich, dass Kommunikation eine Schnittstelle zwischen Personen darstellt und zur Informationsweiterleitung sowie zur Motivationssteigerung (oder Kritik) eingesetzt wird, jedoch kein Dauerzustand sein sollte.
- Zu viele E-Mails oder Informationen führen zu einem Informations-Overload. Auch die Häufigkeit und/oder Länge der Meetings kann zu einer Mitarbeiterüberlastung führen.

Lösung zu Aufgabe 2: Sender-Empfänger-Modell

Das Sender-Empfänger-Modell nach *Schulz von Thun*, das mehrere Seiten einer Nachricht darstellt, wird anhand eines Beispiels aus dem Projektmanagement aufgezeigt:

Projektleiter Maier (Sender) spricht mit seiner Controllerin Kramer (Empfänger) über den letzten Meilensteinbericht. Dabei fällt folgende Aussage vom Projektleiter: „*Haben Sie schon wieder eine falsche Prozentzahl berechnet.*" Frau Kramer erschreckt.

	Sachinhalt Ich habe nachweislich einen Rechenfehler entdeckt.	
Selbstoffenbarung Ich brauche korrekte Ergebnisse für meine Entscheidungen.	**Aussage:** „Haben Sie schon wieder eine falsche Prozentzahl berechnet."	**Appell** Rechnen Sie in Zukunft richtig.
	Beziehung Sie brauchen meine Hilfe, da alleine das Prozentrechnen nicht funktioniert.	

Lösung zu Aufgabe 3: Optimale Kommunikation***

a) **Aktives Zuhören:**
Duch das aktive Zuhören signalisiert der Empfänger einer Information, dass er sich auf den Sender und dessen Inhalt konzentriert. Diese Kommunikation für das aktive Zuhören kann durch Erwiderungen (hm, interessant, aha, wirklich?) oder durch nonverbale Ausdrucksformen (nicken, lächeln, …) erfolgen. Durch aktives Zuhören erfolgt eine Bestätigung für eine erfolgreiche Kommunikation nach dem Motto „Ich bin o.k., Du bist o.k."

Feedback:
Während das aktive Zuhören durch kurze Bemerkungen oder nonverbale Reaktionen erfolgt, wird beim Feedback eine ausführliche Rückkoppelung zu den gesendeten Informationen vollzogen. Dabei kann die Information mit eigenen Worten wiederholt werden und der Zusatz hinzugefügt werden: *„Habe ich Sie richtig verstanden, dass …?"*. Zudem kann eine geschlossene Frage *(„Wurde der Meilensteinbericht bereits fertiggestellt?")* oder eine offene Frage *(„Wie beurteilen Sie das Teamverhalten von Frau Müller?")* gestellt werden.

Grundsätzlich dient die Rückkoppelung (Feedback) dazu, herauszufinden, ob der Empfänger den Sender richtig verstanden hat und keine Missverständnisse bei der weiteren Kommunikation auftreten werden.

b) Projektleiter Schmidt nimmt die Kommunikation mit Frau Huber gestresst und unhöflich auf. Er müsste sein Zeitmanagement überdenken sowie an persönliche Entspannungstechniken denken.

Projektleiter Schmidt hat eine wichtige Regel zur optimalen Kommunikation verletzt. Er hat das Selbstwertgefühl von Frau Huber durch seine Bemerkungen schwer geschädigt. Er sieht Frau Huber negativ, sodass damit eine schlechte Kommunikationsbasis vorhanden ist. Das Vertrauen zueinander sinkt, da sich Frau Huber eigentlich mit dem Projektziel identifiziert, jedoch dieses Mal Notfälle eintraten und sie auch eine Verantwortung gegenüber ihrem Linienvorgesetzten hat. Projektleiter Schmidt hätte mehr Empathie für die Situation zeigen sollen und insgesamt höflicher und verständnisvoller auftreten müssen. Zudem sollte man von einer Führungskraft erwarten, dass er Frau Huber nicht mit einer anderen Mitarbeiterin direkt vergleicht und sie derart abwertet. Auch wenn die Aussagen weniger direkt ausgefallen wären, dann würde die Kommunikation verzerrt werden. *Watzlawik* prägte die Aussage: „*Wahr ist nicht, was man sagt; wahr ist, was der Andere hört.*"

c) Projektleiter Schmidt sollte lernen, die Bilder (Einstellungen, Visionen), in die Menschen Energie stecken, sowie das Selbstwertgefühl seiner Gesprächspartner zu achten. Er hätte Frau Huber einen wohlwollenden Lösungsvorschlag unterbreiten können. Für jedes Meinungsbild benötigen Menschen Energie. Eine sofortige radikale Veränderung von Bildern kann der Mitarbeiter nicht so schnell verarbeiten, da Menschen an ihren Einstellungen haften. Daher sind kleine behutsame Schritte (Feedback) mit viel Einfühlungsvermögen notwendig. Bei positiver Gestaltung und der Aussicht auf Belohnung für Verhaltensänderungen kann sich die Einstellung ändern. Das menschliche Gehirn reagiert gerne auf Belohnungen, aber nicht auf Strafe oder Beleidigungen (z. B. die Aussage von Projektleiter Schmidt).

Projektleiter Schmidt hätte zusätzlich zu einer positiveren Gestaltung des Gesprächsrahmens auch das Feedback nutzen können:

1. Schritt: „*Ich habe festgestellt (Beweis vorlegen), dass Sie die Aufgaben für den nächsten Meilenstein noch nicht erledigt haben.*"

2. Schritt: „*Ich bitte um Verständnis, dass ich die Informationen für den Bericht an den Bereichsleiter (interner Auftraggeber) benötige.*"

3. Schritt: „*Ich schlage vor, dass Sie mir in Zukunft sofort Bescheid geben, wenn derartige Notfälle eintreten, damit wir gemeinsam eine Lösung finden können, und ich nicht gegenüber meinem internen Auftraggeber in Verzug komme.*"

4. Schritt: „*Wie geht es Ihnen damit?*"

4.1.4 Verhalten bei Veränderungsprozessen
Lösung zu Aufgabe 1: Arten der Veränderung

Aufgrund des internationalen Wettbewerbs sowie einer möglichen Existenzgefährdung durch Preissenkungen (bei unterstellten gleichen Kosten) impulsiert die Geschäftsleitung mehrere Projekte. Da sich diese Umfeldveränderung seit Jahren abzeichnet, ist die Art des Wandels, die durch die Projekte eingeleitet wird, geplant. Die Geschäftsleitung reagiert nicht proaktiv, da der Zustand der Wettbewerbsintensivierung bereits eingetreten ist, sondern reaktiv. Der Impuls zum Wandel durch das Mittel Projekte erfolgte von der Geschäftsleitung. Daher wird der Wandel Top-down eingeleitet. Das Ziel des Wandels besteht in einer Umorganisation, damit die Wettbewerbsfähigkeit gestärkt wird. Die Projekte 1 und 2 führen zu einer revolutionären Veränderung, während Projekt 3 in kleinen Schritten (evolutionär oder inkremental) vollzogen wird. Bei Projekt 1 und 2 werden die Prozessstrukturen, die Aufbau- und Ablauforganisation betroffen sein, während Projekt 3 tendenziell Faktoren der Unternehmenskultur beinhaltet. Der Wandel wird einen Einfluss auf das gesamte Unternehmen haben.

Lösung zu Aufgabe 2: Veränderungsprozess

Das Projekt 3: „Umwandlung der Großraumbüros in mobile Arbeitsplätze" kann auf der Sachebene unterschiedliche Argumente bei den Mitarbeitern hervorrufen. Ein Pro-Argument könnte sein, dass durch den mobilen Arbeitsplatz auch ein Home-Office partiell möglich sein kann. Zudem kann sich mit neuen Positionen im Büro der Blickwinkel auf Sachverhalte verändern. Da häufig flexibles Handeln in Projektteams gefordert wird, können sich die Teams durch mobile Arbeitsplätze ihre Umgebung zusammenstellen.

Andererseits bedeutet die Mobilität, dass man den Ansprechpartner häufig suchen muss, was Arbeitszeit kostet. Zudem werden Strukturen aufgelöst, die sich in den letzten Jahren bewährt haben.

Aus diesen Argumentationslinien entwickeln sich Befürworter und Gegner. In der ersten Phase werden die Vorteile sowie die Bedenken offen vorgetragen. Taktiker können bereits in diesem Entwicklungsabschnitt des Wandels versteckt Beziehungsnetzwerke aufbauen und Mikropolitik im Unternehmen betreiben. Wenn die Akteure merken, dass der Wandel durch das Projekt voranschreitet, dann gibt es bei den Gegnern des Projekts offene und/oder versteckte Skepsis und dann Widerstand. Einer Teilgruppe wird der Wandel gleichgültig sein.

Neben der Sachebene spielen bei der Entwicklung des Wandels die Emotionen sowie die Beziehungsebene eine große Rolle. Der Erfolg des Veränderungsprozesses hängt davon ab, wie groß die Gruppe des Widerstands ist und wie die Kommunikation (Empathie, Vorschläge für Win-win-Lösungen) der Gruppenführer mit den Verantwortlichen abläuft. Wenn die Gegner kaum Gehör oder nur ein geringes Verständnis für ihren Widerstand erhalten und keinerlei Aussicht auf Unterstützung durch die Geschäftsleitung oder durch die Mitarbeiter erfolgt, dann nimmt die Veränderungsbereitschaft zu (Teile der Gegner beenden den aktiven Teil des Widerstands), die Zahl der Befürworter steigt und der Wandel nähert sich Schritt für Schritt dem Projektziel.

LÖSUNGEN

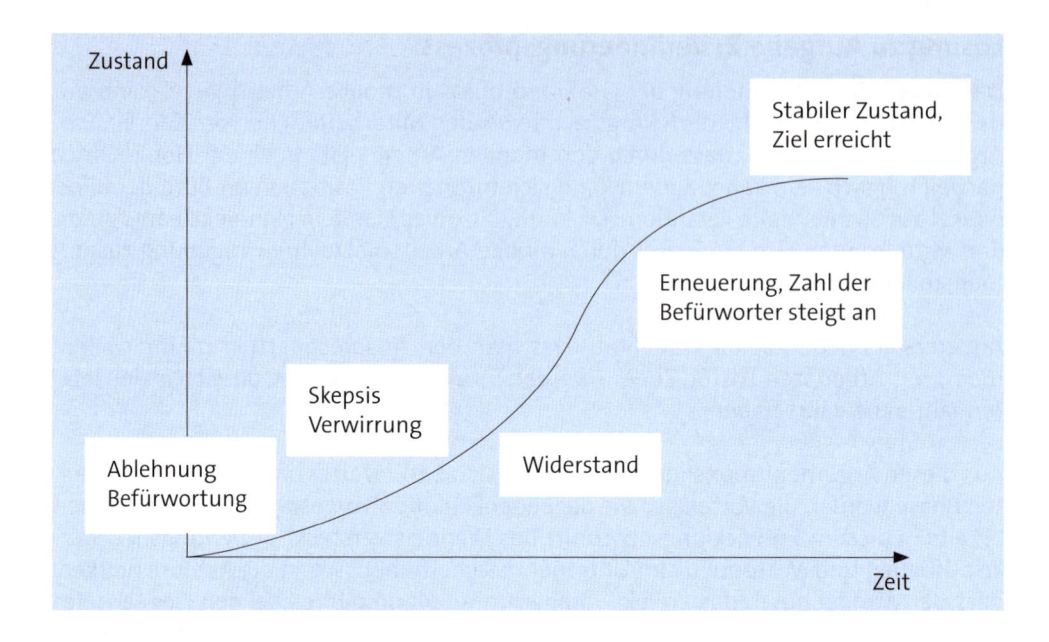

```
Zustand ▲
                                                    Stabiler Zustand,
                                                    Ziel erreicht

                                         Erneuerung, Zahl der
                                         Befürworter steigt an

                    Skepsis
                    Verwirrung
                                  Widerstand
     Ablehnung
     Befürwortung
                                                              ▶
                                                           Zeit
```

Lösung zu Aufgabe 3: Voraussetzungen der Veränderungsfähigkeit***

Eine Voraussetzung kann bei der Geschäftsleitung bzw. den Gesellschaftern eines Unternehmens gesehen werden. Je risikofreudiger die entscheidenden Akteure in einem Unternehmen sind, desto positiver werden Impulse für Veränderungsprozesse gesehen. Die Bereitschaft zum Wandel kann durch Leitbilder, Führungskonzepte, Anreizsysteme für Ideen, usw. unterstützt werden.

Eine weitere Voraussetzung liegt bei den Mitarbeitern selbst, die dem Wandel positiv begegnen und darin eine Lernmöglichkeit sehen. Dabei ist es wichtig, dass die Mitarbeiter aktiv den Wandel mitgestalten können und keine Angst vor dem Verlust des Arbeitsplatzes vorhanden ist.

Die Personalentwicklung spielt bei Veränderungsprozessen eine große Rolle. Die Mitarbeiter sollten über das Knowhow verfügen, um den Herausforderungen des Wandels begegnen zu können.

Weitere Voraussetzungen können sein:
- Systemisches Denken
- Wirtschaftlicher Druck so groß, dass eine Einsicht für die Veränderung bei allen Akteuren offensichtlich ist
- Beteiligung der Mitarbeiter, die mehr Einblick in Entscheidungsprozesse erlangen und somit ein Bewusstsein für Veränderungen entwickeln
- Bildung von Koalitionen, Druck, Machtkämpfe
- Anwendung von Mikropolitik (in verdeckten Verhandlungen, Veränderungen einzuleiten oder durchzusetzen).

Lösung zu Aufgabe 4: Reaktionen auf Veränderungsprozesse

Die Leiterin des Projekts „Einführung einer ganzheitlichen Unternehmenssoftware" muss damit rechnen, dass die Mitarbeiter einen Widerstand gegen das neue System aufbauen. Der Widerstand kann mit Argumenten versehen sein, die rational nachvollziehbar sind. Dazu gehört beispielsweise die Abhängigkeit vom Softwarehersteller, hohe Lizenzgebühren sowie eine längere Einarbeitungszeit in die neuen Programme, hohe Einführungskosten in einer wirtschaftlich kritischen Lage des Unternehmens sowie eine Monotonie durch eintönige Arbeit vor dem Bildschirm. Wenn die Argumente auf der Sachebene stattfinden, dann können der Widerstand und die Reaktion als konstruktiv bezeichnet werden. Auf dieser Ebene der Auseinandersetzung zwischen Projektleiterin und Mitarbeiter lassen sich auch Chancen für das Projekt ableiten.

Wenn Emotionen im Rahmen eines Widerstands die Hauptrolle spielen und das Projekt sowie die Leiterin destruktiv behandelt werden, dann führt dies zu einer Verschlechterung der Kommunikation. Die Projektleiterin sollte die Ängste und Bedenken der Mitarbeiter wahrnehmen und entsprechende Empathie zeigen.

Eine weitere Reaktion besteht darin, dass die betroffenen Mitarbeiter einen verdeckten Widerstand aufbauen, der sich durch eine Stimmungsverschlechterung, Gerüchte in verschiedenen Zirkeln, Infragestellung des Projekts, usw. äußert. In derartigen Situationen sollte die Projektleiterin mit den möglicherweise identifizierbaren Akteuren Kontakt aufnehmen und ein aufklärendes Gespräch führen.

Es ist auch ein offener Widerstand denkbar, der sich in einer Demonstration, Unterschriftenliste, usw. ausdrückt. Eine andere Art der Reaktion der Mitarbeiter liegt im Schweigen, (inneren) Kündigungen oder Erkrankungen.

Die Mitarbeiter können Koalitionen bilden und sich solidarisieren. Es kann zu Sabotage sowie zu Eigendynamiken (positive und negative Rückkoppelungen) kommen, die von den Anfangsbedingungen des sozialen Systems im Unternehmen abhängen. Es können Machtkämpfe ausgetragen werden und die Mikropolitik eingesetzt werden. Unter Mikropolitik versteht man, dass Verhandlungen mit entscheidenden Hebeln im Unternehmen unter verdeckten Bedingungen geführt werden. Die Mikropolitik hat taktische Eigenschaften, die auch Intrigen sein können, aber nicht müssen.

Lösung zu Aufgabe 5: Drei-Phasen-Modell von *Lewin****

Das Modell von *Lewin* beinhaltet drei Phasen:

- **Unfreezing** (Auftauen):
  Den von Veränderungsprozessen betroffenen Mitarbeitern sollte eine Aufklärung zur Notwendigkeit des Wandels vermittelt werden.

- **Moving** (Verändern):
  Wenn die Bereitschaft der Akteure zum Wandel vorhanden ist, dann kann eine Realisierung erfolgen, die anfangs zu Chaos und Ineffizienzen führen kann.

LÖSUNGEN

- **Refreezing** (Stabilisieren):
  Durch die Projekte zum Wandel wird ein höheres Zustandsniveau (Ziel) erreicht. Auf dieser Ebene wird der Zustand eingefroren, d. h. stabilisiert.

Lösung zu Aufgabe 6: Changemanagement***

a) Bei Projekten findet eine Zustandsveränderung statt, die durch verschiedene Gründe hervorgerufen werden kann. Dazu zählen: Wettbewerb nimmt zu, technische Gegebenheiten und die Kostensituationen verändern sich, usw.

Durch Projekte entstehen außergewöhnliche Vorhaben, während Changemanagement auf gewöhnliche und außergewöhnliche Organisationssachverhalte anwendbar ist. Changemanagement kann auch in einer Zunahme des Wettbewerbs begründet sein, jedoch kann sich Changemanagement auf die gesamte Organisation oder Teile davon auswirken. Beim Projektmanagement stehen a priori Einzelmaßnahmen im Vordergrund.

Projektmanagement kann auch zu einem Change im Unternehmen führen, da sich durch Projektmanagement die Verhaltensweise der Mitarbeiter sowie die Aufbau- und Ablauforganisation ändern kann, wenn sich Projekte weiter ausbreiten (Diffusionseffekt) und sich somit das gesamte Unternehmen verändert. Auf der anderen Seite kann Changemanagement auch mit kleinen Pilotaktivitäten beginnen, sodass ein Wandel durch Projekte möglich ist. Changemanagement nutzt die Methode Projektmanagement, während durch Projekte ein Change eingeleitet wird.

b) Projektleiter Maier kann den Mitarbeitern auf der Sachebene begegnen und ihnen mitteilen, dass für das Projekt eine Risikoanalyse durchgeführt wird. Dazu gehört auch die Überprüfung der Machbarkeit in der definierten Zeit, die von den Mitarbeitern als bedenklich eingestuft wird. Er kann den Mitarbeitern zusagen, dass eine Zeitschätzung durch Experten mithilfe einer Delphi-Studie erfolgt. Er kann weiterhin anbieten, dass Workshops zum Thema angesetzt werden, bei denen die betroffenen Mitarbeiter aktiv mitwirken können.

Auf der emotionalen Ebene sollte der Projektleiter Empathie zeigen und die Bedenken der Mitarbeiter ernst nehmen. Er kann versuchen, Vertrauen aufzubauen, indem er die Argumente der Betroffenen durch aktives Zuhören und Feedback widerspiegelt. Dadurch können die Mitarbeiter wahrnehmen, dass ihre Einwände empfangen und möglicherweise verstanden wurden. Ein Mediator könnte im Falle eines Konflikts versuchen, einen fair Deal im Rahmen einer Win-win-Situation zu generieren.

Grundsätzlich wird der Projektleiter die Vor- und Nachteile des Projekts, auch hinsichtlich des Zeitthemas (in der Kürze der Zeit nicht zu schaffen), transparent darstellen und versuchen, entsprechende Problemlösungen anzubieten, die Ängste abzubauen, und aus Gegnern zum Projekt (Widerstandspotenzial senken) Mitstreiter und Verbündete zu gewinnen. Der Projektleiter sollte ein Gespür für Gruppenprozesse sowie ein ausgleichendes Verhalten haben.

c) Phasen- und Vorgehensmodell zum Projekt 1 „Reorganisation der Prozesse in der Produktion":

Phase	Inhalt
Auftragsklärung	Projektvertrag, Grobziele, Projektleiter und Kernteam ernennen, Lastenheft mit Anforderungen erstellen
Ist-Situation	Ist-Analyse der Prozesslandschaft, Risiko- und Stakeholderanalyse
Planung	Machbarkeitsstudie, Ziele verfeinern, Kosten und Zeit schätzen, Leistungen in Pflichtenheft dokumentieren
Realisierung	Umsetzung der Reorganisation der Prozesse in der Produktion
Projektcontrolling und Projektabschluss	Bei Meilensteinen Soll-Ist-Vergleich der Kosten, Zeit, Leistung, weiche Faktoren Projektdokumentation, Lerneffekte ableiten

4.2 Projektleitung

4.2.1 Funktion, Aufgaben und Rolle der Projektleitung

Lösung zu Aufgabe 1: Grundlagen der Projektleitung

a) Die Projektleitung kann aus einer oder aus mehreren Personen bestehen. Bei mittleren bis größeren Projekten wird häufig die Projektleitung in einen technischen und kaufmännischen Projektleiter aufgeteilt.

Bei Großprojekten kann zwischen den Ebenen „Projektleitung" und „Teilaufgaben- und Arbeitspaketverantwortliche" eine Teilprojektleitung eingeführt werden. Die Teilprojektleitung würde dann zur erweiterten Projektleitung zählen, während der Projektleiter und/oder das Projektteam die engere Projektleitung darstellen.

b) **Zeitmodelle:**
Ein Projektleiter kann Vollzeit in einem Projekt eingesetzt werden, indem er von der Linienfunktion freigestellt wird, oder er kann die Projekte in einem Teilzeitmodell leiten. Beispielsweise kann er zwei Tage im Projekt und drei Tage in der Linie seine Aufgaben realisieren. Darüberhinaus ist denkbar, dass ein Projektleiter auf Zeit (z. B. sechs Monate)   und auf Honorarbasis engagiert wird.

Aufsichtsfunktion:
Wenn ein Projektleiter vor Projektbeginn in der Linie angestellt war, dann ist der Linienvorgesetzte weiter für die arbeitsrechtliche Aufsicht oder Dienstaufsicht zuständig. Der interne Auftraggeber oder der Projektlenkungsausschuss ist für die Fachaufsicht verantwortlich. Bei einem freiberuflichen Projektleiter ist der Vertragspartner des Unternehmens für die vertraglichen Angelegenheiten sowie für die Überwachung der zu erledigenden Aufgaben die Aufsichtsperson.

Lösung zu Aufgabe 2: Anforderungen an die Projektleitung
Anforderungen an eine Projektleitung:
- Projektteam zusammenstellen und steuern
- Projektorganisation aufbauen
- Kosten, Zeit und Leistung planen sowie Ziele aufstellen
- Motivierende Atmosphäre gestalten
- Projektbericht, Projektdokumentation und Projektabschlussbericht erstellen
- Eigenständige Konfliktlösung
- Kommunikation in der Gruppe fördern
- Mit dem „Adlerblick" die Projektstrukturen erkennen
- Mitarbeiter schulen
- Kreativität fördern.

Lösung zu Aufgabe 3: Rollen und Eigenschaften der Projektleitung
a) **Rollen einer Projektleitung:**
   - Führungskraft, Gruppenleiter
   - Stratege
   - Kontrolleur
   - Berater, Coach
   - Themenwächter (Zielorientierung)
   - Seelsorger
   - Sündenbock
   - Lernender
   - Konfliktmanager
   - Analytiker.

b) Ein Sandwich-Effekt entsteht bei einer Projektleitung, da ein Druck von mindestens zwei Seiten erfolgt. Der Projektleiter steht gegenüber dem Auftraggeber bezüglich des Projektziels, den Kosten und der Zeit in der Verantwortung. Auf der anderen Seite fordern die Projektmitarbeiter beispielsweise ein höheres Gehalt, geringere Arbeitszeit oder bessere Ausstattungen. Der Projektleiter steht zwischen den beiden Anforderungsebenen. Wenn sich der Druck aufgrund der Komplexität und Dynamik in Projekten erhöht, dann kann er wie ein Sandwich zerdrückt werden (siehe Abbildung).

```
                    Auftraggeber
                         │
         ↘  ↘  ↓  ↓  ↓  ↙  ↙
        ╱───────────────────────╲
                  Projektleiter
        ╲───────────────────────╱
         ↗  ↗  ↑  ↑  ↑  ↖  ↖
                         │
                    Projektteam
```

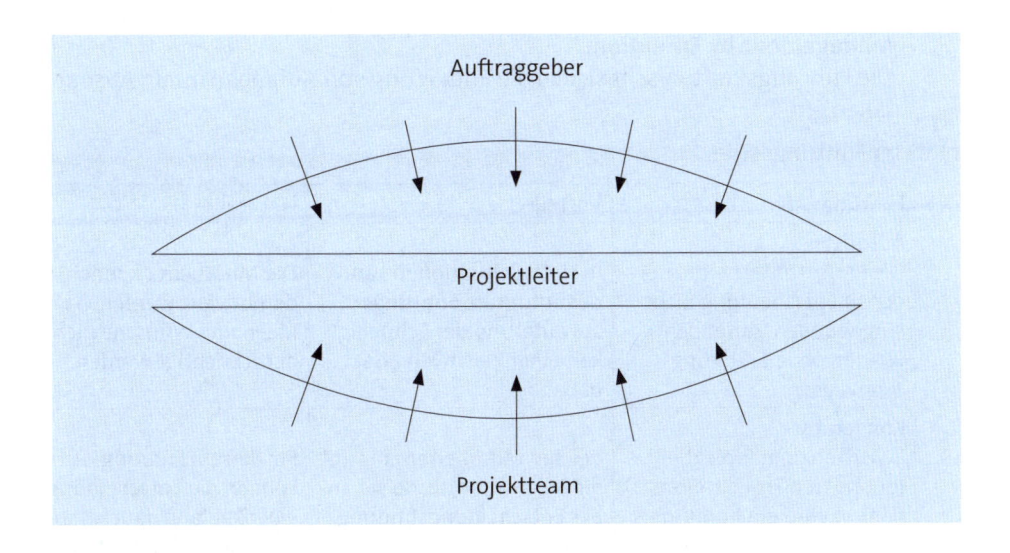

Lösung zu Aufgabe 4: Führung (1)

Aussagen	Art des Führungsmodells
(1) Das Wichtigste im Projekt ist der Aufbau von bürokratischen Strukturen.	Erzeugung geplanter Ordnung, die auf **hierarchischen** Denkweisen basieren kann.
(2) Mit den Stakeholdern wird ein ganzheitliches und vertrauensvolles Verhältnis aufgebaut.	**Evolutionäre** Führung, die aufgrund von Vertrauen und Dialog eine schrittweise Entwicklung ermöglicht.
(3) Ohne den Projektleiter läuft im Projektteam nichts. Die Teammitglieder zentriere ich auf meine Person, da ich immer alles wissen möchte.	**Autoritärer** Führungsansatz, der wenige Freiräume für die Mitarbeiter lässt und starre Strukturen präferiert.
(4) Die anstehenden Projektaufgaben müssen analytisch zerlegt werden. Auf dieser Basis können Schritte zur Steigerung der Rationalität eingeleitet werden.	Dominanz der Analytik und Rationalität, die kaum Ganzheitlichkeit und Vernetzung zulässt. Meist **hierarchischer** Ansatz mit einseitigem Menschenbild.

Lösung zu Aufgabe 5: Führung (2)

a) Zwei grundlegende Bausteine der Führung sind:
   - Aufgabenorientierung
   - Personenorientierung.

b) Drei Führungskonzepte:

   - **Management by Objektives:**
     Die Führung wird über Zielvereinbarungen realisiert.

   - **Management by Delegation:**
     Die Führungskraft delegiert die Aufgaben an die Mitarbeiter, bei denen ein Verantwortungsgefühl entsteht.

▸ **Management by Exception:**
Die Führungskraft mischt sich in die Erledigung von Aufgaben nur in Ausnahmefällen ein.

c) Vier Führungsstile:

Führungsstil	Vorteile	Nachteile
Autoritär Die Projektmitarbeiter werden in Entscheidung nicht eingebunden. Aufgaben werden ohne Erklärung zugewiesen.	In Notfallsituationen kann der autoritäre Führungsstil aufgrund der Schnelligkeit einen positiven Effekt haben.	Die Mitarbeiter können demotiviert werden, da ihre Ideen und Wünsche nicht berücksichtigt werden.
Kooperativ Zwischen dem Projektleiter und den Projektmitarbeitern wird ein Kompromiss gefunden oder eine Win-win-Situation erzeugt, um die Ziele und Wünsche der Mitarbeiter auch zu befriedigen.	Bei den Mitarbeitern nimmt die Motivation zu, da sie an der Entscheidungsfindung partizipieren können.	Bei diesem Führungsstil können die Entscheidungen eine Zeit lang dauern, sodass die Kosten ansteigen.
Laissez-faire Die Mitarbeiter sind sich vollständig selbst überlassen. Die Führungskraft bietet keine Orientierungshilfe an.	Die Mitarbeiter können sich selbst entwickeln und ausprobieren.	Die Mitarbeiter sind überfordert und die Leistung sinkt, da sie nicht wissen, welche Zielrichtung die Leistungen einnehmen sollen.
Situativ Es wird je nach Situation der geeignete Führungsstil gewählt.	Anpassung an komplexe und veränderte Rahmenbedingungen sind möglich.	Ein häufiger Wechsel des Führungsstils kann die Mitarbeiter verunsichern.

Lösung zu Aufgabe 6: Führung (3)***

a) Herr Großgütig benötigt als Mentor eine langjährige Facherfahrung sowie eine menschliche Reife, die mit dem Lebensalter wächst. Als Mentor kennt Herr Großgütig das Unternehmen, die Mikropolitik sowie das Projektgeschäft. Er hat selbst bereits Projekte geleitet und kann seine Erfahrungen an die junge Projektleiterin Schuster weitergeben. Frau Schuster wird durch den Mentor begleitet, kann ihn in Fachfragen sowie in persönlichen Angelegenheiten um Rat bitten.

b) Großgütig gibt der jungen Projektleiterin den Rat, dass sie ihre Führungsaufgaben in zwei Bereiche gliedern sollte:

▸ Aufgabenorientiert

▸ Personenorientiert.

Aufgabenorientiert:
Zu den Aufgaben der Projektleiterin auf der Sachebene gehören: Planung von Kosten, Zeit und Leistung, Projektziele aufstellen, Projekt in Phasen und Meilensteine sowie in Teilaufgaben und Arbeitspakete (Projektstrukturplan) aufteilen, Projektcontrolling, situative Probleme lösen.

Personenorientiert:
Auf der Beziehungsebene sollte die Projektleiterin folgende Aufgaben beachten: Rollen im Projektteam definieren, einen harmonischen Projektstart realisieren, Kommunikation und Informationsaustausch im Projekt fördern, Konflikte managen, Coaching und motivieren.

Nach dem Gespräch mit der Projektleiterin gibt Herr Großgütig ihr den Rat, in komplexen Situationen auf das Bauchgefühl (Intuition) zu hören sowie das System ihres Projekts zu erfassen und zu erfühlen.

Lösung zu Aufgabe 7: Führung (4)***

Grundsätzliche Führungsansätze können in der evolutionären Führung sowie in einer rationalen Führung gesehen werden.

Die **evolutionäre Führung** beinhaltet eine ganzheitliche Denkweise, die ein pluralistisches Menschenbild umfasst. Es werden die Kreativität sowie das systemische Denken gefördert. Ein teamfähiger Generalist mit Visionen sowie mit einer ethischen Ausprägung stellt eine typische Führungskraft in diesem Führungsbild dar. Es wird dezentral vernetzt, ein kooperativer Führungsstil und eine vertrauensvolle Kommunikation gepflegt. Die Führungskraft lässt (partiell) Chaos zu und akzeptiert die Veränderungsfähigkeit von Systemen.

Das **rationale Führungsbild** ist nicht plural und sieht in der Komplexität ein Risiko. Die Führung ist tendenziell autoritär und zentral ausgerichtet. Die Bürokratie steht im Vordergrund. Die Führungskraft agiert analytisch und präferiert Gleichgewichtszustände. Dynamik und Veränderungen werden abgelehnt und starre Strukturen präferiert.

In einem Entwicklungsprojekt sollten möglichst viele heterogene Meinungsbildungen sowie Ideen generiert werden. Zudem spielen die Veränderung und die Anpassung an die Wettbewerbssituation sowie an den technischen Fortschritt eine große Rolle. Darüberhinaus müssen häufig in Entwicklungsprojekten ethische Aspekte berücksichtigt werden. Die Motivation, technische Neuerungen zu erstellen, wächst mit dem Vertrauen gegenüber der Führungskraft. Daher sollte sich die Projektleiterin im Rahmen des Entwicklungsprojekts für die evolutionäre Führung entscheiden.

Lösung zu Aufgabe 8: Faktoren zum Führungsaufwand***

Der Führungsaufwand der Projektleitung ist umso kleiner, je reifer die Unternehmens- und Projektkultur ist. Der Reifegrad des Unternehmens hängt von der Qualifikation der Mitarbeiter sowie von den Führungsmodellen ab. Wenn in einer Organisation im Rahmen eines kooperativen Führungsstils Feedback der Mitarbeiter und Lernprozesse möglich sind, dann können die Mitarbeiter an den Entscheidungen mitwirken. Die Mitarbeiter und die Organisation können sich entwickeln (lernende Organisation). Einen wesentlichen Aspekt stellen die Personalentwicklung sowie die Lernkultur dar. Je höher die Fachkompetenz sowie die soziale, methodische und organisatorische Kompetenz der Mitarbeiter sind, desto mehr Möglichkeiten bestehen, dass die Teams als autonome Gruppen ohne intensiven Führungseingriff agieren können. Je größer die Kenntnisse und Fähigkeiten im Projektmanagement sind (methodische Kompetenz), desto geringer ist der Führungsaufwand. Der Führungsaufwand reduziert sich, wenn die Mitarbeiter wie ein Unternehmer im Unternehmen (Intrapreneurship) handeln.

Lösung zu Aufgabe 9: Motivation und Projektleitung (1)

Die Bedürfnispyramide von *Maslow* beinhaltet auf der untersten Ebene die Grundbedürfnisse (Essen, Schlafen, Kleidung, Wohnen, ...). Die nachfolgenden Ebenen sind Sicherheit, soziale Bedürfnisse, Macht und Status sowie die Selbstverwirklichung.

Entwicklungsprojekte stellen die Projektmitarbeiter vor innovative Herausforderungen. Ein zentrales Bedürfnis zur Mitwirkung in einem Entwicklungsprojekt könnte die Selbstverwirklichung sein. In einem Projektteam können die technischen Vorstellungen zur Realität werden. Da die Projektleiterin in den Vorstellungsgesprächen die Projektmitarbeiter interviewt, können diese entsprechend ihrer Mangelzustände (Bedürfnisse) eingeschätzt werden. Wenn das unbefriedigte Bedürfnis zur Verwirklichung von technischen Ideen vorhanden ist, dann liegt ein Motivationsansatz darin, dass im Projekt der Abbau des Mangelzustands möglich ist. Durch dieses Bild (Einstellungen, Visionen), das die Projektleiterin bei den Meetings und Zielvereinbarungsgesprächen aufrecht erhält, stecken die Projektmitarbeiter Energie in das Ziel. Je mehr Energie in das Bild investiert wird, desto motivierter sind die Projektmitarbeiter. Die Projektleiterin erkannt das Bedürfnis bereits in den Vorstellungsgesprächen, wählt aus und nimmt die Bedürfnisbefriedigung als Ziel her. Somit sind beide Parteien, die Projektleiterin und die Projektmitarbeiter, zufrieden, da das Projektziel mit motivierten Mitarbeitern erreicht wird.

Lösung zu Aufgabe 10: Motivation und Projektleitung (2)

Projektphase	Motivationsaktivität
Projektstartphase	Die Projektleiterin sollte mit den Zielen motivieren und Begeisterung bei den Projektmitarbeitern schüren, an der Erreichung dieser Ziele mitwirken zu können. In die Zielvorstellungen werden Bildern (Einstellungen, Visionen) projiziert, die einen Energieaufwand bei der Führungskraft und den Mitarbeitern mit sich führen. Häufig sind auch persönliche Entwicklungschancen für die Projektmitarbeiter bei der Zielerreichung verknüpft. Diese Hebel sollte die Projektleiterin nutzen. Die Projektleiterin kann mit Argumenten, aber auch mit nonverbaler Körpersprache ein motivierendes Gefühl bei den Mitarbeitern hervorrufen. Wesentlich ist, dass sich die Projektleiterin selbst vollständig mit den Zielen identifiziert und somit authentisch wirkt.

LÖSUNGEN

Projektphase	Motivationsaktivität
Durchführungs-phase	In der Stormingphase können Konflikte auftreten. Die Projektleiterin sollte durch geschicktes Konfliktmanagement zeigen, dass sie das Projekt steuert und nicht gesteuert wird. Dadurch kann das Vertrauen in die Projektleiterin wachsen. Wenn die Konflikte gelöst werden, dann erreichen das Team und die Projektleitung einen neuen Reifegrad. In der Leistungsphase sollte die Projektleiterin zum Durchhalten motivieren. Sie bestätigt die gute Leistung der Mitarbeiter und lobt diese. Dadurch können Eigendynamiken entstehen, die zu einem Aufschaukelungsprozess führen.
Abschlussphase	Die Projektleiterin sollte darauf achten, dass kein Abfall der Gefühle zum Projekt entsteht, weil es kurz vor dem Abschluss steht. Sie sollte mit Argumenten und Feedbacks zum Schlussspurt auffordern und eine Belohnung (Tantiemen, usw.) in Aussicht stellen.

Lösung zu Aufgabe 11: Konflikte

a) Ursachen für Konflikte:

- Beziehungskonflikte (zwei Projektmitarbeiter geraten in einen Streit)
- Zielkonflikt (Projektmitarbeiter legen das Projektziel unterschiedlich aus)
- Verteilungskonflikt (Aufgaben werden Projektmitarbeitern zugeordnet, mit denen sie nicht zufrieden sind, und sich vermutlich kein Flow entwickeln kann.)
- zu hoher Zeitdruck.

b) Signale für Konflikte in Projekten können sein: Offener Streit, unentschuldigtes Fernbleiben von Meetings, Störungen bei Meetings, Desinteresse beim Brainstorming, Gereiztheit, Gerüchte über andere Projektmitglieder.

c) Die Projektleiterin sollte sofort nach dem Meeting Einzelgespräche mit den beiden Projektmitarbeitern vereinbaren. Die Signale (Streit und Verlassen des Meetings) sind der Konfliktwahrnehmung zuzuordnen. Die Projektleiterin sollte im Rahmen der Einzelgespräche herausfinden, ob der Konflikt auf der Sach- oder Beziehungsebene liegt und die Ursachen ergründen. Wenn sie mit den beiden Projektmitarbeitern weiter zusammenarbeiten möchte, dann besteht die Möglichkeit eines Kompromisses (Nutzenniveau der beiden Parteien sinkt) oder einer Win-win-Situation (Nutzenniveau steigt). Wenn eine Lösung gefunden wurde, dann sollte eine Lösungssicherung erfolgen, die schriftlich dokumentiert wird. Die Projektleiterin beobachtet das Verhalten der beiden Parteien und schlägt ein Treffen mit Einzelgesprächen zu einem definierten Zeitpunkt vor.

d) Experten zu Konflikten:

- Coach
- Mediator
- Mentor
- Betriebsrat.

4.2.2 Gesprächsarten und Zeitmanagement

Lösung zu Aufgabe 1: Gesprächsarten

- Zielvereinbarungsgespräch
- Kritikgespräch
- Beurteilungsgespräch.

Lösung zu Aufgabe 2: Fallbeispiel

a) Das Cargo-Cap-System stellt ein außergewöhnliches Vorhaben dar, sodass die Gesprächsführung mitarbeiterorientiert und beratend sein sollte. Die Projektleiterin sollte offen für Meinungen sein, da das Projekt komplex und interdisziplinär ist. Sie sollte auch Vorschläge der Mitarbeiter berücksichtigen und auf gleicher Augenhöhe (Gesprächssymmetrie) kommunizieren. In einem derart komplexen Projekt gibt es nicht nur eine einzige Lösung. Daher sollte die Projektleiterin Pluralität zulassen und kooperativ führen. Diese Verhaltensweisen spiegeln sich im Gespräch wider, sodass die Bilder (Einstellungen, Visionen) der Gesprächspartner respektiert werden.

b) Die Projektleiterin sollte die Rahmenbedingungen festlegen: Ort und Zeit festlegen, Raum buchen, Gesprächspartner einladen und sich auf den Inhalt sowie den Gesprächspartner (Mitarbeitertyp) vorbereiten.

Die Projektleiterin sollte sich hinsichtlich der Ziele für den Projektmitarbeiter im Klaren sein und die Stärken und Schwächen berücksichtigen. Dabei kann auch ein Personalentwicklungsbedarf für den Mitarbeiter infrage kommen. Der Mitarbeiter sollte sich selbst einschätzen (Selbstbild). Die Projektleiterin gestaltet ein Fremdbild. Beide Bilder werden verglichen und daraus werden die quantitativen und qualitativen Ziele abgeleitet. Es werden im Gespräch die Chancen für den Mitarbeiter herausgearbeitet, sodass die Motivation steigt. Die Projektleiterin teilt dem Projektmitarbeiter mit, dass sie ihn bei den Zielerreichungen unterstützt und jederzeit als Gesprächspartnerin zur Verfügung steht. Dadurch wird eine Vertrauensbasis aufgebaut. Am Ende des Gesprächs wünscht sie viel Erfolg bei der Realisierung der Ziele.

c) Das Kritikgespräch sollte zeitnah geführt werden, damit sich der Sachverhalt nicht wiederholt und das Verhalten korrigiert werden kann. Das Kritikgespräch wird unter vier Augen geführt. Die Projektleiterin bereitet die Gesprächsziele sowie Einwände zu den Gegenargumenten vor. Sie bezieht in die Vorbereitungen auch den Mitarbeitertypus ein. Die Gesprächseröffnung verläuft harmonisch und positiv. Die Projektleiterin geht auf die Stärken des Mitarbeiters ein. Sie spricht den Sachverhalt mit Beweisen direkt an und fragt den Projektmitarbeiter nach den Gründen, warum der Projektmitarbeiter die geplanten Aufgaben zum Meilensteintermin nicht erfüllt hat. Eine Ja-aber-Argumentation wird nicht akzeptiert. Die Bilder des Projektmitarbeiters werden respektiert und er wird nicht klein gemacht. Die Projektleiterin fordert einen Lösungsvorschlag vom Projektmitarbeiter. Dann unterbreitet sie einen Vorschlag. Es wird eine Lösung vereinbart und sie fragt den Mitarbeiter, wie er sich damit fühlt. Wenn er einverstanden ist, dann wird eine

Vereinbarung getroffen. Sie wünscht ihm viel Erfolg bei der Realisierung der Vereinbarung.

d) Die Projektleiterin sollte Leistungen bestätigen und auch ein Lob aussprechen. Jedoch sollte sie nicht täglich loben, da sonst der Anreiz für Leistung verloren geht. Ein Lob sollte auch nicht vor anderen Mitarbeitern erfolgen, da sich diese zurückgesetzt fühlen könnten. Ein Lob sollte immer einen konkreten Anlass, z. B. eine beweisbare Leistung, zum Gegenstand haben.

Lösung zu Aufgabe 3: Zeitmanagement

a) Zeitfallen in Projekten:
- ► Zu lange Telefongespräche
- ► Zu viele und zu lange Meetings
- ► Viele Aufgaben werden begonnen und nicht beendet
- ► Konzentration auf Kleinigkeiten
- ► Übernehme alle Aufgaben selbst
- ► Schreibtisch nicht geordnet
- ► Keine Prioritäten
- ► Fehlende Selbstdisziplin.

b) ALPEN-Methode:

Der Projektleiter erstellt ein Formular mit folgendem Inhalt für den nächsten Tag, Woche, Monat. Er macht dadurch seine Aufgaben transparent und kann unter Berücksichtigung seines Zeitbudgets Prioritäten setzen und Pufferzeiten für unvorhergesehene Ereignisse und/oder zur Regenerierung integrieren. In der Spalte „Nachkontrolle" wird ein Soll-Ist-Vergleich durchgeführt, um für zukünftige Zeitplanungen einen Lerneffekt zu generieren.

Aufgaben	**L**änge der Aktivität	**P**ufferzeit	**E**ntscheidung für Priorität	**N**achkontrolle

Weitere Instrumente des Zeitmanagement:
- ► Eisenhower-Prinzip: Ordnen der Aufgaben nach Wichtigkeit und Dringlichkeit
- ► Pareto-Prinzip: In 20 % der Zeit können 80 % der Leistung erbracht werden, wenn der systemrelevante Hebel benutzt wird.
- ► ABC-Analyse: Ordnen der Aufgaben nach hoher Wichtigkeit (A-Aufgaben), mittlerer Wichtigkeit (B-Aufgaben) und geringer Wichtigkeit (C-Aufgaben). Als Merkmal kann auch die Dringlichkeit verwendet werden.

c) Der Projektleiter sollte sich über seine beruflichen und privaten Ziele klar werden. Er sollte ein Lebensziel entwickeln und eine Lebensphilosophie aufstellen. Er könnte versuchen, öfter einmal „nein" zu sagen und auch mal Fehler zulassen. Der Projektleiter könnte den möglicherweise vorhandenen Perfektionismus reduzieren. Er könnte versuchen, mehr Aufgaben zu delegieren und mehr Macht abzugeben. Er könnte bewusst mehr Entspannungsphasen in den Arbeitsalltag einbauen und Zeitdiebe reduzieren.

Lösung zu Aufgabe 4: Gespräche, Selbst- und Zeitmanagement***

a) Der Projektleiter sollte mehr Entspannungsphasen realisieren. Zudem sollte er seine individuelle Leistungskurve berücksichtigen. Er sollte den Tag mit guter Stimmung (Sport, Lachübungen, gesunde Ernährung) beginnen. Er berücksichtigt sein Schreibtischmanagement (Unordnung abbauen, aktueller Fall auf dem Schreibtisch und der Rest liegt neben oder hinter dem Projektleiter). Er plant die Zeit mit einer Zeitmanagementmethode, übt Selbstdisziplin und belohnt sich für die erreichten Zeitziele. Er ist nicht zu streng zu sich selbst, hört auf seine innere Sprache und sein Gefühl. Er führt keine allzu langen Telefongespräche und beendet pünktlich die Meetings. Der Projektleiter baut neben dem Schreibtisch ein Korbsystem auf (Eingangskorb, Ausgangskorb, Papierkorb) und rationalisiert seine Arbeit, indem er sich nicht mit Kleinkram beschäftigt, sondern stets seine Ziele und seine Motivation (Selbstverwirklichung) im Blickfeld behält.

b) Ishikawa-Diagramm für Zeitmanagement:

4-M-Diagramm

M = **M**ensch, **M**ethode, **M**ilieu, **M**anagement

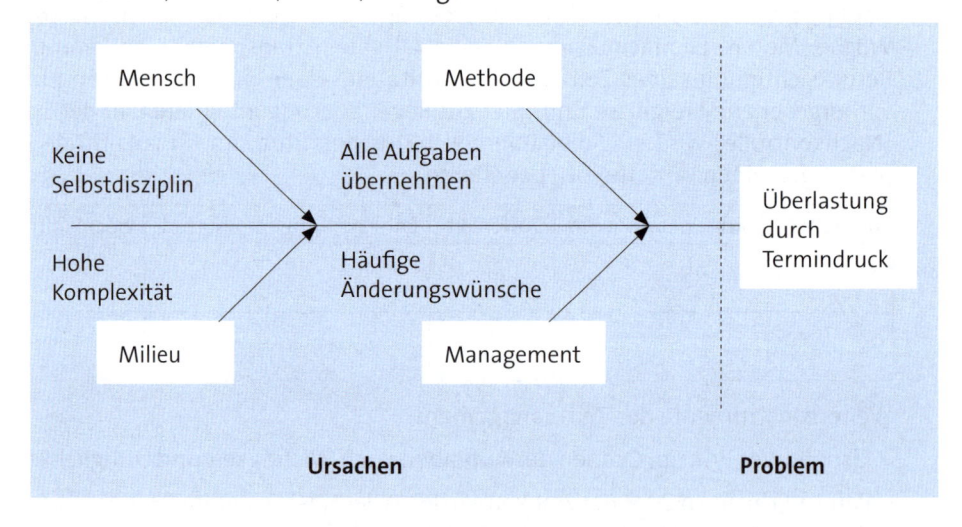

```
        Mensch              Methode
  Keine              Alle Aufgaben
  Selbstdisziplin    übernehmen
                                           Überlastung
  ─────────────────────────────────────►   durch
                                           Termindruck
  Hohe               Häufige
  Komplexität        Änderungswünsche

        Milieu              Management

        Ursachen                          Problem
```

5. Projektplanung
5.1 Projektstrukturplan
Lösung zu Aufgabe 1: Grundlagen eines Projektstrukturplans

Der Projektstrukturplan wird als Plan aller Pläne bezeichnet, da er die Grundlage bzw. das Grundgerüst für die Durchführung der Aufgaben darstellt. Aus dem Projektstrukturplan werden die Ablauf- und Terminpläne sowie die Ressourcen-, Kosten- und Finanzpläne abgeleitet.

Durch den Projektstrukturplan wird eine Gliederung (Struktur) der zu erfüllenden Aufgaben vollzogen. Somit wird eine Transparenz hergestellt, die aufzeigt, ob die Aufgaben zur Erreichung der gesteckten Ziele dienen.

Der Projektstrukturplan ordnet die Aufgaben. Dieser Aspekt ist deswegen elementar, da in den ersten Projektschritten die Kreativität eine große Rolle spielt und tendenziell eine Unordnung sowie eine Auflösung von alten Zuständen gewünscht ist. Um ein höheres Zustandsniveau zu erreichen, was ein Ziel von Projekten ist, soll der Projektstrukturplan die Ideen und Vorschläge strukturieren und ordnen. Die Ordnung sollte mit einem Schlüsselsystem (Codierung) erfolgen, da die einzelnen Teilaufgaben und Arbeitspakete eine Kostenstelle sind. Die Codierung der Aufgaben ist auch wichtig, wenn Änderungen im Projekt vorgenommen werden, da eine konkrete Adressierung und Bezugnahme vorhanden ist.

Für die Mitarbeiter stellt der Projektstrukturplan mit den Teilaufgaben und Arbeitspaketen eine konkrete Grundlage für Arbeitsanweisungen dar. Die Zeit, Kosten und Leistungen der Mitarbeiter können dadurch gemessen werden, was für das Projektcontrolling relevant ist.

Der Projektstrukturplan dient der Klarheit und der Gesamtübersicht. Er kann auch für das Oursourcing verwendet werden, da im Rahmen des Projektstrukturplans die Teilaufgaben oder Arbeitspakete identifizierbar sind, die außerhalb des Unternehmens bzw. Projekts von Subunternehmern erledigt werden.

Der Projektstrukturplan kann Inkonsistenzen (Unstimmigkeiten, Unklarheiten) bei der Komposition (Zusammenstellung) der Teilaufgaben und Arbeitspakete aufdecken. Die Aufgaben sollten deutlich voneinander getrennt sein, um Doppelarbeiten zu vermeiden. Auch können Lücken bei den Aufgaben erkannt werden, um das Projektziel zu erreichen.

Lösung zu Aufgabe 2: Kriterien eines Projektstrukturplans

Der Projektstrukturplan sollte von den Projektakteuren schriftlich dargelegt werden. Insbesondere bei interdisziplinären Projekten sollte die Verständlichkeit auf der obersten Ebene des Projektstrukturplans beachtet werden, da die unterschiedlichen Fachausdrücke der Disziplinen (Physik, Chemie, Mathematik, Betriebswirtschaft, Psychologie) zu einer Kommunikationsblockade oder zu Missverständnissen führen können. Bei interdisziplinären Projekten sollte die Terminologie durch Einziehungen der Projektakteure geklärt werden.

Bei Projektstrukturplänen spielt der Detaillierungsgrad eine große Rolle. Wie tief sollen die Aufgaben gegliedert werden? Dies hängt vom Reifegrad der Projektmitarbeiter (Qualifikation, Projektmanagementkompetenz, ...) sowie von der Internationalisierung des Projekts ab. Beispielsweise müssen in China die Aufgaben den Projektmitarbeitern genauer und tiefer erläutert werden, während in Deutschland ein Meister oder Ingenieur lediglich eine grobe Vorgabe benötigt und die Aufgaben dann selbstständig löst.

Der Projektstrukturplan sollte nicht zu breit (ca. fünf Äste) und nicht zu tief (ca. fünf bis sechs Abzweigungen) haben. Der Projektstrukturplan kann grafisch mit einem Strukturbaum oder in Listenform dargestellt werden.

Die Größe des Projektstrukturplans hängt von der Komplexität sowie vom Umfang des Projekts ab. Bei hoher Komplexität können Teilprojekte als Submenüs etabliert werden.

Lösung zu Aufgabe 3: Regeln eines Projektstrukturplans

a) Der Projektstrukturplan kann **Top-down** gestaltet werden, da die Geschäftsleitung, wie im Fallbeispiel, bereits relevante Aufgaben vorgibt, die erledigt werden müssen. Die definierten Oberpunkte können dann noch spezifiziert werden, um eine operative Umsetzung zu ermöglichen. Wenn die Mitarbeiter eigene Aufgabenvorschläge zur Zielerreichung einbringen können, dann liegt ein **Bottom-up**-Ansatz vor.

In der Praxis werden tendenziell beide Verfahren zur Gestaltung des Projektstrukturplans eingesetzt. Dieser kombinierte Ansatz wird als **Gegenstromverfahren** bezeichnet.

b) Wichtige Fachbegriffe beim Projektstrukturplan sind die Teilaufgabe sowie das Arbeitspaket. Teilaufgaben können gemäß der DIN 69901 im Projektstrukturplan weiter aufgegliedert werden, während Arbeitspakete im Rahmen des Projektstrukturplans nicht weiter unterteilt werden können, jedoch auf einer beliebigen Gliederungsebene liegen können. Dies bedeutet, dass Arbeitspakete auch auf der obersten Gliederungsebene positioniert werden können (z. B. Prüfung von Verträgen).

Lösung zu Aufgabe 4: Arten von Projektstrukturplänen

Arten von Projektstrukturplänen:

Objektorientierter Projektstrukturplan:
Der Projektgegenstand (z. B. Auto, Flugzeug, Filmkamera, ...) wird in Baugruppen, Bauteile oder Einzelteile zerlegt.

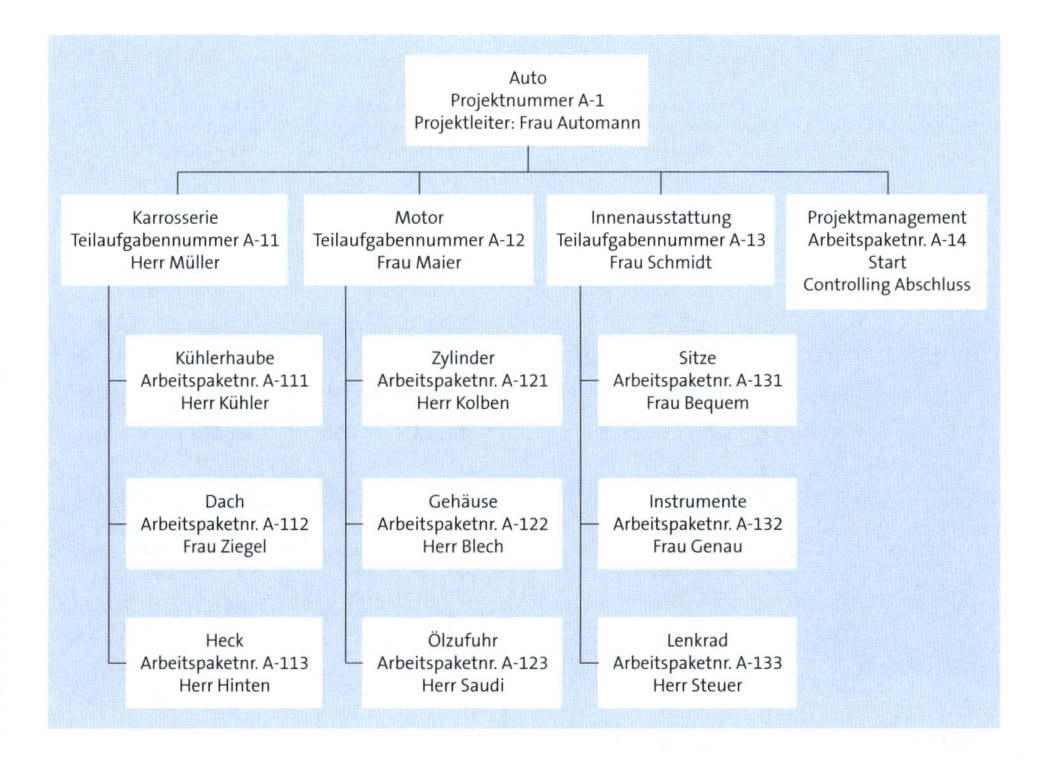

```
                              Auto
                         Projektnummer A-1
                    Projektleiter: Frau Automann
        ┌──────────────────┬──────────────────┬──────────────────┐
    Karrosserie           Motor         Innenausstattung    Projektmanagement
Teilaufgabennummer A-11  Teilaufgabennummer A-12  Teilaufgabennummer A-13  Arbeitspaketnr. A-14
    Herr Müller          Frau Maier        Frau Schmidt           Start
                                                              Controlling Abschluss

    Kühlerhaube          Zylinder            Sitze
Arbeitspaketnr. A-111  Arbeitspaketnr. A-121  Arbeitspaketnr. A-131
    Herr Kühler         Herr Kolben          Frau Bequem

       Dach             Gehäuse           Instrumente
Arbeitspaketnr. A-112  Arbeitspaketnr. A-122  Arbeitspaketnr. A-132
    Frau Ziegel         Herr Blech          Frau Genau

       Heck             Ölzufuhr            Lenkrad
Arbeitspaketnr. A-113  Arbeitspaketnr. A-123  Arbeitspaketnr. A-133
    Herr Hinten         Herr Saudi          Herr Steuer
```

LÖSUNGEN

Funktionsorientierter Projektstrukturplan:
Es werden Aktivitäten, Handlungen sowie Prozesse dokumentiert (z. B. Dach reparieren, Salat putzen, ...).

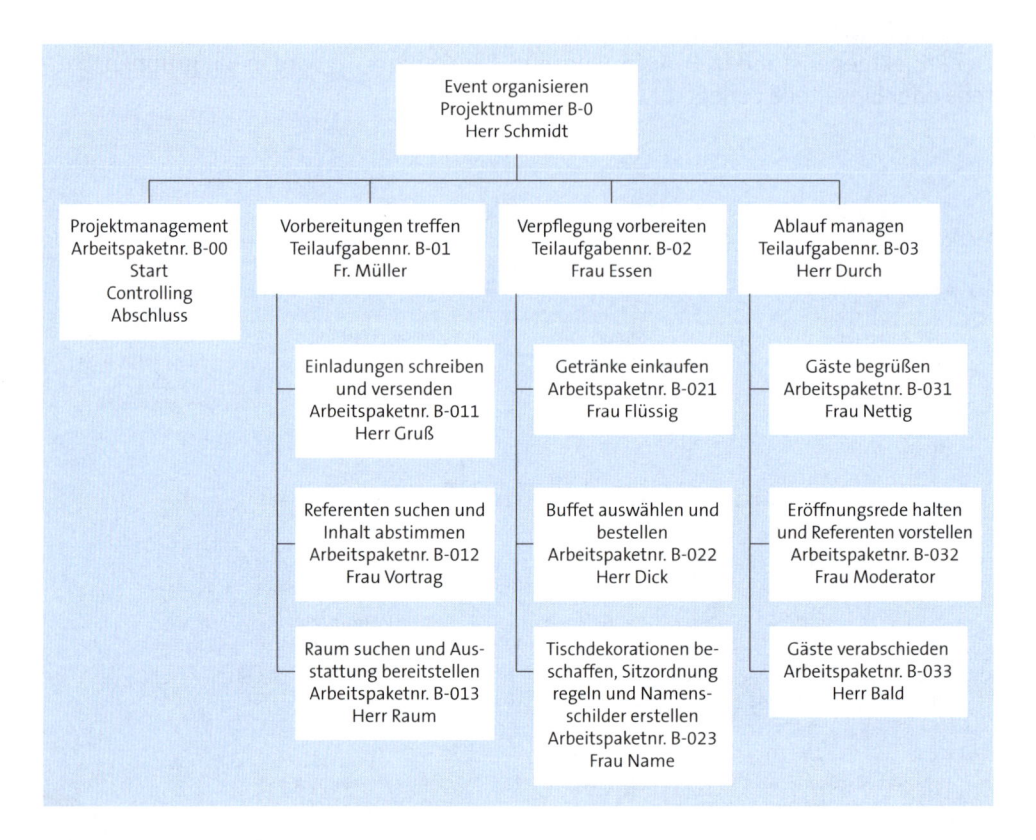

```
                          Event organisieren
                          Projektnummer B-0
                            Herr Schmidt
    ┌───────────────┬───────────────┬───────────────┬───────────────┐
Projektmanagement   Vorbereitungen    Verpflegung      Ablauf managen
Arbeitspaketnr.     treffen           vorbereiten      Teilaufgabennr.
B-00                Teilaufgabennr.   Teilaufgabennr.  B-03
Start               B-01              B-02             Herr Durch
Controlling         Fr. Müller        Frau Essen
Abschluss
                    │                 │                │
                    Einladungen       Getränke         Gäste begrüßen
                    schreiben und     einkaufen        Arbeitspaketnr.
                    versenden         Arbeitspaketnr.  B-031
                    Arbeitspaketnr.   B-021            Frau Nettig
                    B-011             Frau Flüssig
                    Herr Gruß
                    │                 │                │
                    Referenten        Buffet           Eröffnungsrede
                    suchen und        auswählen und    halten und
                    Inhalt abstimmen  bestellen        Referenten vorstellen
                    Arbeitspaketnr.   Arbeitspaketnr.  Arbeitspaketnr.
                    B-012             B-022            B-032
                    Frau Vortrag      Herr Dick        Frau Moderator
                    │                 │                │
                    Raum suchen und   Tischdekoratio-  Gäste verabschieden
                    Ausstattung       nen beschaffen,  Arbeitspaketnr.
                    bereitstellen     Sitzordnung      B-033
                    Arbeitspaketnr.   regeln und       Herr Bald
                    B-013             Namensschilder
                    Herr Raum         erstellen
                                      Arbeitspaketnr.
                                      B-023
                                      Frau Name
```

Phasenorientierter Projektstrukturplan:
Der Projektstrukturplan bräuchte nicht nach einer logischen zeitlichen Reihenfolge gegliedert zu werden. Um eine optimalere Anknüpfung an den Ablaufplan (Netzplan oder Balkendiagramm) zu finden, kann der Projektstrukturplan bereits nach Ablaufphasen gegliedert werden. Der phasenorientierte Projektstrukturplan vermittelt den Projektakteuren auf einen Blick die richtige logische Abfolge der Teilaufgaben und Arbeitspakete.

LÖSUNGEN

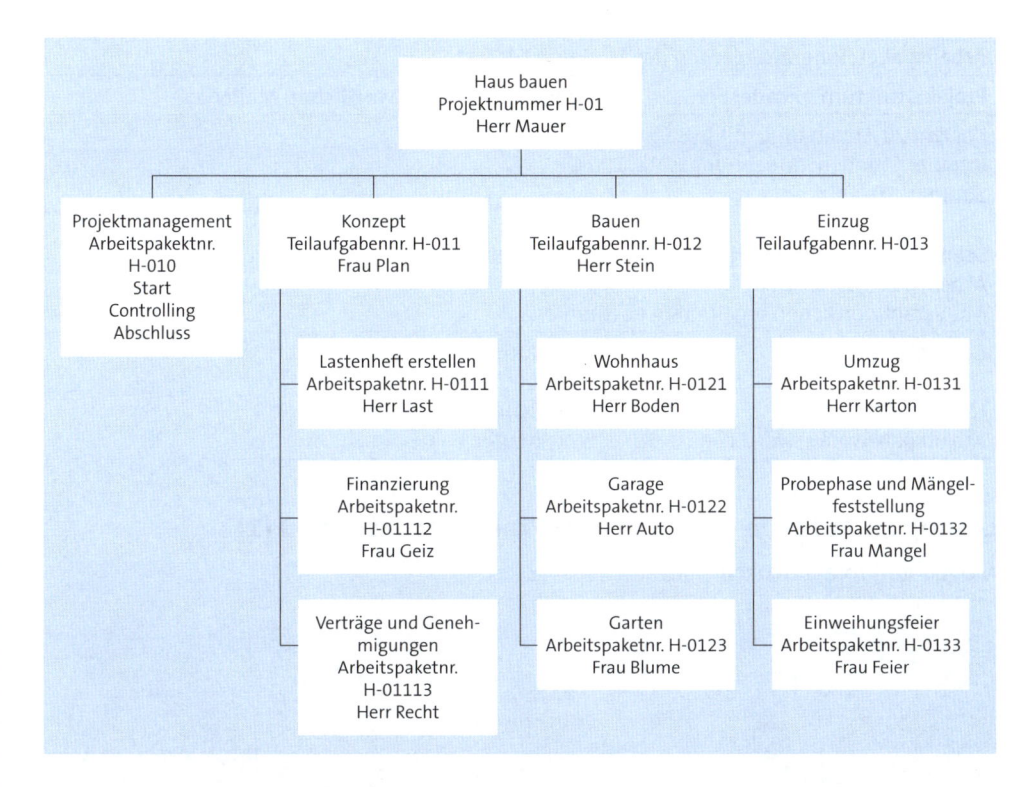

```
                    Haus bauen
                 Projektnummer H-01
                     Herr Mauer
    ┌──────────────┬──────────┴──────┬──────────────┐
Projektmanagement  Konzept          Bauen          Einzug
Arbeitspaketnr.    Teilaufgabennr.  Teilaufgabennr. Teilaufgabennr.
H-010              H-011            H-012           H-013
Start              Frau Plan        Herr Stein
Controlling
Abschluss
                   ├ Lastenheft     ├ Wohnhaus      ├ Umzug
                   │  erstellen     │  Arbeitspaket-│  Arbeitspaketnr.
                   │  Arbeitspaketnr│  nr. H-0121   │  H-0131
                   │  H-0111        │  Herr Boden   │  Herr Karton
                   │  Herr Last
                   │                │                │
                   ├ Finanzierung   ├ Garage        ├ Probephase und
                   │  Arbeitspaket- │  Arbeitspaket-│  Mängelfeststellung
                   │  nr. H-01112   │  nr. H-0122   │  Arbeitspaketnr.
                   │  Frau Geiz     │  Herr Auto    │  H-0132
                   │                │                │  Frau Mangel
                   │                │                │
                   └ Verträge und   └ Garten        └ Einweihungsfeier
                      Genehmigungen    Arbeitspaket-   Arbeitspaketnr.
                      Arbeitspaketnr.  nr. H-0123      H-0133
                      H-01113          Frau Blume      Frau Feier
                      Herr Recht
```

In der Praxis kommen häufig gemischte Projektstrukturpläne vor. Die Teilaufgaben und Arbeitspakete sollten mit Codierungen und Verantwortlichkeiten ausgestattet werden.

Lösung zu Aufgabe 5: Arbeitspaketbeschreibung

Arbeitspaket: Programmierung des Moduls AZ-V3-11	
Projektstrukturplancode: S-2311	**Arbeitspaketverantwortlicher:** Müller
Aufgaben: Erstellung eines Modells für die Programmierung des Moduls Durchführung der Programmierung mit der Sprache ZAA (Version: 1.1.12.13) Realisierung von Tests	
Erwartete Ergebnisse: Vollständige Lauffähigkeit des Moduls und Anbindungsmöglichkeit an das Modul ZV4	**Termine und Meilensteine:** ▶ Mikromeilenstein 1: Modell erstellen (15.02.) ▶ Mikromeilenstein 2: Programmierung duchführen (30.03.) ▶ Mikromeilenstein 3: Realisierung von Tests (15.04.)

LÖSUNGEN

Arbeitspaket: Programmierung des Moduls AZ-V3-11	
Projektstrukturplancode: S-2311	**Arbeitspaketverantwortlicher:** Müller
Kosten: 20 Arbeitstage mit je 8 Stunden Interner Stundenverrechnungssatz: 100 € Summe: 16.000 € **Schnittstellen zu anderen Teilaufgaben und Arbeitspaketen:** Arbeitspaket ZR-2114 Mit Verantwortlichen regelmäßig abstimmen.	
Ort, Datum Unterschrift Arbeitspaketverantwortlicher	Ort, Datum Unterschrift Projektleiter

Lösung zu Aufgabe 6: Fallbeispiel Projektstrukturplan (1)

Möglicher Projektstrukturplan:

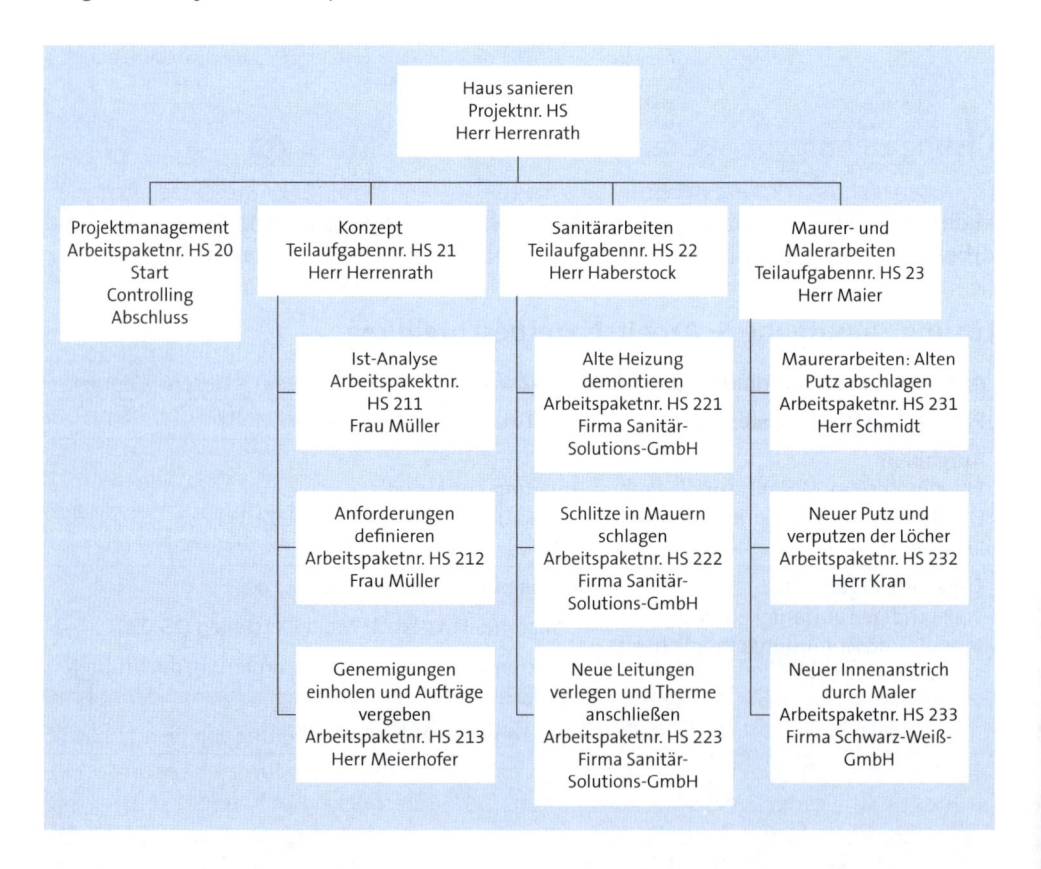

```
                        Haus sanieren
                        Projektnr. HS
                        Herr Herrenrath
    ┌───────────────┬───────────────┬───────────────┬───────────────┐
Projektmanagement   Konzept        Sanitärarbeiten   Maurer- und
Arbeitspaketnr. HS 20  Teilaufgabennr. HS 21  Teilaufgabennr. HS 22  Malerarbeiten
Start               Herr Herrenrath Herr Haberstock   Teilaufgabennr. HS 23
Controlling                                           Herr Maier
Abschluss
                    Ist-Analyse     Alte Heizung      Maurerarbeiten: Alten
                    Arbeitspaketnr. demontieren       Putz abschlagen
                    HS 211          Arbeitspaketnr. HS 221  Arbeitspaketnr. HS 231
                    Frau Müller     Firma Sanitär-    Herr Schmidt
                                    Solutions-GmbH

                    Anforderungen   Schlitze in Mauern  Neuer Putz und
                    definieren      schlagen            verputzen der Löcher
                    Arbeitspaketnr. HS 212  Arbeitspaketnr. HS 222  Arbeitspaketnr. HS 232
                    Frau Müller     Firma Sanitär-    Herr Kran
                                    Solutions-GmbH

                    Genehmigungen   Neue Leitungen    Neuer Innenanstrich
                    einholen und Aufträge  verlegen und Therme  durch Maler
                    vergeben        anschließen       Arbeitspaketnr. HS 233
                    Arbeitspaketnr. HS 213  Arbeitspaketnr. HS 223  Firma Schwarz-Weiß-
                    Herr Meierhofer Firma Sanitär-    GmbH
                                    Solutions-GmbH
```

Lösung zu Aufgabe 7: Fallbeispiel Projektstrukturplan (2)

Möglicher Projektstrukturplan:

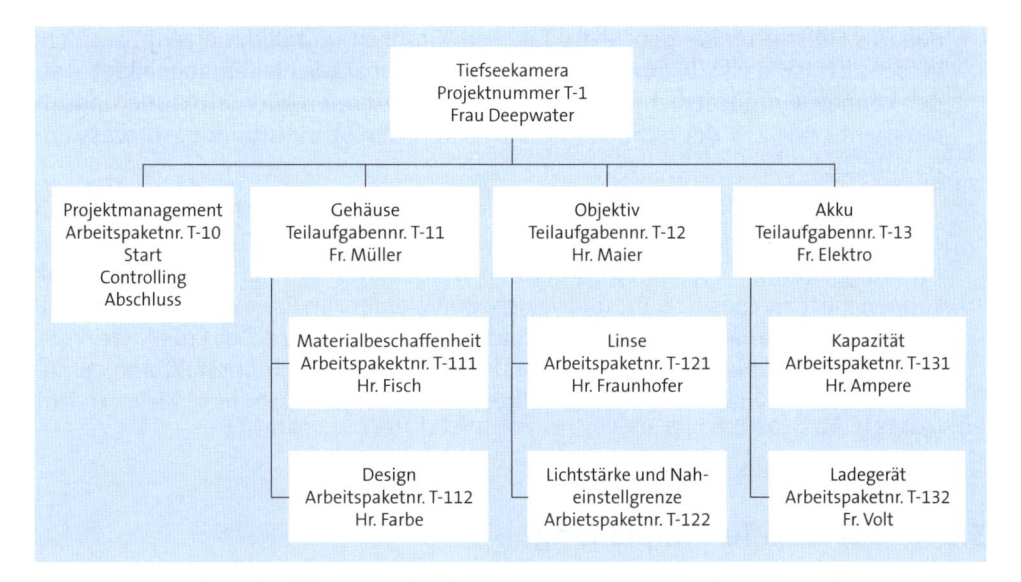

```
                        Tiefseekamera
                        Projektnummer T-1
                        Frau Deepwater
    ┌───────────────┬───────────────┬───────────────┬───────────────┐
Projektmanagement   Gehäuse         Objektiv        Akku
Arbeitspaketnr. T-10  Teilaufgabenr. T-11  Teilaufgabenr. T-12  Teilaufgabenr. T-13
Start               Fr. Müller      Hr. Maier       Fr. Elektro
Controlling
Abschluss
                        │               │               │
                    Materialbeschaffenheit  Linse       Kapazität
                    Arbeitspaketnr. T-111   Arbeitspaketnr. T-121  Arbeitspaketnr. T-131
                    Hr. Fisch               Hr. Fraunhofer         Hr. Ampere

                    Design                  Lichtstärke und Nah-   Ladegerät
                    Arbeitspaketnr. T-112   einstellgrenze         Arbeitspaketnr. T-132
                    Hr. Farbe               Arbietspaketnr. T-122  Fr. Volt
```

Lösung zu Aufgabe 8: Grenzen des Projektstrukturplans

Die Grenzen des Projektstrukturplans liegen in der Statik. Der Projektstrukturplan stellt überwiegend, trotz phasenorientierter Ausprägung, einen statischen Ansatz dar, der sich auf einen Zeitpunkt bezieht. Ein dynamischer Ansatz, der mit dem Ablaufplan (Netzplan, Balkenplan) vergleichbar wäre, fehlt beim Projektstrukturplan.

Der Projektstrukturplan stellt lediglich ein formales Hilfsmittel dar, da die Aufgaben, je nach Reifegrad der Mitarbeiter, mit unterschiedlichen Inhaltsniveaus beschrieben werden. Dadurch wird ein Überblick über das Projekt gewährt, aber es werden keine tieferen weiteren Informationen aufbereitet. Wenn die Aufgaben zu detailliert beschrieben werden (Stichwort: „optimale Flughöhe"), dann wird der Projektstrukturplan zu komplex und unübersichtlich. Beim Projektstrukturplan können die wechselseitigen Abhängigkeiten der Aufgaben nicht dargestellt werden, während dies beim Netzplan durch die Pfeile möglich ist.

Lösung zu Aufgabe 9: Struktur***

a) Eine Struktur besteht aus mehreren Teilen, die wechselseitig voneinander abhängen, und somit ein Gefüge und einen inneren Aufbau bilden.

b) Die hohe Komplexität von Projekten erfordert eine Aufteilung in separate Einheiten, um einen Überblick zu erhalten. Der „Adlerblick" durch die Strukturierung ist für die Zielerreichung, für die Kosten- und Finanzschätzungen sowie für die Ablaufplanung elementar. Die Qualität der Projektstrukturierung hängt davon ab, wie breit und tief die Aufgabenzerlegung erfolgt. Durch die Strukturierung können

Zusammenhänge oder auch fehlende Aufgaben identifiziert werden. Die Strukturierung dient als roter Faden.

c) Um eine Strukturierung zu erstellen, sollte das Problem transparent gemacht werden. Als Hilfsmittel können Texte, Tabellen, Grafiken und Bilder erzeugt werden. Wesentlich ist, dass Zusammenhänge durch Feedback-Schleifen abgebildet werden können. Grundsätzlich können Kreativitätsmethoden oder Strukturierungsinstrumente, wie z. B. der morphologische Kasten, den Strukturfindungsprozess unterstützen.

Im Vordergrund sollte das Projektziel stehen. Mit welchen Mitteln (Aufgaben) kann das Ziel unter den gegebenen Restriktionen erreicht werden? Für die Projektstrukturierung kann ein Workshop einberufen werden. Mithilfe der Meta-Plantechnik können Kärtchen positioniert und verschoben werden. Im Projektteam werden die Muster durch Variationen diskutiert und eine Lösung fixiert. Der Projektstrukturplan ist ein flexibler Plan, der aufgrund der Vielzahl von Einflussfaktoren veränderungsfähig (dynamisch) bleiben sollte, damit nicht die „falschen" Ziele erreicht werden.

5.2 Ablauf- und Terminplanung
Lösung zu Aufgabe 1: Übergang vom Projektstrukturplan zur Ablaufplanung

a) Im Rahmen des Projektstrukturplans werden die Aufgaben zielorientiert gegliedert. Der zeitliche Ablauf spielt beim Projektstrukturplan, außer beim phasenorientierten Projektstrukturplan, tendenziell jedoch keine Rolle. Der Projektstrukturplan ist statisch, d. h. auf einen Zeitpunkt bezogen.

Auf der Grundlage der Projektstrukturierung wird ein Ablaufplan entwickelt, der insbesondere die Zeitperspektive (Zeitschätzungen, Realisierungszeitpunkte), die Schnittstellen der Aktivitäten (Aufgaben, Vorgänge) und die logische Konstruktion der Ablaufplanung beinhaltet. Die Logik des Ablaufs (Reihenfolge) basiert auf Überlegungen, ob die Aktivitäten parallel oder hintereinander positioniert werden sollten. Für die Planung der logischen Reihenfolge im Rahmen der Ablaufplanung werden die Teilaufgaben und Arbeitspakete des Projektstrukturplans in Vorgänge (Aktivitäten, Ereignisse, Knoten) zerlegt.

Die Ablaufplanung entwickelt ein System von Verknüpfungen, um Leerzeiten und somit auch Leerkosten zu vermeiden. Zudem sollte aber die Ablaufplanung nicht zu übereffizient sein, damit die Mitarbeiter noch Zeit zur Regeneration haben.

Einen wesentlichen Aspekt bei der Planung des Projektablaufs stellt die Ressourcenplanung dar. Diese zeigt auf, ob die Mitarbeiter und Maschinen trotz der logischen Reihenfolge der Aktivitäten auch einsetzbar sind. Daher sollten die freien Kapazitäten der Ressourcen im Rahmen der Ablaufplanung geklärt werden. Die geplanten und realisierten Termine werden durch das Projektcontrolling permanent beobachtet.

b) Die Zeitschätzung bei einer Ablaufplanung kann durch Erfahrungen und Analogieschlüsse im Rahmen von Projekten realisiert werden. Es werden Informationen aus vergangenen ähnlichen Projekten hinzugezogen und auf das geplante Projekt übertragen.

Eine weitere Möglichkeit besteht darin, dass externe Experten die Zeiten schätzen. Mit der Delphi-Methode können Experten ihre Zeitschätzungen abgeben. Die Auswertung zeigt den Mittelwert und die Standardabweichung der Schätzungen aller befragten Experten. Der jeweilige Experte kann seine eigene Zeitschätzung mit dem Durchschnitt der anderen Experten vergleichen und sein Urteil möglicherweise revidieren. Hierzu besteht in einer zweiten Delphi-Runde die Möglichkeit, über die Annahmen der Zeitschätzung zu diskutieren (Expertenklausur) oder eine zweite schriftliche Befragung durchzuführen, die auf den Vorinformationen (a priori) der ersten Umfrage gründet.

Darüber hinaus kann die Projektleitung mit dem Projektteam in einem Workshop die Zeiten schätzen. Da bei der Zeitschätzung ein Zusammenhang zum Risikomanagement besteht, können im Rahmen des Workshops mithilfe von Kreativitätstechniken die möglichen Risiken und die Auswirkungen auf die Zeitschätzung einbezogen werden.

Lösung zu Aufgabe 2: Grundsätzliches zur Ablaufplanung

a) Je nach Komplexität des Projekts kann der Detaillierungsgrad unterschiedlich ausfallen. Bei großen Projekten können pro Projektebene Ablaufpläne erstellt werden. Dies bedeutet, dass ein Ablaufplan für die Meta-Ebene für den Überblick existiert und Teilablaufpläne für die verschiedenen detaillierten Ebenen des Projekts vorhanden sind. Die Ablaufpläne sollten nicht zu detailliert, aber auch nicht zu grob sein.

Der oder die Netzpläne sollten so einfach sein, dass die Nutzer des jeweiligen Netzplans auf einen Blick durch die Visualisierung die notwendigen Informationen sowie Handlungsimpulse erhalten. Die Gefahr der Erzeugung einer künstlichen Komplexität besteht insbesondere bei der Konstruktion von Netzplänen mit Software, da die Softwaredarstellung auf dem derzeitigen Stand der Technik keine leicht handhabbare und gut lesbare Visualisierungen ermöglichen.

Die Teilaufgaben und Arbeitspakete des Projektstrukturplans werden in Vorgänge zerlegt. Die Teammitglieder sowie die auszuführenden Mitarbeiter sollten über die Zeitschätzung informiert werden und die Möglichkeit erhalten, festzustellen, ob die Zeitschätzungen realistisch sind. Die Prüfung der freien Kapazitäten zu den geplanten Einsatzzeiten sollte durchgeführt werden.

b) Schritte einer Ablaufplanung:

- ▶ Die Teilaufgaben und Arbeitspakete des Projektstrukturplans werden in eine logische Reihenfolge unter Beachtung der freien Ressourcenkapazitäten gebracht. Die Teilaufgaben und Arbeitspakete werden in Vorgänge gegliedert, wobei der Detaillierungsgrad und die Komplexität eine Rolle spielen.

- ▶ Der Projektleiter gestaltet den Ablaufplan, indem er eine Vorgangsliste, die Abhängigkeiten der Vorgänge und Puffer sowie die Schnittstellen festlegt. Beim Design des Ablaufplans fließt seine Präferenz ein, ob die Kostenminimierung, die

LÖSUNGEN

Zeitpuffer, die Auslastung der Kapazitäten, usw. im Vordergrund stehen. Es wird geklärt, ob Vorgänge parallel oder hintereinander realisiert werden.

- Es erfolgt die Zeitschätzung mit Terminierungen der Aktivitäten.
- Ein Abgleich der ersten Terminierung mit dem Ressourcenplan (freie Kapazitäten) erfolgt.
- Ein Resultat des Ablaufplans ist ein vorläufiger Endtermin für den internen oder externen Kunden.
- Der vorläufige Ablaufplan wird dem Projektteam sowie den Stakeholdern vorgestellt. Es kommt zu einem Feedback-Prozess.
- Aufgrund der Feedback-Informationen wird der Ablaufplan nochmals überarbeitet und optimiert.
- Freigabe des Ablaufplans durch den Projektleiter.
- Controlling der Termine durch permanenten Vergleich der Soll- und Ist-Termine sowie Durchführung von Abweichungsanalysen. Eventuell Korrektur des gesamten Ablaufplans, wenn der Plan zu straff ist oder bereits in der Anfangsphase des Projekts ersichtlich ist, dass der Endtermin nicht eingehalten werden kann.

c) Unterschiede zwischen Balkenplan und Netzplan:
- **Balkenplan:** Für kleinere Projekte geeignet, keine ausgeprägte Darstellung der Abhängigkeiten und Vernetzungen zwischen den Vorgängen möglich.
- **Netzplan:** Bei größeren Projekten einsetzbar, Darstellung der Abhängigkeiten zwischen den Vorgängen möglich.

Lösung zu Aufgabe 3: Balkenplan (1)

a) Balkenplan (erster Entwurf) für das Projekt „Einführung eines Beschwerdemanagement":

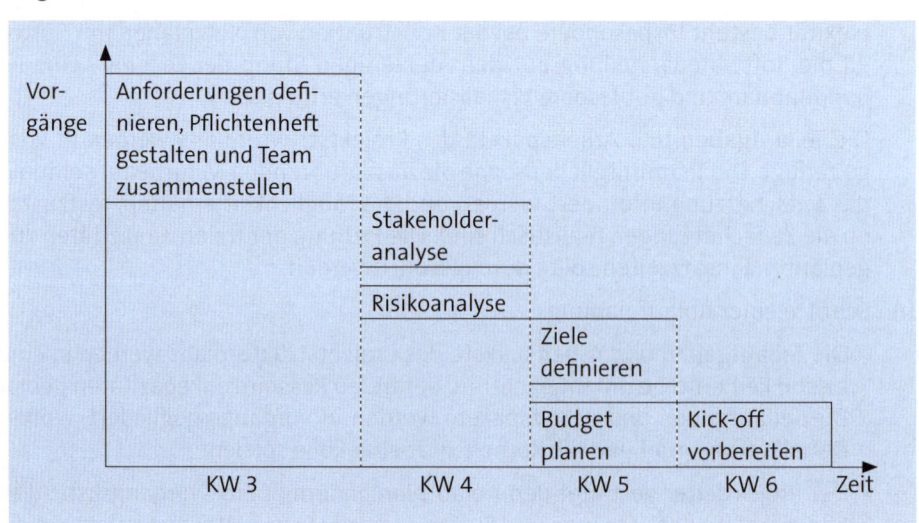

Vorgänge	KW 3	KW 4	KW 5	KW 6	Zeit
Anforderungen definieren, Pflichtenheft gestalten und Team zusammenstellen	────				
Stakeholderanalyse		────			
Risikoanalyse		────			
Ziele definieren			────		
Budget planen			────		
Kick-off vorbereiten				────	

b) Eigenschaften eines Balkenplans:

Ein Balkenplan visualisiert die Vorgänge (Aktivitäten) sowie die zeitliche Reihenfolge. Die Abhängigkeiten zwischen den Vorgängen können kaum (gelegentlich mit Pfeilen) dargestellt werden.

Der Balkenplan ermöglicht durch die Gestaltung mit Farben und Schraffuren einen Soll-Ist-Vergleich, der für die Projektsteuerung wesentlich ist. Auch die Planung von Kapazitäten ist im Balkenplan integrierbar, indem die Ressourcenausprägung in der Balkenfläche positioniert wird. Mit dem Balkenplan können der Projektendtermin sowie auch parallel oder hintereinander geschaltete Vorgänge dargestellt werden. Der Balkenplan kann bei Softwarepaketen mit einem Kalender kombiniert werden. Zudem können Meilensteine im Balkenplan gekennzeichnet werden. Der Balkenplan wird für den Projektüberblick sowie für das Reporting eingesetzt, da ein guter Balkenplan mit einer geringen Zahl von Vorgängen auskommt. Dieser Ansatz wird häufig auf der Meta-Ebene eines Projekts eingesetzt.

Lösung zu Aufgabe 4: Balkenplan (2)***

a)

Vorgangs-nummer	Vorgänge (Dauer in Tagen)	Plan-Start-termine	Ist-Starttermine (Ist-Dauer der Vorgänge)
1	Anforderungen sammeln und Pflichtenheft erstellen (2 Tage)	03.02.	03.02. (2 Tage)
2	Team zusammenstellen (1 Tag)	05.02.	05.02. (1 Tag)
3	Stakeholderanalyse durchführen (3 Tage)	10.02.	12.02. (2 Tage)
4	Risikoanalyse realisieren (4 Tage)	17.02.	17.02. (2 Tage)
5	Ziele definieren (1 Tag)	18.02.	18.02. (2 Tage)
6	Budget planen (1 Tag)	18.02.	18.02. (3 Tage)
7	Kick-off vorbereiten (2 Tage)	20.02.	20.02. (1 Tag)

LÖSUNGEN

Balkenplan

- Weiß: Vorgangsnummer mit Plan-Starttermin
- Blau: Änderungen bei Ist-Startterminen und Ist-Dauer

1																		
	2																	
						3												
									3									
													4					
													4					
														5				
														5				
															6			
															6			
																	7	
																	7	
3.2.	4.2.	5.2.	6.2.	7.2.	8.2.	9.2.	10.2.	11.2.	12.2.	13.2.	14.2.	15.2.	16.2.	17.2.	18.2.	19.2.	20.2.	21.2.

b) Die Stakeholderanalyse (Vorgang 3) beginnt zwei Tage verzögert und konnte um einen Tag kürzer realisiert werden. Die Risikoanalyse (Vorgang 4) dauert tatsächlich zwei Tage weniger als geplant. Für die Zieldefinitionen (Vorgang 5) wurde ein Tag länger gebraucht als geplant. Die Budgetplanung (Vorgang 6) beansprucht zwei Tage mehr als geplant und die Kick-off-Vorbereitung (Vorgang 7) wurde an einem Tag statt an zwei Plantagen verwirklicht.

Die Projektleiterin sollte unbedingt noch die Bestandsaufnahme der Beschwerden der Vergangenheit erfassen und eine Auswertungsanalyse erstellen. Es fehlt die Ressourcenplanung hinsichtlich des Personals. Darüberhinaus sollten ein Projektstrukturplan sowie ein Ablaufplan für das Projekt erstellt werden, die im derzeitigen Ansatz nicht enthalten sind.

Lösung zu Aufgabe 5: Netzplan (1)

a) Die Ausführungen beziehen sich auf den Vorgangsknoten-Netzplan.

- **Vorgang:** Kleinste Einheit im Netzplan; alternative Begriffe: Knoten, Aktivität

  Ereignisse: Beinhalten die Zeitdauer von Null und können als Ereignisse besonderer Bedeutung (Meilensteine) interpretiert werden

- **Anordnungsbeziehung:** Die Abhängigkeit der Vorgänge wird durch sachlogische Zusammenhänge gebildet. Im Vorgangsknoten-Netzplan wird ein Pfeil für die Darstellung der Anordnungsbeziehung verwendet.

- **Vorwärtsrechnung:**
  Es werden zu den frühesten Anfangszeitpunkten (FAZ) der jeweiligen Aktivitäten die Vorgangsdauern addiert und man erhält den frühesten Endzeitpunkt (FEZ). Unter Berücksichtigung der Anordnungsbeziehung sowie des freien Puffers zwischen den Knoten wird über die vorhandenen Aktivitäten im Netzplan der FAZ des letzten Knotens im Netz berechnet.

LÖSUNGEN

Ein Netzplan beinhaltet einen definierten Anfang sowie ein definiertes Ende. Der Netzplan stellt ein **geschlossenes** System dar. Der FAZ des letzten Knotens im Netz wird mit dem spätesten Endzeitpunkt des letzten Knotens im Netz: FEZ = SEZ (spätester Endzeitpunkt) gleichgesetzt. Dann beginnt die Rückwärtsrechnung.

Rückwärtsrechnung:
Von den SEZ der jeweiligen Knoten wird die Vorgangsdauer abgezogen. Es resultiert der späteste Anfangszeitpunkt (SAZ). Unter Berücksichtigung der Anordnungsbeziehungen sowie der freien Puffer zwischen den Knoten wird auf den ersten Knoten des Netzplans zurückgerechnet.

Durch die Vorwärts- und Rückwärtsrechnung ergeben sich die zeitlichen Spielräume (Puffer).

Vorgang (Knoten) gemäß DIN 69900 (in Anlehnung an *Gessler*, 2009, S. 654):

Vorgangsnummer	Verantwortlicher	Vorgangsdauer
Vorgangsbezeichnung		
Frühester Anfangszeitpunkt (FAZ)	Gesamtpuffer (GP)	Frühester Endzeitpunkt (FEZ)
Spätester Anfangszeitpunkt (SAZ)	Freier Puffer (FP)	Spätester Endzeitpunkt (SEZ)

b) Pufferarten:

- **Gesamtpuffer:** Zeitlicher Spielraum in einem Knoten
    - FAZ = Frühester Anfangszeitpunkt
    - FEZ = Frühester Endzeitpunkt
    - SAZ = Spätester Anfangszeitpunkt
    - SEZ = Spätester Endzeitpunkt

> SAZ - FAZ = Gesamtpuffer
> **oder**
> SEZ - FEZ = Gesamtpuffer

- **Freie Puffer:** Zeitlicher Spielraum zwischen zwei Knoten

    FAZ des Nachfolgers - FEZ des Vorgängers

- **Kritischer Weg:** Gesamtpuffer und freie Puffer sind gleich Null.

c) Der zeitliche Spielraum (Puffer) in einem Vorgang sowie zwischen den Vorgängen zeigt die Einstellung des Projektleiters zum Thema Zeitgestaltung. Wenn ein Netzplan ohne wesentlichen Puffer gestaltet wird (z. B. näherungsweise im Sinne einer critical Chain), dann kann die Absicht dahinter stehen, dass die Kapazitäten der Ressourcen (Mitarbeiter, Maschinen, ...) ausgelastet werden. Die Leerkosten sinken, jedoch können die Arbeitsbelastung und die Fehlerhäufigkeit steigen. Das Risiko des Ausfalls von Mitarbeitern (z. B. Burnout-Syndrom) oder Maschinen steigt.

Wenn der Projektleiter zuviel Puffer in einem Vorgang oder zwischen den Vorgängen lässt, dann steigen die Leerkosten. Auf der anderen Seite können sich die Mitarbeiter regenerieren und möglicherweise neue Ideen schöpfen.

Ein wesentlicher Aspekt bei der Gestaltung des Netzplans sowie der Puffer ist der Terminwunsch des Kunden. Wenn der Auftrag nur unter der Bedingung vergeben wird, dass ein Endtermin eingehalten wird, der keine Puffer zulässt, dann stehen das Unternehmen oder der Projektleiter vor der Entscheidung, ob die ökonomische Komponente oder das Wohl der Mitarbeiter im Vordergrund stehen. Wenn sich das Unternehmen die Nichtannahme von Aufträgen leisten kann, dann werden keine Projekte ohne ausreichenden Puffer angenommen. Wenn die wirtschaftliche Lage angespannt ist, dann müssen auch Projekte mit geringem Puffer und eng gesteckten Auftragsterminen akzeptiert werden.

Lösung zu Aufgabe 6: Netzplan (2)***

Ereignisknoten-Netzplan:
Die Knoten stellen Ereignisse mit dem frühestem Eintrittszeitpunkt und dem spätestem Eintrittszeitpunkt dar. Die Besonderheit besteht darin, dass auf den Pfeilen zwischen den Ereignissen die Dauer (Zeitabstand) abgebildet wird. Ein alternativer Begriff zu dieser Netzplantechnik ist PERT (**P**rogram **E**valuation and **R**eview **T**echnique). Da Ereignisse (Meilensteine) abgebildet werden, kann dieser Ansatz als Meilensteinplan genutzt werden.

Vorgangspfeil-Netzplantechnik:
Diese Methode wurde mit dem Begriff CPM (**C**ritical **P**ath **M**ethod) bekannt. Auf den Pfeilen stehen die Dauer und die Vorgangsbeschreibung. Die Ereignisse beinhalten den frühesten Eintrittszeitpunkt und den spätesten Eintrittszeitpunkt.

Vorgangsknoten-Netzplan:
Die Knoten sind die Vorgänge und die Pfeile stellen die Anordnungsbeziehungen dar. Bei diesem Ansatz stehen die Vorgänge im Vordergrund.

Lösung zu Aufgabe 7: Netzplan (3)

a) Vorgangsknoten-Netzplan:

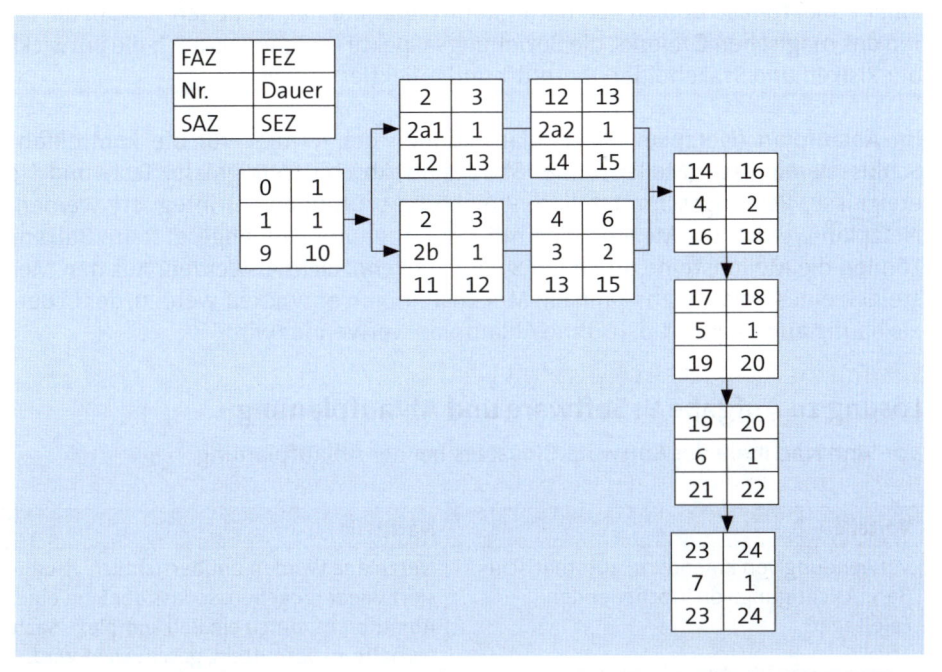

FAZ	FEZ
Nr.	Dauer
SAZ	SEZ

```
                    ┌─────────┐    ┌─────────┐
                    │ 2   3   │    │ 12  13  │
                    │ 2a1  1  │───▶│ 2a2  1  │
                    │ 12  13  │    │ 14  15  │
                    └─────────┘    └─────────┘          ┌─────────┐
   ┌─────────┐   ▶                              ─────▶  │ 14  16  │
   │ 0   1   │                                          │  4   2  │
   │  1   1  │──▶                                ─────▶ │ 16  18  │
   │ 9   10  │                                          └─────────┘
   └─────────┘      ┌─────────┐    ┌─────────┐               │
                    │ 2   3   │    │ 4   6   │               ▼
                    │ 2b   1  │───▶│  3   2  │          ┌─────────┐
                    │ 11  12  │    │ 13  15  │          │ 17  18  │
                    └─────────┘    └─────────┘          │  5   1  │
                                                        │ 19  20  │
                                                        └─────────┘
                                                             │
                                                             ▼
                                                        ┌─────────┐
                                                        │ 19  20  │
                                                        │  6   1  │
                                                        │ 21  22  │
                                                        └─────────┘
                                                             │
                                                             ▼
                                                        ┌─────────┐
                                                        │ 23  24  │
                                                        │  7   1  │
                                                        │ 23  24  │
                                                        └─────────┘
```

Bei Vorwärtsrechnung: Maximum der FEZ der Vorgänge 2a2 und 3; aus den beiden FEZ 13 und 6 resultiert das Maximum 13; bei Vorgang 4 ergibt sich FAZ 14.

Bei Rückwärtsrechnung: Minimum SAZ Vorgang 2a1 und 2b wählen; aus den beiden SAZ 12 und 11 resultiert das Minimum 11; bei Vorgang 1 ergibt sich SEZ 10.

b) Schwachstellen des Netzplans können sein:
- Die Gesamtpuffer sind bei Vorgang 1, Vorgang 2a1 und Vorgang 2b und Vorgang 3 zu groß.

Vorgang	Optimierungsmaßnahme
1	Auftragseingang mehr automatisieren, damit kein großer Puffer notwendig wird.
2a1	Prozesse bei der Aktivität „Bestellung erstellen und auslösen" durch Reorganisation verkürzen, damit ein kleinerer Puffer möglich wird.
2b	Mehr Mitarbeiter einstellen, um einen geringeren Puffer zu ermöglichen.
3	Verkürzung der Pufferzeit gemäß der parallel laufenden Vorgänge, die optimiert werden.

- Der freie Puffer zwischen Vorgang 2a1 und 2a2 sollte reduziert werden. Hierbei sollten die Prozesse untersucht werden, warum zwischen dem Auslösen der Bestellung und der Lieferzeit bzw. dem Wareneingang ein so großer Zeitpuffer entsteht. In die Analyse sollte der Lieferant mit einbezogen werden.

LÖSUNGEN

Lösung zu Aufgabe 8: Meilensteine und Ablaufplanung

Meilensteine stellen Ereignisse mit besonderer Bedeutung dar. Sie markieren das Ende einer Projektphase und stellen damit Kontrollpunkte dar, an denen sowohl die Faktoren des magischen Dreiecks, die Beziehungsaspekte im Team als auch die Entwicklung der Risiken und Stakeholder überprüft und reflektiert werden.

Im Ablaufplan (Netzplan, Balkenplan) können die Termine für die kontrollfähigen Schlüsselereignisse (Meilensteine: Start- und Abschlussereignisse, Test- und Lieferereignisse, Planungsschnittstellen, Projektüberprüfungen, ...) integriert werden. Im Netzplan werden die Meilensteine mit der Dauer von Null angesetzt. Im Balkenplan können die Meilensteine durch ein Symbol gekennzeichnet werden. Aus den Meilensteinen eines Ablaufplans kann ein Meilensteinplan entwickelt werden, der in der Praxis häufig auch separat, d. h. ohne Ablaufplan, verwendet wird.

Lösung zu Aufgabe 9: Software und Ablaufplanung

Vor- und Nachteile des Software-Einsatzes bei der Ablaufplanung:

Vorteile	Nachteile
Verwendung von Kalendern; automatische Berücksichtigung von Wochenenden, Feiertagen	Netzpläne werden unübersichtlich visualisiert wiedergegeben, sodass der Sinn eines Ablaufplans, durch ein Bild komplexe Sachverhalte zu vermitteln, geschwächt wird.
Bei Änderungen von Aktivitäten im Netzplan können die Pufferzeiten und die restlichen Daten ohne langwierige Rechnungen schnell erstellt werden.	In Unternehmen gibt es häufig nicht viele Experten für Projektmanagement-Software, sodass die Tools nicht für viele Mitarbeiter zur Verfügung stehen; bei vielen Software-Paketen längere Einarbeitungszeit

5.3 Ressourcenplanung

Lösung zu Aufgabe 1: Begriff „Ressourcen"

Die Ressourcen können in folgende Gruppen eingeteilt werden:

Finanzmittel:
Der Projektleiter erhält durch den Projektvertrag ein Budget zugeordnet, mit dem er die Ausgaben tätigen kann, um die Projektziele zu erreichen. Häufig werden die Finanzmittel zum Projektstart geringer als benötigt angesetzt, um die Effizienz des Projektteams zu steigern. Wenn die Finanzmittel nicht ausreichend sind, dann muss der Projektleiter nachverhandeln, wobei er in die Rolle des Bittstellers geraten kann.

Personal:
Der Projektleiter benötigt qualifiziertes Personal sowie eine bestimmte Mitarbeiterzahl. Zudem sollten die Mitarbeiter auch zu den Zeitpunkten zur Verfügung stehen, zu denen sie eingesetzt werden sollen. Bei der Ressource Personal spielt auch die Zusam-

mensetzung der Gruppe (Alter, Geschlecht, homogen, heterogen) eine Rolle. Der Projektleiter muss auch klären, ob die Freistellungen der Linienorganisation für die benötigten Zeiträume oder lediglich zeitweise erfolgen.

Sachmittel:
Dazu können Räume, Ausrüstungen und Anlagen zählen, die in Projekten benötigt werden. Derartige Sachmittel können wieder in anderen Projekten verwendet werden und unterliegen in der Regel keinem einmaligen Verbrauch.

Verbrauchsorientierte Ressourcen:
Rohstoffe, Hilfsstoffe, Betriebsstoffe, Dienstleistungen

Diese Ressourcen werden im Projekt verbraucht, indem sie zur Leistungserstellung beitragen.

Lösung zu Aufgabe 2: Ziele der Ressourcenplanung
Ziele der Ressourcenplanung:
- Ein wesentlicher Aspekt der Ressourcenplanung besteht darin, für die Aufgaben zur Erreichung der Projektziele die geeigneten Ressourcen termingerecht am richtigen Ort zu erhalten.
- Die Ressourcen können hinsichtlich Unter- und Überauslastung beurteilt werden.
- Die Ressourcenplanung ermöglicht eine Abstimmung der Ressourcen, die beispielsweise im Multiprojektmanagement erforderlich ist.
- Durch die Verfügbarkeit der Ressourcen können die Termine eingehalten werden.
- Die Mitarbeiter haben eine entsprechende Zeitplanung und können sich auf ihre zukünftigen Aktivitäten vorbereiten und einstellen.
- Durch die Ressourcenplanung wird eine Stabilität in der Organisation aufgebaut und Engpässe können identifiziert werden.
- Wenn keine Ressourcen zur Verfügung stehen, was die Ressourcenplanung zeigen kann, dann können keine Aufträge angenommen oder erst gar keine Angebote abgegeben werden.

Lösung zu Aufgabe 3: Ressourcenplanung und Projektleiter
Der Projektleiter Wanterkant sollte sich überlegen, welches Personal für das Projekt „Hochseeyacht – Investmentbanker" sowie für die Arbeitspakete und Teilaufgaben des Projektstrukturplans benötigt wird. Da der externe Auftraggeber eine luxuriöse Yacht mit vielen Extras wünscht, sind anspruchsvolle technische und planerische Anforderungen zu erwarten. Sind die Ressourcen (z. B. edle Hölzer) oder der Elektroexperte zum gewünschten Zeitpunkt verfügbar? Der Projektleiter meldet seinen Bedarf an Ressourcen an (Einkauf- und Personalabteilung, Linienorganisation).

Der Projektleiter muss eine Auswahl unter verschiedenen Angeboten treffen (Lieferanten- und Bewerberauswahl), falls eine Wahlmöglichkeit besteht. Er muss bei Sachanlagen und Personal neben der Verfügbarkeit die Kapazitätsauslastung prüfen. Bei Überlastung der Ressource müssen möglicherweise das Arbeitspaket oder die Teilaufgabe verschoben werden. Dabei sind jedoch die vertraglichen Bedingungen (z. B. Endtermin) zu berücksichtigen. Die mangelnde Verfügbarkeit der Ressourcen kann dazu führen, dass der Ablaufplan, möglicherweise der Projektstrukturplan oder die Projektziele verändert werden.

Lösung zu Aufgabe 4: Schätzmethoden

Delphi-Methode:
Experten können schriftlich befragt werden, welcher Ressourceneinsatz für ein Projekt notwendig ist. Die Auswertung der rücklaufenden Fragebogen liefert einen Mittelwert und eine Standardabweichung. Der jeweilige Experte kann sich in einer zweiten Runde nochmals ein Urteil bilden, indem er eine neue Schätzung abgibt, da er nun die Schätzungen der anderen Experten kennt. In einer zweiten Delphi-Runde kann auch eine Expertenklausur erfolgen, in der die Annahmen der Schätzungen diskutiert werden.

Analogieschluss:
Es können bei diesem Schätzverfahren die tatsächlich benötigten Ressourcen von ähnlichen Projekten aus der Vergangenheit verwendet werden und ein Schluss auf ein geplantes Projekt gezogen werden.

Kennzahlen und Hochrechnungen:
Dieser Ansatz verwendet die Daten (Ressourceneinsatz) aus vergangenen Projekten. Mithilfe von Kennzahlenn können Vergleiche zu einem geplanten Projekt hergestellt und entsprechend hochgerechnet werden. Bei der Hochrechnung kann man pragmatisch-triviale Ansätze (z. B. Dreisatz) oder auch High-Sophisticated-Verfahren (Trendextrapolation, Modelle, usw.) verwenden.

Das Problem besteht darin, dass bei Projekten aufgrund der Komplexität und Dynamik nicht-lineare Zusammenhänge auftreten, sodass die Mathematik häufig bei derartigen Problemen zwar bemüht wird, jedoch auch deren Grenzen sichtbar werden.

LÖSUNGEN

Lösung zu Aufgabe 5: Kapazitätsplanung (1)

Ressourcenhistogramm Dipl.-Ing. Huber:

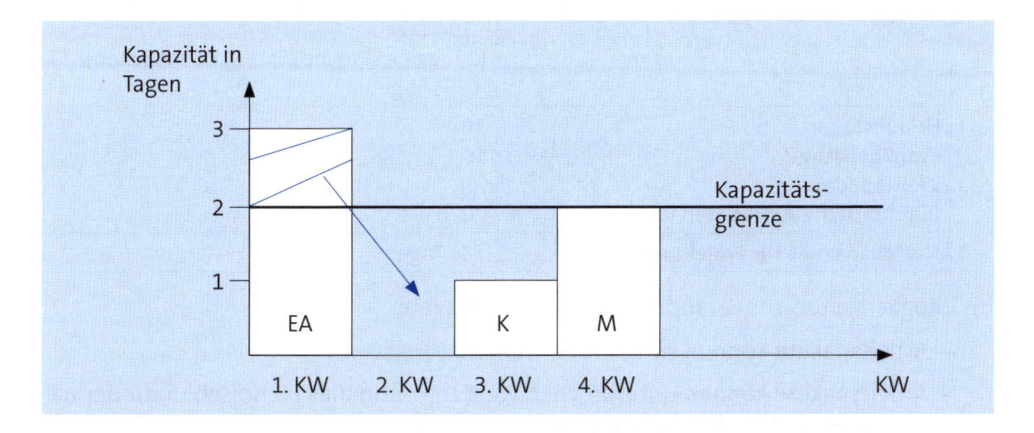

[Diagramm: Kapazität in Tagen über KW; Balken 1. KW = 3 (EA), 3. KW = 1 (K), 4. KW = 2 (M); Kapazitätsgrenze bei 2; blauer Pfeil von 1. KW nach 2. KW]

Blauer Pfeil: Verschiebung des Überhangs in die 2. KW mit freier Kapazität

Ressourcenhistogramm Dipl.-Ing. Maier:

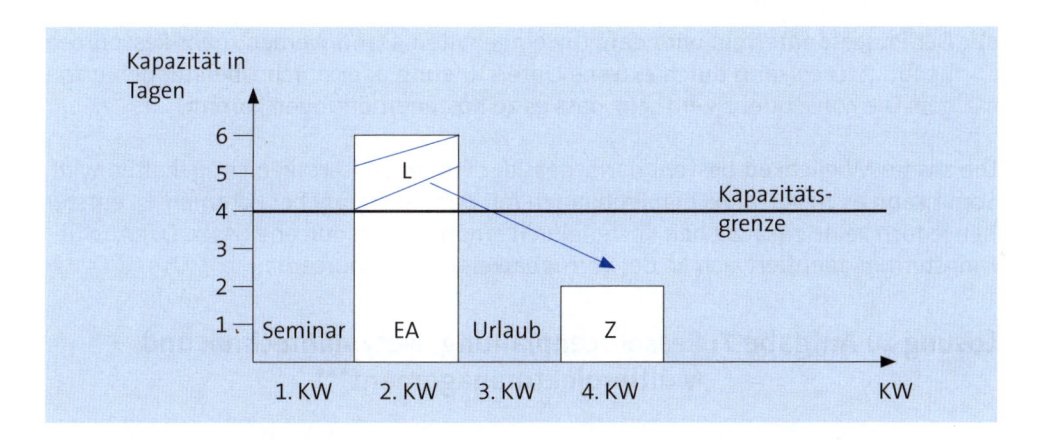

[Diagramm: Kapazität in Tagen über KW; Balken 1. KW = 1 (Seminar), 2. KW = 6 (EA mit L), 3. KW = 1 (Urlaub), 4. KW = 2 (Z); Kapazitätsgrenze bei 4; blauer Pfeil von 2. KW nach 4. KW]

Blauer Pfeil: Verschiebung des Überhangs in die 4. KW mit freier Kapazität

LÖSUNGEN

Lösung zu Aufgabe 6: Kapazitätsplanung (2)

a)

Bruttokapazität	365 Tage - 10 Feiertage - 104 Tage (2 Tage pro Woche [Sa, So] • 52 Wochen) = 251 Tage
Urlaubstage Krankheitstage Weiterbildung Bürokratische Aktivitäten	30 10 7 20
Nettokapazität für Projektarbeit	184 Tage

b) Möglichkeiten zur Veränderung der Arbeitspakete:
- Arbeitspakete können verschoben werden.
- Arbeitspakete können unterbrochen werden, wenn dies technisch und/oder naturwissenschaftlich möglich ist.
- Es können vermehrt Personalressourcen eingesetzt werden, um die Bearbeitungsdauer der Arbeitspakete zu reduzieren. Aufgrund von Einarbeitungszeiten des Personals sowie aufgrund der Teilbarkeit der Aufgaben sind diesem Ansatz Grenzen gesetzt.

c) Der Projektendtermin wird definitiv eingehalten. Dann werden mehr Ressourcen benötigt. Dies kann durch externe Unterstützung oder durch Überstunden erfolgen. Die Konsequenz wird sein, dass es zu Kostenerhöhungen kommt.

Die zweite Möglichkeit besteht darin, dass der Projektendtermin nicht gehalten wird. Somit kann es zu vertraglichen Problemen mit dem Auftraggeber kommen. Es entstehen jedoch keine zusätzlichen Kosten durch erhöhten Ressourceneinsatz. Der Ausführungstermin orientiert sich an der Verfügbarkeit der Ressourcen.

Lösung zu Aufgabe 7: Ressourcenplanung, Netzplantechnik und Multiprojektmanagement***

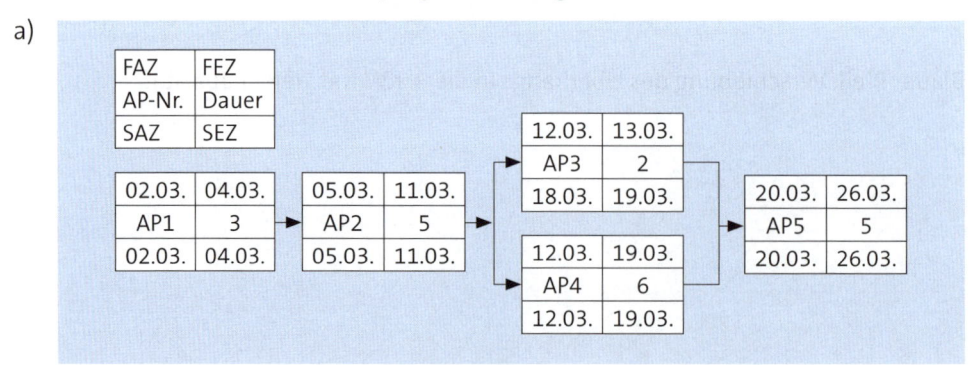

a)

FAZ	FEZ
AP-Nr.	Dauer
SAZ	SEZ

02.03.	04.03.
AP1	3
02.03.	04.03.

→

05.03.	11.03.
AP2	5
05.03.	11.03.

→

12.03.	13.03.
AP3	2
18.03.	19.03.

12.03.	19.03.
AP4	6
12.03.	19.03.

→

20.03.	26.03.
AP5	5
20.03.	26.03.

b)

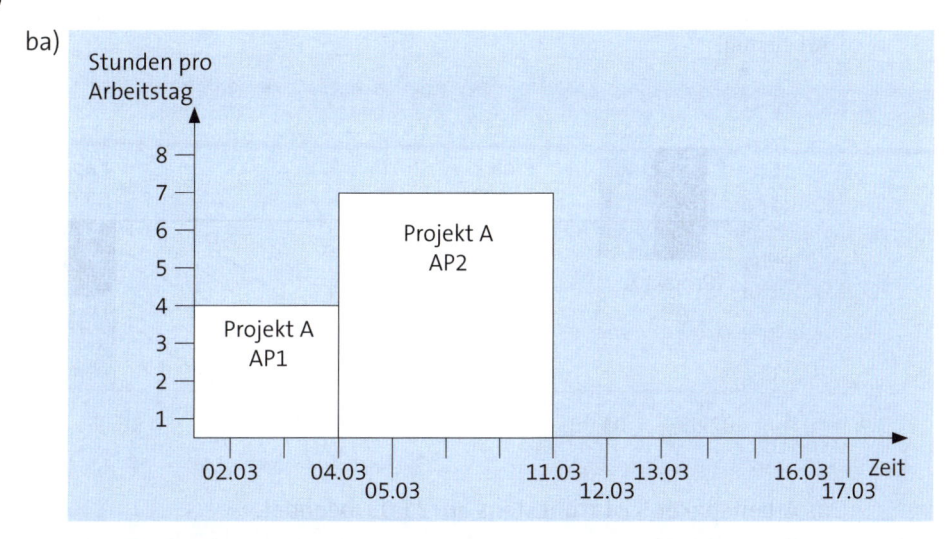

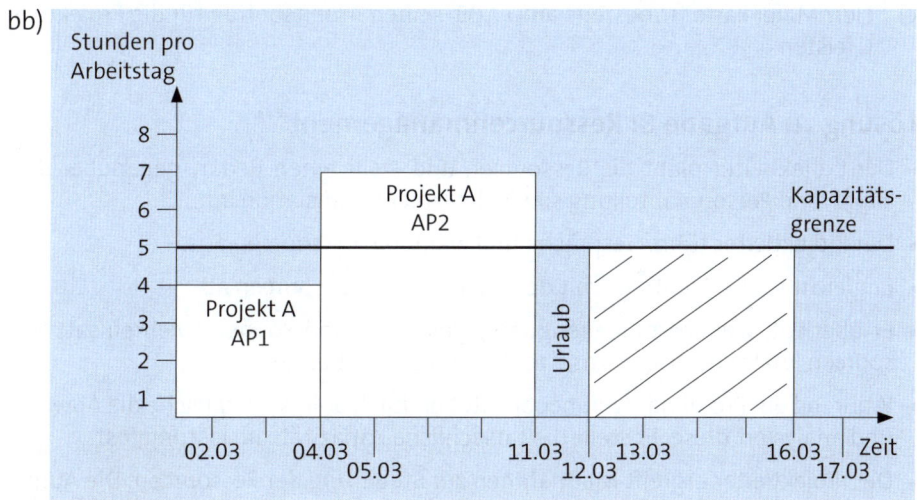

ba)

[Diagramm: Stunden pro Arbeitstag]
- Projekt A AP1: 02.03–04.03, 4 Stunden
- Projekt A AP2: 05.03–11.03, 7 Stunden

bb)

[Diagramm: Stunden pro Arbeitstag mit Kapazitätsgrenze bei 5]
- Projekt A AP1: 02.03–04.03, 4 Stunden
- Projekt A AP2: 05.03–11.03, 7 Stunden
- Urlaub: 12.03
- 13.03–16.03: schraffierter Bereich
- Kapazitätsgrenze bei 5 Stunden

Herr Maier kann die Aufgaben am 13.03. frühestens fortsetzen und am 16.03. frühestens beenden.

LÖSUNGEN

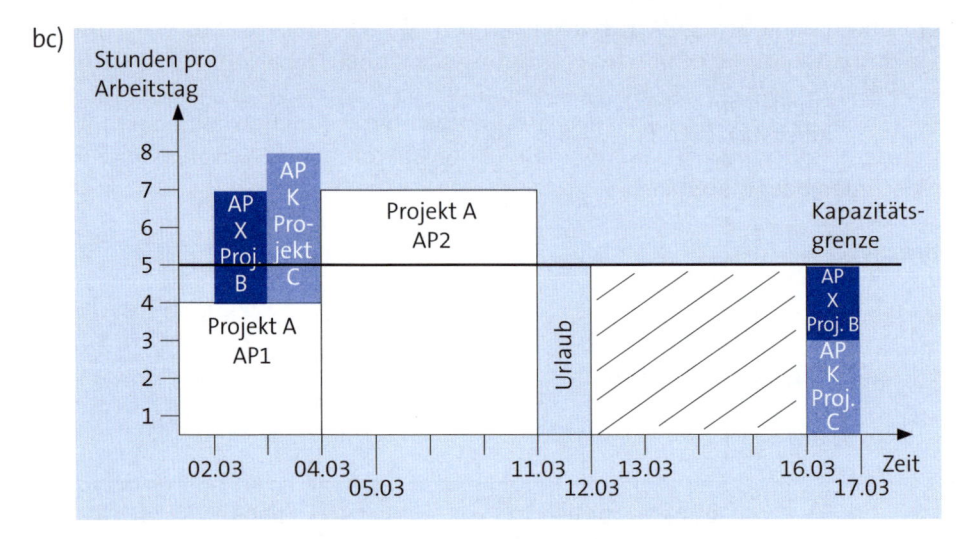

bc)

[Diagramm: Stunden pro Arbeitstag über Zeit, mit Kapazitätsgrenze bei 5 Stunden. AP X Proj. B und AP K Projekt C am 02.03–04.03; Projekt A AP1 am 02.03–05.03; Projekt A AP2 von 05.03–11.03; Urlaub 11.03–13.03; schraffierter Bereich 13.03–16.03; AP X Proj. B und AP K Proj. C am 16.03–17.03.]

Das Arbeitspaket 5 ist frühestens am 31.03. beendet.

c) Herr Maier kann frühestens am 17.03. seinen Arbeitsbetrag für die Projekte B und C leisten.

Lösung zu Aufgabe 8: Ressourcenmanagement***

- Der Projektleiter plant die Ressourcen und stellt einen Bedarf gegenüber der Einkaufs- und Personalabteilung sowie der Linienorgansiation auf.
- Der Projektleiter führt Gespräche und wählt die Ressourcen aus.
- Er gleicht seine Nachfrage mit dem Angebot an Ressourcen ab.
- Er überlegt, wie Ressourcenengpässe gelöst werden können (Mehreinsatz an Ressourcen, mathematische Ansätze, Terminverschiebungen, ...).
- Während der Projektlaufzeit beobachtet er durch Soll-Ist-Vergleiche die Abweichung und analysiert diese. Er stellt die tatsächliche Kapazitätsauslastung fest.
- Der Projektleiter ergreift Maßnahmen zur Steuerung der Ressourcen. Die Aufgabenverteilung der Mitarbeiter kann geändert werden. Es wird ein zusätzlicher Puffer eingebaut. Die Anforderungen bzw. die Projektziele werden reduziert, wenn die Machbarkeit infrage steht. Der Projektleiter kann die Prioritäten im Projekt verändern und Ressourcen von außen hinzuziehen. Grundsätzlich sollte er motivieren und eine Vorbildfunktion ausüben.
- Er leitet aus seinen Managementaktivitäten Lerneffekte für zukünftige Projekte ab.

5.4 Kostenplanung

Lösung zu Aufgabe 1: Begriff „Kosten"

Kosten unterscheiden sich von Aufwendungen dadurch, dass sie sachzielorientiert sind und betriebsbedingten Aufwand darstellen. Die Aufwendungen orientieren sich am Unternehmensbegriff (wirtschaftlich-rechtliche Einheit), während sich die Kosten am Betriebsbegriff (technisch-organisatorische Einheit) ausrichten.

Kosten setzen sich aus der Menge der verbrauchten Produktionsfaktoren multipliziert mit dem Faktorpreis zusammen. Produktionsfaktoren sind beispielsweise Personal, Maschinen oder Material.

Beispiel

Verbrauch von 100 l Heizöl zum Literpreis von 1 €

Kosten: 100 l • 1 €/l = 100 €

Lösung zu Aufgabe 2: Projektkosten

Grundsätzlich können folgende Kosten in Projekten anfallen:

- **Personalkosten:**
  Kosten für den Einsatz der Mitarbeiter in den Teilaufgaben und Arbeitspaketen

  Diskussionswürdig sind die Kosten für den Projektleiter oder auch für die Projektmitarbeiter, wenn die Linienorganisation das Gehalt bezahlt. Sollen die Gehälter der Projektmitarbeiter anteilig nach Stundeneinsatz als Projektkosten hinzugerechnet werden? Bei vollständiger Kostentransparenz kann man diesem Ansatz zustimmen, jedoch wird in der Praxis gelegentlich so verfahren, dass diese Personalkosten im Projektbudget nicht auftauchen.

- **Sachkosten:**
  - **Investive Sachkosten:** Anlagevermögen, wie z. B. Maschinen, Büro- und Geschäftsausstattung
  - **Konsumtive Sachkosten:** Verbrauch von Material (Roh-, Hilfs- und Betriebsstoffe), Dienstleistungen durch externe Berater
  - **Gemeinkosten:** Die Projektorganisation nutzt Einrichtungen der Linienorganisation. Durch eine Betriebsabrechnung können via Kostenstellen die Verbräuche der Produktionsfaktoren transparent gemacht werden. Wenn die Projektorganisation beispielsweise die Kopierstelle nutzt, dann können die Gemeinkosten, wenn ein entsprechender Zuordnungsschlüssel oder eine interne Leistungsverrechnung vorhanden ist, den Projektkosten zugeordnet werden.

Lösung zu Aufgabe 3: Kostenplan

Die erste Phase der Kostenplanung beinhaltet die Erreichung der Leistungsziele. Die Kosten für das Projektmanagement (Organisation des Projekts) sollten integriert werden.

Wenn ein Projekt vorliegt, dem eine Nutzungsphase folgt (zweite Phase), dann sollten bereits bei der Planung des Projekts auch die Kosten der Nutzungsphase kalkuliert werden. Wesentlich dabei ist, ob die Nutzer des Projektgegenstands auch die Projektleistung erstellen. Falls das Projektteam oder das Unternehmen, das die Leistungen für das Projekt erstellt, nicht identisch mit den späteren Nutzern sind, dann können unterschiedliche Ziel- und auch Kosteninteressen vorliegen.

Die dritte Projektphase beinhaltet die Kosten zur Desinvestition. Dabei können Gebäude abgebaut oder beispielsweise Fertigungsanlagen demontiert und entsorgt werden. Bei einer ganzheitlichen Planung sollten auch diese Kosten bereits zu Beginn des Projekts einbezogen werden. Dieser Grundgedanke „von der Wiege bis zur Bahre" wird bei der Herstellung von Produkten durch den § 23 Kreislaufwirtschaftsgesetz (Produktverantwortung) dokumentiert.

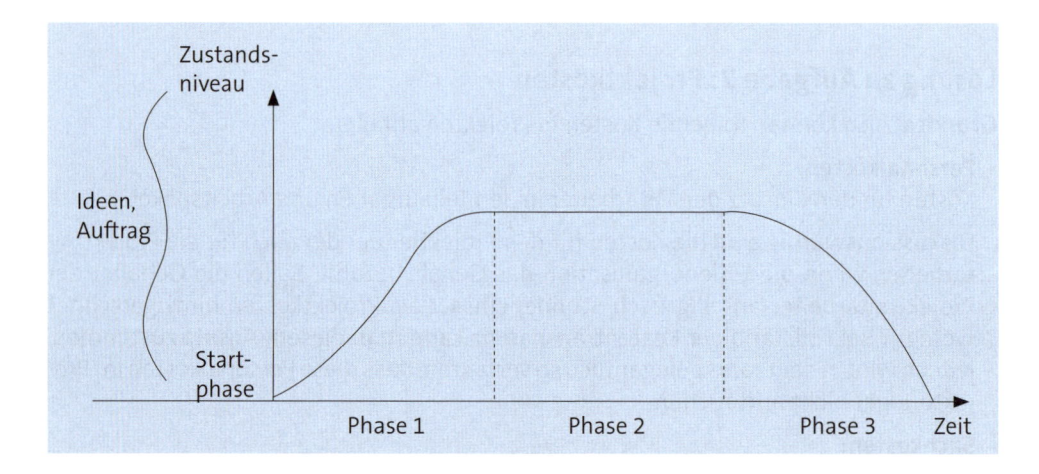

Lösung zu Aufgabe 4: Kostenschätzung

Eine Grundlage für die Kostenschätzung eines Projekts stellt der Projektstrukturplan dar. Die Kosten der Arbeitspakete und Teilaufgaben werden addiert. Somit erhält man das Kostenbudget. Die Kosten der Arbeitspakete und Teilaufgaben können auch den Perioden der geplanten Realisierungen zugeordnet werden. Im Rahmen der Kostenplanung können dann eine Kostenganglinie und eine kumulierte Kostenkurve erstellt werden.

Die Delphi-Methode kann zur Kostenschätzung verwendet werden. Mehrere Experten erhalten einen Fragebogen, um die Kosten eines Projekts zu schätzen. Die Schätzungen werden mit statistischen Methoden (arithmetisches Mittel, Standardabweichung) ausgewertet. Die einzelnen Experten können durch die Auswertung die Position ihrer Schätzung reflektieren. Beispielsweise könnte ein Experte einen höheren Schätzwert als das arithmetische Mittel veranschlagt haben. In einer zweiten Delphi-Runde können die Abweichungen per Expertenklausur diskutiert werden. Alternativ könnte durch eine zweite Fragebogenaktion die A-priori-Information der ersten Schätzrunde zur Korrektur der Schätzungen verwendet werden (A-posteriori-Schätzung).

Kostendatenbanken können für die Schätzung von Projektkosten verwendet werden. Derartige Datenbanken können unternehmensintern durch Erfahrungen aus ähnlichen Projekten aufgebaut werden. Beispielsweise speichert ein Bauunternehmen über mehrere Perioden die Kosten der Bauprojekte. Die einzelnen außergewöhnlichen Vorhaben sind unterschiedlich, jedoch ergibt sich durch eine Vielzahl von Bauprojekten beispielsweise ein durchschnittlicher Kostensatz für den Kubikmeter umbauten Raum, der dann als Orientierungsgröße für eine erste Kostenschätzung verwendet werden kann. Derartige Datenbanken können auch von Verbänden aufgebaut werden, um Mitgliedsunternehmen grundlegendes Datenmaterial für Schätzungen zur Verfügung zu stellen.

Einen wesentlichen Aspekt bei der Schätzung von Projektkosten stellt die Erfahrung des Projektleiters dar. Wenn ein Projektleiter viele Projekte durchgeführt hat, dann entwickelt sich eine Intuition und der Projektleiter kann durch Analogieschlüsse aus ähnlichen Projekten lernen. Diese Intuition kann auch für die Kostenschätzung verwendet werden. Die subjektive Einschätzung nähert sich bei hohen Fallzahlen (d. h. sehr viele Projekte) der Realität an, da aufgrund des Gesetzes der großen Zahl die subjektive zur objektiven Wahrscheinlichkeit konvergiert.

Eine weitere Möglichkeit der Kostenschätzung besteht darin, parametrische Kostenschätzverfahren einzusetzen. Dazu gehört beispielsweise die Regressionsanalyse. Aufgrund von vergangenheitsorientierten Daten wird eine Trendfunktion aufgestellt, die zur Kostenschätzung des relevanten Projekts verwendet werden kann. Gegen das Verfahren spricht, dass die Außergewöhnlichkeit und Einmaligkeit von Projekten keine standardisierte Funktion zulässt. Für jedes Projekt müsste eine eigene Schätzfunktion aufgestellt werden. Jedoch kennen die Kostenschätzer im Voraus nicht die exakten Bedingungen, die für das Aufstellen einer Funktion notwendig wären. Die Gestaltung einer Kostenschätzfunktion im Nachhinein ist irrelevant.

Darüber hinaus können aufgrund der gegebenen Finanzmittel die Kosten im Rahmen eines Design-to-Cost-Ansatzes mit einem festen Budget vorgegeben werden.

Lösung zu Aufgabe 5: Kostenmanagement***

Nach der Termin- und Ressourcenplanung folgt die Kostenplanung. Der Kostenplan für ein Projekt kann durch einen wechselseitigen Prozess aus der Vorgabe eines fixen Kostenbudgets (Zusammenhang zum Finanzplan des Unternehmens) und den Schätzungen der Teilaufgaben- und Arbeitspaketverantwortlichen erfolgen. (Gegenstromverfahren). Auf der Ebene der Teilaufgaben und Arbeitspakete werden vorrangig die Mengen (Arbeitsstunden, Materialverbrauch) geschätzt. Der Projektleiter oder der Projektcontroller wandeln die Mengenkomponenten durch Multiplikation mit den Faktorpreisen in Wertgrößen (= Kosten) um.

Aus der Kostenplanung werden das Budget für das Projekt sowie der Finanzplan abgeleitet. Die Projekt-Gesamtkosten stellen die Grundlage für Wirtschaftlichkeitsberechnungen und Nutzen-Kosten-Analysen dar.

LÖSUNGEN

Bei den Meilensteinen werden die Plankosten mit den Ist-Kosten verglichen sowie Kostentrends aufgestellt.

Lösung zu Aufgabe 6: Kosten und ABC-Analyse***

a) Gesamtkosten für diese Teilaufgabe:

	Personalkosten	72.000 €
+	Investive Sachkosten	52.000 €
+	Konsumptive Sachkosten	4.000 €
=	**Geplante Gesamtkosten**	**128.000 €**

b) ABC-Analyse:

Arbeitspakete	T€	kumuliert in T€	Relativer Anteil in %	kumuliert in %
„Hardware" Investive Sachkosten	45	45	35,1	35,1
„Externer Support" Personalkosten	40	85	31,3	66,4
„Hardware" Personalkosten	20	105	15,6	82
„Software" Personalkosten	12	117	9,4	91,4
„Software" Investive Sachkosten	7	124	5,5	96,9
„Entsorgung Altgeräte"	3	127	2,3	99,2
„Hardware" Konsumtive Sachkosten	1	128	0,8	100
Gesamt	**128**		**100**	

A-Kategorie	Arbeitspaket „Hardware", Investive Sachkosten Arbeitspaket „Externer Support" Personalkosten
B-Kategorie	Arbeitspaket „Hardware" Personalkosten Arbeitspaket „Software" Personalkosten
C-Kategorie	Arbeitspaket „Software" Investive Sachkosten Arbeitspaket „Entsorgung Altgeräte" Arbeitspaket „Hardware" Konsumtive Sachkosten

c) Die Entscheider sollten überlegen, ob das Arbeitspaket „Externer Support durch Unternehmensberatung und Studenten" durch internes Personal kostengünstiger erledigt werden kann. Somit könnten die Kosten dieses Arbeitspaketes reduziert werden.

Lösung zu Aufgabe 7: Kostenplanung***

a) Kosten in T€

Kostenart	Projektphasen					
	1	2	3	4	5	6
Summe	190	150	290	90	140	220

Die Summenzeile wird addiert:

190 T € + 150 T€ + 290 T€ + 90 T€ + 140 T€ + 220 T€ = 1.080 T€

Das geplante Projektbudget beträgt 1.080 T€.

b) Kostenganglinie und eine Kostensummenkurve:

Kostenart	Projektphasen					
	1	2	3	4	5	6
Summe	190	150	290	90	140	220
Kumulierte Kosten	190	340	630	720	860	1.080

Kostenganglinie:

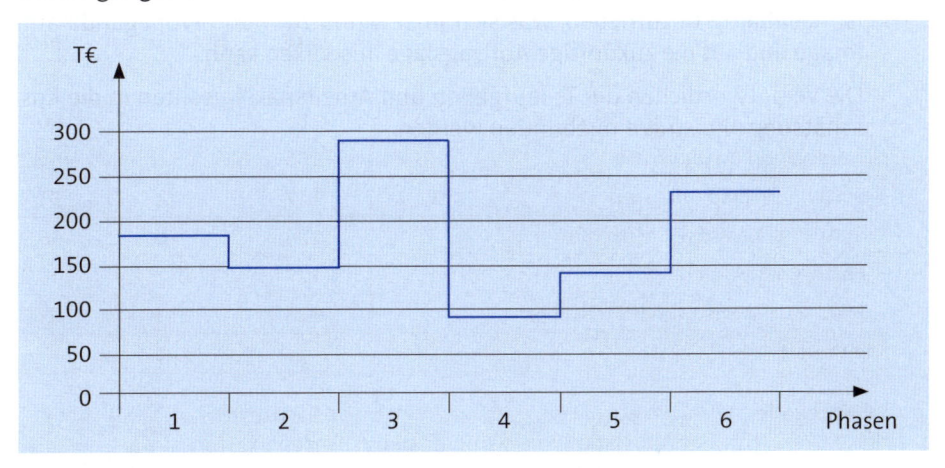

Kostensummenkurve:

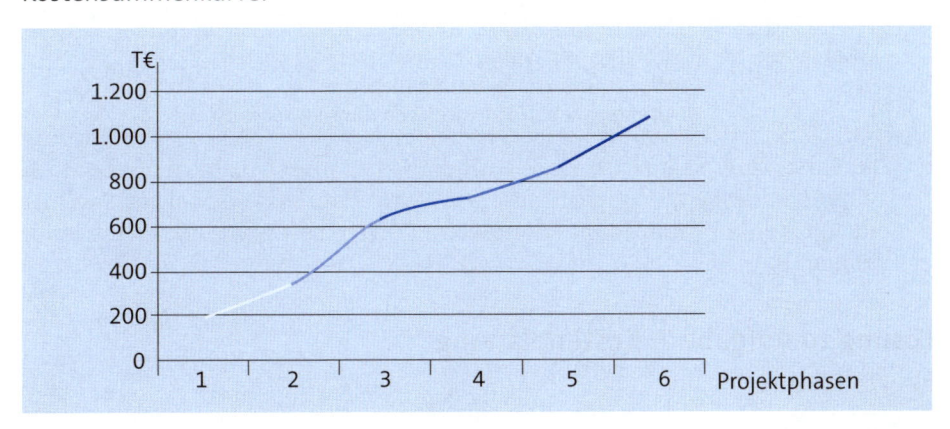

c) Vier Tipps, die ein Projektleiter bei der Kostenplanung berücksichtigen sollte:
   - Eine 100 %ige Kostenschätzung mit ausgeprägter Detaillierung ist im Rahmen von außergewöhnlichen Vorhaben nicht möglich. Daher sollte sich die Kostenschätzung auf die wesentlichen Inhalte der Teilaufgaben und Arbeitspakete beschränken. Im Budget sollte eine pauschale Standardabweichung (z. B. + 10 %) für nicht planbare Positionen kalkuliert werden.
   - Die internen Personalkosten des Projektteams sollten mit in die Kostenschätzung einbezogen werden.
   - Es sollte eine Lebenszyklusbetrachtung des Projekts auch hinsichtlich der Kosten vorgenommen werden. Wenn die Erreichung der Leistungsziele kostengünstig ist, dann kann evtl. die Nutzungsphase teurer werden und der externe Kunde ist nachhaltig unzufrieden, was sich über Mund-zu-Mund-Propaganda auf das Image und auf die zukünftige Auftragslage auswirken kann.
   - Die Verantwortlichen der Teilaufgaben und Arbeitspakete sollten in die Kostenschätzung aktiv mit eingebunden werden.

6. Projektsteuerung
6.1 Grundsätzliches zum Controlling
Lösung zu Aufgabe 1: Abweichungen
- Unvorhergesehene Einflüsse (z. B. Wetter, Naturkatastrophen, ...).
- Ungenaue Schätzungen.
- Problematische Annahmen.
- Ausfall von Mitarbeitern durch Krankheit oder Ausfall einer Maschine.
- Plötzliche Änderung der Projektziele aufgrund von Marktveränderungen und daher zusätzlicher Aufwand, der nicht geplant war.

Lösung zu Aufgabe 2: Aufgaben des Projektcontrolling
Die Aufgaben des Projektcontrolling bestehen darin, Abweichungen im Projektverlauf frühzeitig zu erkennen und Steuerungsmaßnahmen zu ergreifen. Das Projektcontrolling bezieht sich auf das magische Dreieck (Kosten, Zeit, Leistung) sowie auf die weichen Faktoren (z. B. Konflikte im Team).

Ein wesentlicher Aspekt im Rahmen des Projektcontrolling besteht darin, dass der Projektleiter und/oder Projektcontroller ein Bewusstsein bei sich selbst sowie bei den Projektmitarbeitern für das Projektcontrolling schafft. Da Controlling die Aufgaben

- Planung
- Kontrolle (Soll-Ist-Vergleich)
- Information
- Steuerung

beinhaltet, sollten folgende Schritte im Rahmen eines Regelkreises berücksichtigt werden:

LÖSUNGEN

1. Grob- und Feinplanung von Kosten, Zeit, Leistung

   ⬇

2. Erfassung der Ist-Daten zu Kosten, Zeit und Leistung bei den Meilensteinen

   ⬇

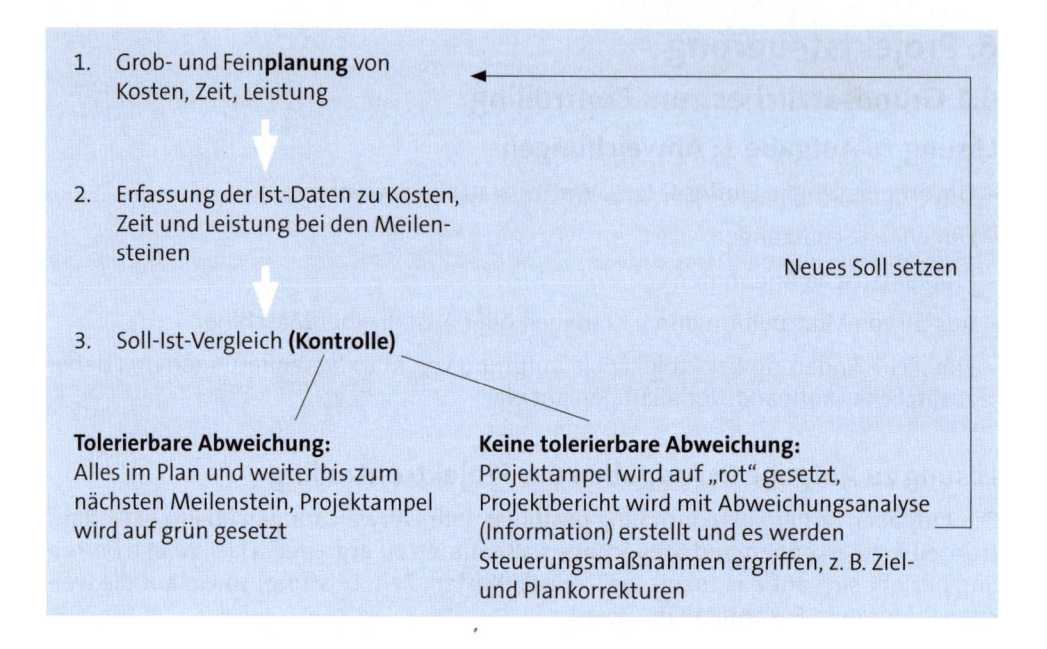

3. Soll-Ist-Vergleich (**Kontrolle**)

Neues Soll setzen

Tolerierbare Abweichung:
Alles im Plan und weiter bis zum nächsten Meilenstein, Projektampel wird auf grün gesetzt

Keine tolerierbare Abweichung:
Projektampel wird auf „rot" gesetzt, Projektbericht wird mit Abweichungsanalyse (Information) erstellt und es werden Steuerungsmaßnahmen ergriffen, z. B. Ziel- und Plankorrekturen

Lösung zu Aufgabe 3: Projektcontrolling und Kybernetik***

Die Kybernetik (griech: Steuermannskunst) stellt die Grundlage für das Controlling und somit auch für das Projektcontrolling dar. Als bedeutsames Bild wird eine Heizung mit einem Schiff verglichen:

	Regler	**Stellglied**	**Regelstrecke**	**Messglied**
Heizung	Thermostateinstellung	Schalter zur Heizung	Heizung	Thermostat
Schiff	Kapitän setzt Ziel	Steuermann fixiert den Kurs	Schiff fährt	Lotse: Erfasst die Ist-Werte und den Soll-Ist-Vergleich
Controlling	Planung	Planung	Realisierung der Projektaufgaben (Ist)	**Report über Abweichung (Soll-Ist), Weitergabe von Informationen und Einleitung von Steuerungsmaßnahmen**

Rückkoppelung (Feedback)

Die Rückkoppelung (Feedback) stellt einen entscheidenden Aspekt zum Lernen des Systems dar. Der Projektcontroller lernt durch die Abweichungsanalyse und das Team erfährt einen Erkenntniszuwachs durch das Reporting. Die Informationen können dem

Team helfen, eine Verhaltensänderung einzuleiten und die Schätzung zu überdenken (Prämissenanalyse). Durch die Feedbacks bei den Meilensteinen entsteht ein kontinuierlicher Verbesserungsprozess im Rahmen einer lernenden Organisation.

Bei Projekten können zwar Lerneffekte auftreten, jedoch sind diese häufig nur bedingt via Analogieschluss auf andere außergewöhnliche Vorhaben übertragbar. Insgesamt bildet sich jedoch beim Projektleiter und Projektcontroller durch die Anwendung von Controlling ein Bewusstsein sowie eine Intuition für Projektzusammenhänge, wenn viele Fälle realisiert wurden (Gesetz der großen Zahl).

Ein Problemkreis beim Projektcontrolling besteht darin, dass der Projektleiter im System „Projekt" so intensiv involviert ist, dass er keinen Gesamtüberblick mehr haben kann. Der Projektleiter ist Teil des Systems „Projekt". Um das Projekt (System) steuern zu können, müsste der Projektleiter aus dem System „Projekt" heraustreten, damit er den ganzen Wald und nicht nur einzelne Bäume sieht. Dieser Sachverhalt kommt insbesondere bei der Steuerung der weichen Faktoren zum Tragen. Bei den harten Faktoren (z. B. Kosten, Zeit) liegt eine Objektivierung durch eine Quantifizierung vor.

Lösung zu Aufgabe 4: Grundsätze der Projektsteuerung

- Kontinuierlicher Soll-Ist-Vergleich (mindestens bei den Meilensteinen).
- Soll- und Ist-Daten sollten vergleichbar sein.
- Reporting mit Formularen und Informationsverteiler aufstellen.
- Aufklärung der Projektmitarbeiter über den Nutzen des Projektcontrollings.
- Bei möglichen kritischen Teilaufgaben und Arbeitspaketen kürzere Überwachungsintervalle.

Lösung zu Aufgabe 5: Organisation des Projektcontrolling

Projektcontrolling kann durch den Projektleiter realisiert werden. Dies ist meist bei kleineren Projekten (C-Projekte) möglich. Bei mittleren bis größeren Projekten wird ein Projektcontroller eingesetzt. Das Projektcontrolling kann auch vom Controlling der Linienorganisation oder von einem externen Dienstleister durchgeführt werden, der sich auf Projektcontrolling spezialisiert hat.

Lösung zu Aufgabe 6: Merkmale eines Projektcontrollers

- Analytische Fähigkeiten
- Interdisziplinäres Einfühlungsvermögen
- Durchsetzungsfähigkeit
- Projektmanagement-Kenntnisse
- Softwarekenntnisse (Projektmanagement-Software, Tabellenkalkulationssoftware, …)
- Bei internationalen Projekten: Interkulturelle Kenntnisse
- „Adlerblick" und Verständnis für die Systemtheorie

6.2 Möglichkeiten der Projektstatuserhebung
Lösung zu Aufgabe 1: Grundlagen der Projektstatuserhebung

a) Der Projektleiter sollte zu den Meilensteinen harte (Termine, Kosten, Leistung) und weiche (z. B. Teamverhalten) Informationen erheben. Er schafft das Bewusstsein, dass Kontrollen notwendig sind und die Projektmitarbeiter die relevanten Informationen aufbereiten sollten. Dazu kann der Projektleiter bei den Teilaufgaben- und Arbeitspaketverantwortlichen den Ist-Stand durch

- persönliche Gespräche vor Ort
- Teamsitzungen
- Rückmeldelisten

erfassen. Der Projektleiter sollte die zum Meilensteintermin erhobenen Daten des magischen Dreiecks sowie die soft Facts aus einem ganzheitlichen Blickwinkel betrachten. Wesentlich ist, dass Kosten, Zeit und Leistungen immer nur als gesamtes Paket betrachtet und niemals isoliert analysiert werden.

b) Rückmeldeformular aus der Arbeitspaketebene:

AP-Titel: Projektstrukturplan-Code:	AP-Verantwortlicher:
Geplante Kosten:	Geplante Leistung:
Fertigstellungstermin (frühester und spätester Zeitpunkt):	Fertigstellungsgrad in %:
Berichtszeitpunkt:	Datum, Unterschrift

Lösung zu Aufgabe 2: Möglichkeiten der Fortschrittskontrolle
Möglichkeiten der Realisierung der Fortschrittskontrolle:

- Die Fortschrittskontrolle kann mit proportionalen Ansätzen realisiert werden. Wenn bei einem Arbeitspaket die geplante Dauer 30 Tage und die geplanten Kosten 4.000 € betragen, dann resultiert ein Fertigstellungswert nach zehn Tagen in Höhe von $^{10}/_{30}$ Tage • 4.000 € = 1.333 €.

  Die Proportionalität stellt lediglich einen ersten Näherungswert dar, da in Projekten wegen der Komplexität und Dynamik tendenziell über- oder unterproportionale Ansätze zum Tragen kommen.

- Die Teilaufgaben- und Arbeitspaketverantwortlichen können die Leistung häufig nur subjektiv schätzen. Dieser Ansatz basiert auf Erfahrungen.

- 0-100-Methode: Hierbei werden Teilaufgaben oder Arbeitspakete erst dann mit 100 % Fertigstellungsgrad weitergemeldet, wenn dieser auch wirklich eintritt. Bei einem Fertigstellungsgrad unter 100 % werden die Teilaufgabe oder das Arbeitspaket mit 0 % bewertet. Dieser Ansatz kann bei sehr komplexen Aufgaben verwendet werden, bei denen Rückkoppelungen notwendig sind und sich erst zum Schluss ein Gesamtbild ergibt. Beispiel: Ein 90 %iger-Vertrag ist nicht stabil.

- 50-50-Methode: Bei diesem Ansatz können bereits nach Beginn der Aktivitäten 50 % und am Ende der Teilaufgabe oder des Arbeitspaketes die restlichen 50 % angesetzt werden. Man teilt quasi die Leistungen in zwei Teile und signalisiert, dass bereits Leistungen erfolgt, aber noch nicht abgeschlossen sind. Dieser Ansatz ist nicht genau, sondern nur ein grobes Näherungsmittel.

- Statusschritt-Methode: Auf Teilaufgaben- oder Arbeitspaketebene werden Mikromeilensteine gesetzt. Zu beachten ist, dass Projekte in mehrere Ebenen unterteilt werden können, auf denen dann die gleichen Prinzipien wie auf der Meta-Ebene realisiert werden (Selbstähnlichkeit). Beispielsweise wird ein Arbeitspaket in einzelne Phasen untergliedert und mit Mikromeilensteinen versehen, die Planwerte für den Fertigstellungsgrad aufweisen:

Meilenstein M	1	2	3	4	Gesamt
Leistung bei M_n	25 %	30 %	25 %	20 %	100 %
Erwartete Leistung	2.500 €	3.000 €	2.500 €	2.000 €	10.000 €
Kumuliert erwartete Leistung	2.500 €	5.500 €	8.000 €	10.000 €	

Eine Proportionalität und subjektive Zuordnung spielen bei der Mikromeilensteinmethode eine Rolle. Jedoch können Orientierungspunkte gesetzt werden, die dann durch Lerneffekte korrigiert werden können.

Lösung zu Aufgabe 3: Projektstatusbericht

a) Formular für einen Projektstatusbericht:

Projekt: Spiel „UniversStar"	Projektleiterin Huber	Berichtszeitpunkt:
Status „auf einen Blick": Bitte ankreuzen		
Positiv, keine Probleme	Weiterentwicklung, aber kleinere lösbare Probleme	Projekt verzerrt, große Probleme
Kostenstatus:................ 1 = geringe Abweichungen vom Plan ... 5 = sehr große Abweichungen vom Plan	Terminstatus:................ 1 = geringe Abweichungen vom Plan ... 5 = sehr große Abweichungen vom Plan	Leistungsstatus:................ 1 = geringe Abweichungen vom Plan ... 5 = sehr große Abweichungen vom Plan
Ursachen:	Ursachen:	Ursachen:
Einzuleitende Maßnahmen:	Einzuleitende Maßnahmen:	Einzuleitende Maßnahmen:
Zustand weiche Faktoren:		Ort, Datum, Unterschrift Projektleitung

b) Die Aussage des Arbeitspaketverantwortlichen ist unscharf und vage. Die Projektleiterin kann die Aussage positiv aufnehmen und glauben, dass die Aufgaben wirklich bald erledigt sind, oder im negativen Fall wird sie eher das Problem betonen und nicht ein baldiges Ende vermuten, sondern eine Verzögerung erwarten.

LÖSUNGEN

Die Projektleiterin sollte den Arbeitspaketverantwortlichen aufklären, dass er präzise Aussagen zum Leistungsstand der geplanten Aufgaben trifft, damit der Projektfortschritt als Ganzes betrachtet werden kann.

6.3 Abweichungs- und Trendanalysen

Lösung zu Aufgabe 1: Abweichungsanalyse (1)

Arbeitspakete	Plan-Kosten (in €)	Ist-Kosten (in €)	Planabweichung absolut (in €) (Ist - Plan)	Plan-abweichung (in %)	Beurteilung der Abweichung
„Hardware – Investive Sachkosten"	40.000	43.000	+ 3.000	+7,5	Zusätzliche Kabelverlegungen
„Externer Support- Personal"	48.000	48.000	0	0	---
„Hardware- Personal"	23.000	17.000	-6.000	-26,1	Plankosten überhöht
„Software- Investive Kosten"	6.000	5.000	-1.000	-16,7	Preissenkungen am Markt
„Entsorgung- Konsumtive Kosten"	3.200	2.950	-250	-7,8	Einige alte Teile konnten doch noch eingesetzt werden.

Lösung zu Aufgabe 2: Abweichungsanalyse (2)***

Kennzahlen	Meilenstein 01.02.
Plan-Gesamt-Kosten (PGK)	480.000 €
Plan-Kosten zum Stichtag (PK)	80.000 €
Aktuelle Ist-Kosten (AIK)	88.000 €
FGR (Ist)	25 %
Soll-Kosten der Ist-Leistung (AFW = aktueller Fertigstellungswert)	120.000 €
Effizienzfaktor (EF)	136,4 %
Zeitplan-Kennzahl (ZK)	150 %
Kostenabweichung (KA)	32.000 €
Geschätzte Gesamtkosten bei Fertigstellung (SGK) Linear Additiv	352.000 € 448.000 €
Erwartete Gesamtkostenabweichung bei Fertigstellung (GKA) Linear Additiv	128.000 € 32.000 €

LÖSUNGEN

AIK = Aktuelle Ist-Kosten zum Stichtag
AFW = Aktueller Fertigstellungswert (Soll-Kosten der Ist-Leistung)
EF = Effizienzfaktor (bei größer 100: Projekt ist wirtschaftlicher als geplant)
FGR (Ist) in % = Aktueller Fertigstellungsgrad in Prozent
GKA = Erwartete Gesamtkostenabweichung bei Fertigstellung
KA = Kostenabweichung
PK = Plan-Kosten zum Stichtag oder geplanter Fertigstellungswert
PGK = Geplante Gesamtkosten bei Fertigstellung
SGK = Geschätzte Gesamtkosten bei Fertigstellung
ZK = Zeitplan-Kennzahl (bei größer 100: Projekt ist schneller als geplant)

Berechnungen:

$$\text{AFW} = \text{PGK} \cdot \text{FGR (Ist) in \%}$$

= 480.000 € · 0,25 = 120.000 €

$$\text{SGK} = \text{PGK} \cdot (\text{AIK} : \text{AFW})$$

linear: die Abweichung setzt sich multiplikativ bis zum Projektende fort (Annahme)

$$= 480.000\ \text{€} \cdot \frac{88.000\ \text{€}}{120.000\ \text{€}} = 352.000\ \text{€}$$

$$\text{SGK} = \text{PGK} + (\text{AIK} - \text{AFW})$$

additiv: die Abweichung ist singulär (Annahme)

= 480.000 € + (88.000 € - 120.000 €) = 448.000 €

Die Wahrheit liegt zwischen der additiven und linearen Schätzmethode für die gesamten Projektkosten. Welcher Ansatz gewählt wird, hängt auch davon ab, ob bei Meilensteinen zu Beginn oder am Ende des Projekts geschätzt wird.

$$\text{GKA} = \text{PGK} - \text{SGK}$$

= 480.000 € - 448.000 € (additiv) = 32.000 €
= 480.000 € - 352.000 € (linear) = 128.000 €

$$\text{KA} = \text{AFW} - \text{AIK}$$

= 120.000 € - 88.000 € = 32.000 €; positiv, da die Ist-Kosten kleiner als die Soll-Kosten der Ist-Leistung zum Stichtag sind.

EF = (AFW : AIK) • 100

$$= \frac{120.000 \text{ €}}{88.000 \text{ €}} \cdot 100 = 136,4\,\%;$$

Projekt ist wirtschaftlicher als geplant, da größer 100 %.

ZK = (AFW : PK) • 100

$$= \frac{120.000 \text{ €}}{80.000 \text{ €}} \cdot 100 = 150\,\%;$$

Projekt ist schneller als geplant, da größer 100 %.

Lösung zu Aufgabe 3: Kostentrendanalyse***

a) Bei den Meilensteinen werden die Ist-Kosten erhoben und ein Vergleich zu den Plan-Kosten vollzogen. Hinsichtlich der Finanzierung des Projekts ist auch maßgeblich, wie sich die Kostenabweichungen (Soll-Ist-Vergleich) bei den folgenden Meilensteinen weiter fortsetzen und somit das geplante Budget überschritten oder unterschritten wird. Daher wird bei den Meilensteinen versucht, einen Kostentrend aus den beobachteten Abweichungen mit unterschiedlichen mathematischen Ansätzen abzuschätzen. Die Kostentrendanalyse wird in den Projektstatusbericht eingebunden.

b)

Berichts-periode	Plan-Gesamt-Kosten (in €)	Soll-Kosten der Ist-Leistung (in €)	Aktuelle Ist-Kosten (in €)	Kostensteige-rungsfaktor (AIK/AFW)	Geschätzte Gesamt-kosten (in €)
1	1.000.000	200.000	220.000	1,1	1.100.000
2	1.000.000	350.000	390.000	1,1	1.100.000
3	1.000.000	440.000	470.000	1,1	1.100.000
4	1.000.000	560.000	590.000	1,1	1.100.000
5	1.000.000	720.000	830.000	1,2	1.200.000
6	1.000.000	1.000.000	1.200.000	1,2	1.200.000

AFW = Soll-Kosten der Ist-Leistung

AIK = Aktuelle Ist-Kosten zum Stichtag

Trotz der unterschiedlichen absoluten Soll-Ist-Kostenabweichungen bleibt der Kostensteigerungsfaktor in diesem Fall in den Perioden 1 bis 4 konstant. Ab Periode 5 steigen die geschätzten Gesamtkosten um 100.000 € an.

Lösung zu Aufgabe 4: Meilensteintrendanalyse***

a) Bei den Meilensteinterminen wird ein Vergleich zwischen den Planterminen sowie der tatsächlichen Terminsituation realisiert. Dabei ist erkennbar, ob die geplanten Aktivitäten termingemäß durchgeführt wurden.

Bei jedem Berichtszeitpunkt sollte eine Prognose über die Einhaltung der weiteren geplanten Meilensteine abgegeben werden. Die Meilensteintrendanalyse wird in den Projektstatusbericht eingebunden.

b) **Meilensteintrendanalyse:**

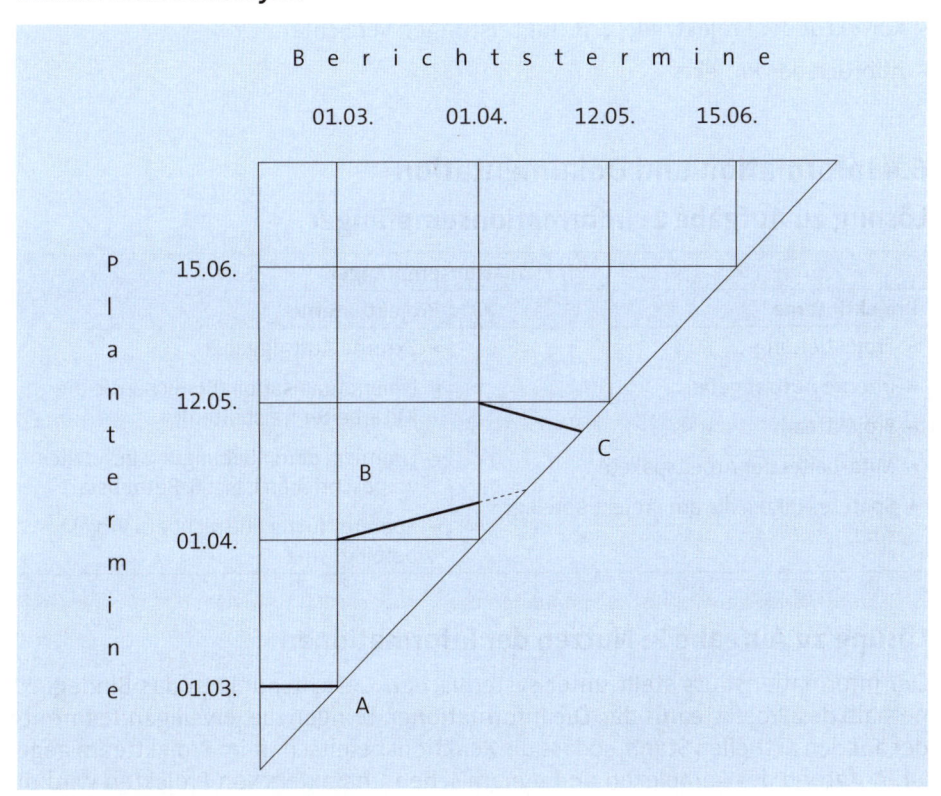

Funktionsweise einer MTA:

- Horizontale Linie: Meilensteintermine im Plan
- Ansteigende Linie: Meilensteintermine verzögern sich
- Fallende Linie: Meilensteintermine werden früher als geplant realisiert

Beim Berichtszeitpunkt 01.03. ist das Projekt im Plan (Fall A).

Beim Berichtszeitpunkt 01.03. wird eine Verzögerung angenommen; daher wird eine ansteigende Linie eingezeichnet. Am Schnittpunkt der Verlängerung der gepunkteten Linie mit der Hypothenuse kann der neue prognostizierte Termin gekennzeichnet werden. Der geplante Meilensteintermin zum 01.04. wird nicht am 01.04, sondern nach dem 01.04. realisiert (Fall B).

Beim Berichtstermin 01.04. wird eine Prognose zum Plantermin 12.05. abgegeben. Die fallende Linie zeigt, dass zum Berichtstermin ein früherer Eintritt des Plantermins (vor dem 12.05.) geschätzt wird (Fall C).

Lösung zu Aufgabe 5: Korrekturmaßnahmen

- Operative Korrekturmaßnahmen, z. B. bei Leistungsunterschreitung mehr Mitarbeiter einsetzen
- Plangrößen neu gestalten, z. B. durch neue detailliertere Schätzungen
- Korrektur der Projektziele, z. B. auf Leistungen verzichten
- Abbruch des Projekts

6.4 Information und Dokumentation
Lösung zu Aufgabe 1: Informationsempfänger

Informationsempfänger	
Projektinterne	**Projektexterne**
► Projektleitung	► Externe Auftraggeber
► Interne Auftraggeber	► Linienorganisation (Bereiche, die die Mitarbeiter freistellten)
► Projektteam	
► Mitarbeiter der Arbeitspakete	► Gremien, deren Beteiligung gesetzlich vorgeschrieben ist (z. B. Betriebsrat)
► Spätere Nutzer, die am Projekt beteiligt sind.	► Spätere Nutzer, die nicht am Projekt beteiligt sind.

Lösung zu Aufgabe 2: Nutzen der Informationen

Der Informationsfluss stellt unter systemischen Gesichtspunkten das Bindeglied innerhalb des Projektteams dar. Die Informationen bringen die jeweiligen Teammitglieder auf den aktuellen Stand, sodass die Reaktionsbereitschaft im Projektteam gegeben ist. Aufgrund des komplexen und dynamischen Charakters von Projekten wird durch den Informationsfluss eine Lernfähigkeit erzeugt, die zum Projektfortschritt beitragen kann. Die Informationen können durch Gespräche, Meetings, Audits oder Reports erzeugt werden. Durch die Informationsaufbereitung können die Projektsachverhalte den Informationsempfängern transparent vermittelt werden, um den Status quo des Projekts realistisch darzustellen. Der Projektleiter verdichtet die Informationen für den internen Auftraggeber, der in der Regel an Details nicht interessiert ist, sondern den Projektfortschritt und größere Soll-Ist-Abweichungen beobachtet, die möglicherweise das Projektziel gefährden könnten.

LÖSUNGEN

Lösung zu Aufgabe 3: Dokumentationsarten

Dokumentationsart	Beispiel
Projektintern	Schätzungen, Protokolle von Meetings
Projektextern	Projektstatusberichte, Abschlussbericht
Projektgegenstandsorientiert	Handbuch für späteren Nutzer
Projektablauforientiert	Dokumentation über Schätzungen, Annahmen und deren Wirkung

Lösung zu Aufgabe 4: Feste versus freie Dokumentationsstruktur

	Feste Dokumentationsstruktur	Freie Dokumentationsstruktur
Vorteile	Vollständige und einheitliche Dokumentation	Keine leeren Felder, passend für das jeweilige Projekt
Nachteile	Überdimensioniert, leere Felder, da nicht für jedes Projekt passend	Für jedes Projekt wird eine neue Dokumentationsstruktur entwickelt; mangelnde Vergleichbarkeit

Lösung zu Aufgabe 5: Reporting

Ein Projektleiter sollte die Projektberichte nicht zu umfangreich gestalten, da die internen Auftraggeber (häufig Bereichsleiter) ein geringes Zeitbudget haben. Die Reports sollten den Status zum magischen Dreieck (Kosten, Zeit, Leistung) sowie zu den weichen Faktoren enthalten. Die Projektberichte sollten ein Deckblatt mit allen wichtigen Aussagen, Daten (Abweichungen mit Erklärungen) und Grafiken in Form eines Cockpit-Berichts enthalten, damit der interne Auftraggeber entsprechend entscheiden und steuern kann. Nach dem Deckblatt können die Daten ausführlich dargestellt werden, wenn der interne Auftraggeber an Details interessiert sein sollte. Die Reports sollten empfängerorientiert ausgestaltet sein. Die Sprache der Projektberichte sollte verständlich sein, da der interne Auftraggeber auf einer Meta-Ebene steuert. Die Projektberichte sollten zu den Meilensteinterminen erstellt werden.

LÖSUNGEN

Lösung zu Aufgabe 6: Information, Dokumentation und Wissensmanagement***

Um den Informationsfluss und die Dokumentation so zu verbinden, dass ein Wissensmanagement abgeleitet werden kann, wird als erster methodischer Ansatz ein Phasenmodell eingesetzt.

Phase	Aktivitäten
1	Bestandsaufnahme der bisherigen Dokumentationen (Inventarisierung)
2	Wissensziele aufstellen
3	Erstellen eines strukturierten festen Schemas zur Dokumentation
4	Laufende Erfassung von Daten, Informationen aus den Projekten, Workshops und Meetings
5	Wissen evaluieren: Klassifikation der Daten und Informationen sowie Bewertung bzgl. der Anwendbarkeit für die zukünftige Steuerung
6	Wissen den zugelassenen Nutzern per IT zur Verfügung stellen

Lösung zu Aufgabe 7: Informations- und Kommunikationstechnik (1)

Papier:
Trotz der Digitalisierungsneigung wird bei vielen Projekten das Papier als Dokumentationsgrundlage noch intensiv eingesetzt. Die Papierdokumente werden häufig per Scanner in digitale Dokumente transformiert und dann gespeichert.

Dokumentenmanagementsystem:
Die Dokumente können im Rahmen des Dateimanagers gespeichert werden, jedoch bietet ein Dokumentenmanagementsystem ausgeprägtere Strukturierungs- und Abfragemöglichkeiten.

Datenbanken:
Die Dokumente eines Projekts, wie z. B. Projektstrukturpläne, Kosten- und Terminpläne, Risikoanalysen, Schätzungen, Abweichungsanalysen, usw., können in einer Projektdatenbank hinterlegt werden. Aus Datenbanken können Abfragen für statistische Auswertungen generiert werden. Datenbanken können sowohl mit Dokumentenmanagementsystemen als auch mit Workflowsystemen kombiniert werden. Workflowsysteme (engl.: Arbeitsablauf) eignen sich für standardisierte Unterlagen in höherer Stückzahl. Ob ein hoher Standardisierungsgrad bei außergewöhnlichen Vorhaben anfällt, bleibt fraglich.

Blog:
Der Begriff stammt von den beiden Wörtern „We**b**" und „**Log**buch". Der Projektleiter oder die Kernteammitglieder können mit dem Blog eine Online-Dokumentation erstellen. Die Projektakteure erhalten durch den Blog den aktuellen Informationsstand.

Wiki:
Durch Wikis werden Webseiten von verschiedenen Autoren (Kernteammitgliedern) erstellt. Eine Onlineänderung ist möglich, sodass ein kontinuierlicher Verbesserungsprozess der dokumentierten Inhalte, wie z. B. Ideen, Glossars, Pflichtenhefte, usw., entsteht.

Virtuelle Projekträume:
Die Art der Datenablage ist für bestimmte Zielgruppen durch Passwörter (Pull-Prinzip) reserviert. Die autorisierten Personen können innerhalb der virtuellen Projekträume kommunizieren. Das Push-Prinzip sorgt dafür, dass neue Nachrichten den Teilnehmern der virtuellen Projekträume zugestellt werden.

Lösung zu Aufgabe 8: Informations- und Kommunikationstechnik (2)

Kommunikationsmedium	Vorteil	Nachteil
Telefon	Persönlich und sofortiges Feedback möglich	Kein Face-to-Face
E-Mail	Schnell	Kein sofortiges Feedback möglich, Information-Overload
Meeting	Mehrere Blickwinkel	Hohe Kosten (Koordination, Reisekosten, Leerkosten durch mangelnde Beteiligung der Teilnehmer)
Videokonferenz	Face-to-Face, Feedback möglich	Bildübertragung verzerrt, Dokumentation nachträglich
Chat	Schnelles Feedback	Überkreuzende Beiträge und textliche Unklarheiten

7. Konfigurations- und Änderungsmanagement

Lösung zu Aufgabe 1: Begriff „Konfiguration"
Die Konfiguration offenbart die Eckpunkte, die Struktur und die Gestalt eines Produkts. Damit werden die physischen, konstruktiven und funktionellen Merkmale eines Projektgegenstands (z. B. ein Produkt) in einer Dokumentation gezeigt.

Lösung zu Aufgabe 2: Nutzen des Konfigurationsmanagement
- Durch detaillierte Stücklisten und Konstruktionszeichnungen werden die Details eines Produkts dargelegt.
- Die Konfiguration eines Produkts ist wesentlich für die Produkthaftung und für die Zertifizierung.
- Bei der Produktentstehung können aufgrund der Details der Einzelteile die Prozesse nachvollzogen werden, was bei Mängeln und deren Ursachenforschung wesentlich ist.
- Durch die Konfiguration eines Produkts wird die Basis für Änderungen bereitgestellt.

Lösung zu Aufgabe 3: Elemente des Konfigurationsmanagement
- Identifizierung der Konfiguration (Produktstruktur, Konstruktionsstand bestimmen, Nummerierung und Kennzeichnungen durchführen, Produktdokumentation).
- Konfigurationsbuchführung (Dokumentation der Konstruktionsänderungen und Erfassung von Änderungsanträgen).
- Durchführung eines Konfigurationsaudits (Überprüfung des Produkts mit den Konfigurationsdokumenten).
- Management der Konfiguration (Organisation, Ablaufpläne, Personaleinsatz, Audits, Entscheidungsfindung durch Ausschüsse).

Lösung zu Aufgabe 4: Änderungsmanagement (1)
- Änderungen der Projektziele.
- Veränderte Kundenwünsche.
- Plötzlich auftretende Probleme bei der Realisierung des Projekts.
- Prognose, dass das Projektbudget deutlich überschritten wird.
- Missachtete gesetzliche Vorschriften und dadurch bedingte Nachbesserungen.
- Erfahrungen aus ersten Produkttests erfordern Änderungen bei der Produktstruktur.

LÖSUNGEN

Lösung zu Aufgabe 5: Änderungsmanagement (2)

Der erste Schritt beim Änderungsmanagement besteht in der Dokumentation des Anlasses, der zur Änderung führt. Dabei werden die zu ändernden Strukturen und Teile genau bezeichnet und beschrieben. Zudem wird erläutert, welchen Nutzen die Änderungen mit sich bringen. Der Änderungsantrag muss durch den Projektleiter oder einem Änderungsausschuss genehmigt werden. Die Änderung wird anschließend durchgeführt und in der Konfigurationsbuchführung dokumentiert. Nach erfolgter Änderung wird überprüft, ob der geplante Nutzen der Änderung eingetreten ist.

8. Qualitätsmanagement in Projekten

Lösung zu Aufgabe 1: Begriff „Qualität"

Qualität zeigt die Beschaffenheit eines Gutes, bestimmte Anforderungen zu erfüllen. Qualität beinhaltet eine objektive und eine subjektive Komponente.

Die Qualitätsdimensionen können das Ergebnis, die Prozesse und die Struktur des Gutes umfassen. Die Qualität des Ergebnisses beinhaltet beispielsweise eine geringe Mängelquote bei Produkten oder die nachhaltige Stabilität eines Prozesses im Rahmen einer Umorganisation. Die Prozessqualität kann durch eine geringe Durchlaufzeit geprägt sein. Bei der Strukturqualität spielen die Qualifikation der Mitarbeiter, die Arbeitsplatzausstattung, usw. eine Rolle.

Lösung zu Aufgabe 2: Qualität und Wahrnehmung

Wenn die Erwartungen des Kunden nicht mit den wahrgenommenen Leistungen übereinstimmen, dann ist der Kunde (hier der Mitarbeiter) der Kantine unzufrieden. Der Kunde ärgert sich und erzählt die Unzufriedenheit an die anderen Mitarbeiter weiter. Negative Sachverhalte werden häufiger und intensiver weitererzählt als positive Erlebnisse. Die Konsequenz kann sein, dass sich die Stimmung gegen die Kantine und das Mittagessen wenden kann, sodass die Mitarbeiter nicht mehr in die Kantine gehen oder sich selbst verpflegen.

Eine andere Möglichkeit besteht darin, dass sich die Mitarbeiter über die möglicherweise unangenehme Atmosphäre beschweren. Dadurch bekommt die Kantine die Möglichkeit, sich zu verbessern, indem die Atmosphäre nachgebessert oder die Zubereitung des Essens geändert wird.

Wenn die wahrgenommenen Leistungen die Erwartungen erfüllen, dann ist der Kunde zufrieden. Es wird zu keinen weiteren Reaktionen kommen.

Wenn die wahrgenommenen Leistungen die Erwartungen übertreffen, dann ist der Kunde begeistert. Das könnte im Fall der Kantine ein über die Maßen freundliches Kantinenpersonal sein. Die Mitarbeiter erzählen die positiven Erlebnisse weiter und die Kantine wird vermehrt genutzt.

Lösung zu Aufgabe 3: Zusammenhang zwischen Projektmanagement und Qualität

Im Rahmen der Projektplanung spielt die Qualitätsplanung eine große Rolle. Die Merkmale des Projektgegenstands werden entsprechend der Anforderungen festgelegt. Zudem werden während des Projektablaufs an den Meilensteinen Tests oder Audits implementiert, um den Qualitätsforschritt des Projektgegenstands zu bestimmen. Die Messung der Qualität sollte definiert werden (z. B. Fehlerrate). Abweichungen zwischen der geplanten und der bis zum Messzeitpunkt realisierten Qualität können als Anlass verwendet werden, einen kontinuierlichen Verbesserungsprozess einzuleiten.

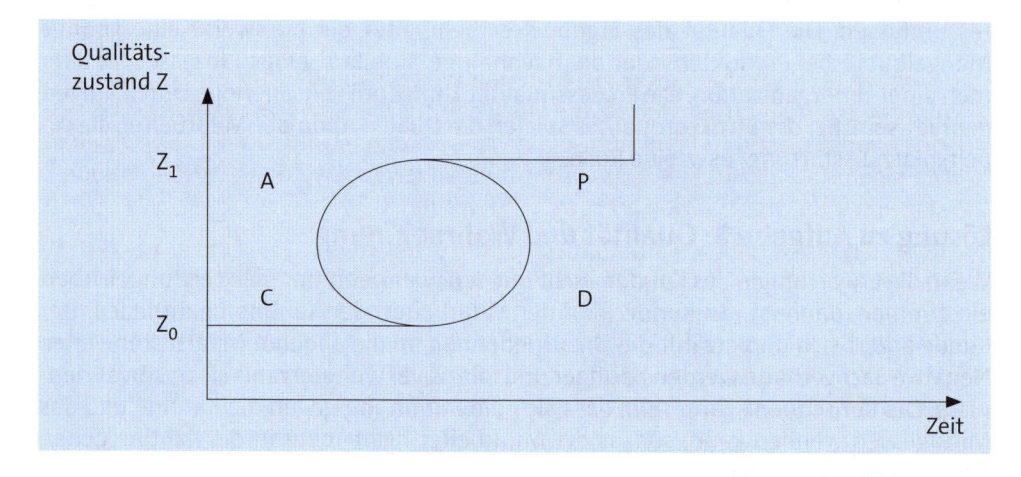

Dies kann durch den PDCA-Zyklus (*Deming*-Zyklus) geschehen:

P = Plan
D = Do
C = Check
A = Act

Um eine nächsthöhere Qualitätsstufe (Z_1) zu erreichen, werden Qualitätsziele im Rahmen der Qualitätsplanung (Plan) aufgestellt. Dann werden Maßnahmen umgesetzt (Do) und anschließend wird die Verbesserung der Qualität anhand von definierten Kriterien oder Metriken gemessen (Check). Wenn die gefundene Lösung als stabil und für den Projektzustand förderlich ist, dann wird sie nachhaltig implementiert (Act). Dies bedeutet, dass der interne Auftraggeber die nächste Projektphase freigibt. Wenn die Qualität nicht stimmig ist, dann muss die Projektphase wiederholt werden.

Mit jeder Stufe (siehe Abbildung) erhöht sich das Qualitätsniveau und das Projekt nähert sich Phase um Phase den Leistungs- und Qualitätszielen.

Lösung zu Aufgabe 4: Total Quality Management und ISO 9000

a) Total Quality Management (TQM) beinhaltet einen ganzheitlichen Blickwinkel (total), der alle Aktivitätsbereiche des Unternehmens (und der Projekte) sowie alle Stakeholder umfasst. Die Rolle des Management bei TQM besteht darin, die Qualitätsziele vorzugeben, mit Vorbildfunktion zu führen und die Mitarbeiter in einen ganzheitlichen Prozess zu integrieren.

TQM stellt einen systemischen Ansatz dar, da viele Faktoren miteinander verbunden sind. Eine Umsetzung von TQM erfolgt durch die EFQM (**E**uropean **F**oundation for **Q**uality **M**anagement), die 1988 gegründet wurde. Die EFQM vergibt den European Quality Award. Im Rahmen des EFQM werden Befähiger (Führung, Mitarbeiter, Politik & Strategie, Prozesse, ...) und Ergebnisse (Mitarbeiter, Kunde, Gesellschaft, ...) mit einem Lern-Feedback verbunden.

LÖSUNGEN

```
    ┌─────────────┐      ┌─────────────┐
──▶ │  Befähiger  │ ──▶  │  Ergebnisse │ ──┐
│   └─────────────┘      └─────────────┘   │
│                                          │
│        ┌──────────────────────┐          │
└────────│ Innovation und Lernen│◀─────────┘
         └──────────────────────┘
```

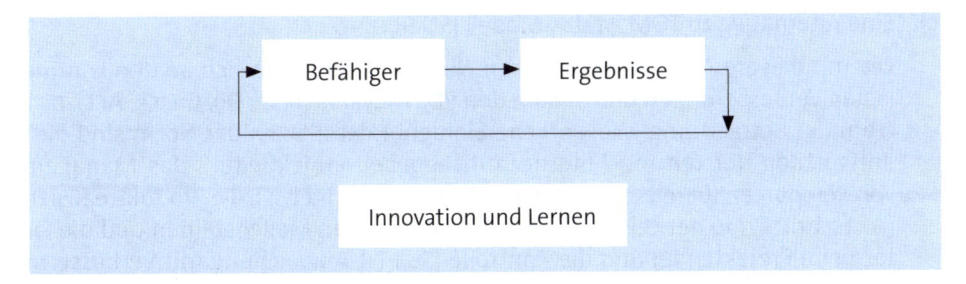

Die nach EFQM festgelegten Soll-Kriterien werden von den Unternehmen meist nicht vollständig erfüllt, sodass die Ursachen für die Abweichungen (Soll-Ist-Vergleich) analysiert und Lernimpulse aktiviert werden. Dadurch wird TQM zu einer Managementphilosophie und die kontinuierliche Verbesserung der Qualität durch eine lernende Organisation steht im Vordergrund.

TQM zielt insbesondere darauf ab, bei Optimierungen der Qualität die Geisteshaltung des Management und der Mitarbeiter zu verändern. Die TQM- bzw. EFQM-Modelle können zur Selbstbewertung, aber auch mit den Awards für das Marketing verwendet werden. Darüberhinaus können bei entsprechender Standardisierung die Strukturen und Prozesse der Unternehmen oder Geschäftsbereiche im Rahmen von Benchmarking verglichen werden.

Einzelne exemplarische Elemente von TQM sind:

Unternehmensphilosophie planen, Mitarbeiterentwicklung, Kundenanforderungen ermitteln und Kundenzufriedenheit überwachen, Lean Management, Informationsmanagement (Reporting, ...), Lieferantenauswahl, Öffentlichkeitsarbeit und Stakeholdermanagement.

b) Ein zentraler Aspekt der Integration von TQM in Projekten liegt darin, dass die Projektmitarbeiter ihre Geisteshaltung konsequent auf Qualität ausrichten. Im Rahmen von Projekten bedeutet dies, dass die Teilaufgaben- und Arbeitspaketverantwortlichen neben Kosten und Zeit auch die Qualität der Aufgaben besonders berücksichtigen. Um eine Qualitätsausrichtung in Projekten zu erreichen, sollten die Projektmitarbeiter hinsichtlich des Qualitätsmanagement geschult werden. Darüber hinaus sollte ein Bewusstsein für die systemischen Zusammenhänge sowie die bedeutende Rolle der Stakeholder in Projekten entwickelt werden. Die Denkweise, dass Befähiger (Führung, Prozesse, in Projekten insbesondere Teilaufgaben und Arbeitspakete) die Grundlage für Ergebnisse (Projektziel) darstellen und Abweichungen bei den Meilensteinen für (kontinuierliche) Verbesserungsprozesse (Innovation und Lernen) verwendet werden, stellt ein Bindeglied zu TQM dar.

TQM kann eine lernende Organisation sowie eine ganzheitliche Denkweise in Projekten initiieren. Dadurch können partnerschaftliche und vertrauensvolle Kommunikationen mit den Lieferanten, Kunden, Mitarbeitern und gesellschaftlichen Anspruchsgruppen aufgebaut werden. Somit erhöht sich die flexible Reaktionsfähigkeit auf Marktveränderungen und die Wahrscheinlichkeit für den Projekterfolg steigt.

c) Eine Alternative zu TQM ist das Modell ISO 9000.

Die mit diesem Ansatz verbundenen Normen orientieren sich an den kontinuierlichen Verbesserungen und stellen den PDCA-Zyklus (**P**lan, **D**o, **C**heck, **A**ct) ins Zentrum der Betrachtung. Wesentliche Elemente der ISO 9000er-Norm sind die Verantwortung der Leitung (interne Auftraggeber, Projektleiter), das Management von Ressourcen (Bereitstellung der Mitarbeiter, Budget, ...), die Produktrealisierung (Fortschrittsgrad der Leistung oder Qualität bei den Meilensteinen und die Qualität beim Projektende) und die Kontrolle (Soll-Ist-Abweichung mit Verbesserungsmaßnahmen).

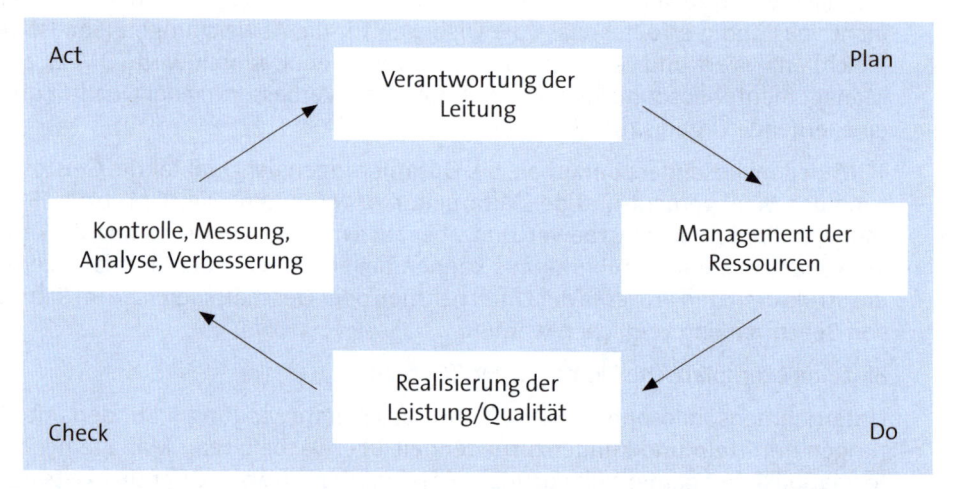

```
Act                                                           Plan
              Verantwortung der
                   Leitung


  Kontrolle, Messung,                       Management der
  Analyse, Verbesserung                      Ressourcen


              Realisierung der
              Leistung/Qualität
Check                                                          Do
```

Bei der ISO 9000er-Norm wurde das Plan des PDCA-Zylus in zwei Teile (Verantwortung der Leitung, Management der Ressourcen) aufgeteilt. Das Act des PDCA-Zyklus, die Verankerung auf einer höheren Zustandsebene, gehört dann zur Verantwortung der Leitung im Rahmen der ISO 9000er-Norm.

Lösung zu Aufgabe 5: Qualitätsmanagementinstrumente (1)

Das *Ishikawa*-Diagramm zeigt Ursache-Wirkungs-Zusammenhänge auf. Dabei werden die klassischen vier Ms (**M**ensch, **M**aschine, **M**aterial, **M**ethode) zur Ursachenforschung verwendet. Je nach Problemstellung können auch weitere Ms herangezogen werden.

Eine Einsatzmöglichkeit in Projekten kann darin liegen, dass in einer Projektphase Leistungs- und Qualitätsprobleme bei einem zu entwickelnden Projektgegenstand auftreten. Das Projektteam kann einen Workshop einberufen und mit dem *Ishikawa*-Diagramm die Ursachen des Problems herausfinden.

LÖSUNGEN

Beispiel

Ein Schokoladenhersteller initiiert das Projekt „Neuausrichtung des Geschmacks der Rum-Nuss-Schokolade mit Produktionsveränderungen". Beim zweiten Meilenstein wird ein erster Entwurf des neuen Schokoladengeschmacks durch das Projektteam getestet. Dabei stellt sich heraus, dass der Geschmack zu bitter ist und zu viel Rum enthält.

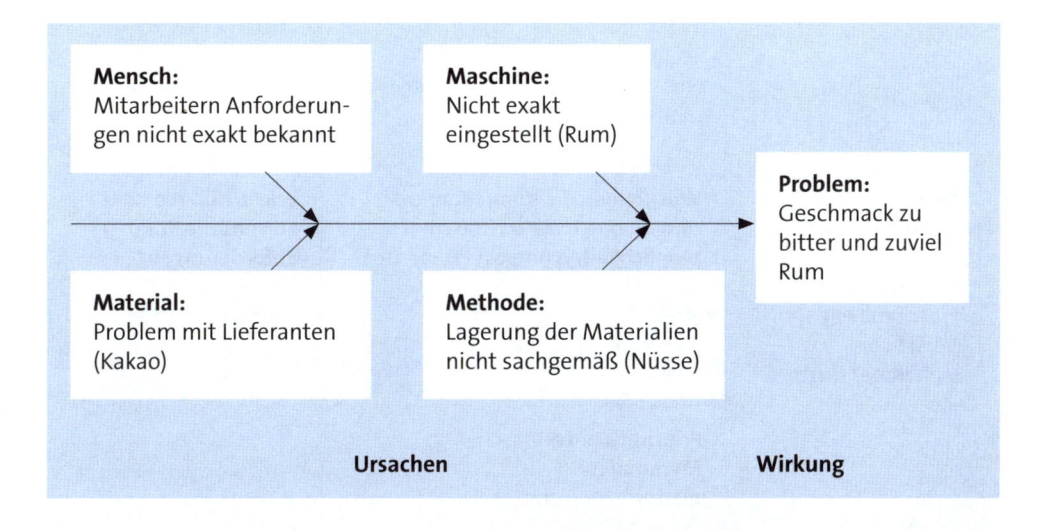

```
Mensch:                        Maschine:
Mitarbeitern Anforderun-       Nicht exakt
gen nicht exakt bekannt        eingestellt (Rum)
                                                        Problem:
                                                        Geschmack zu
                                                        bitter und zuviel
                                                        Rum
Material:                      Methode:
Problem mit Lieferanten        Lagerung der Materialien
(Kakao)                        nicht sachgemäß (Nüsse)

            Ursachen                                    Wirkung
```

Lösung zu Aufgabe 6: Qualitätsmanagementinstrumente (2)***

Das House of Quality stellt ein Qualitätsmanagementinstrument im Rahmen des Quality Function Deployment (QFD) dar. Die zentrale Frage lautet: Kann das Unternehmen (hier: Projekt) die Kundenwünsche technisch umsetzen (Umsetzung = deployment)?

Die QFD-Methode stellt ein Kommunikationsinstrument dar, da für die Ermittlung der Kundenanforderungen die Marktforschung und für die Darlegung der Entwicklungs- und Produktionsmöglichkeiten der technische Bereich benötigt werden. Durch das House of Quality werden beide Bereiche (betriebswirtschaftlich, technisch) kombiniert und somit auch ein ganzheitlicher Blickwinkel entwickelt.

House of Quality:

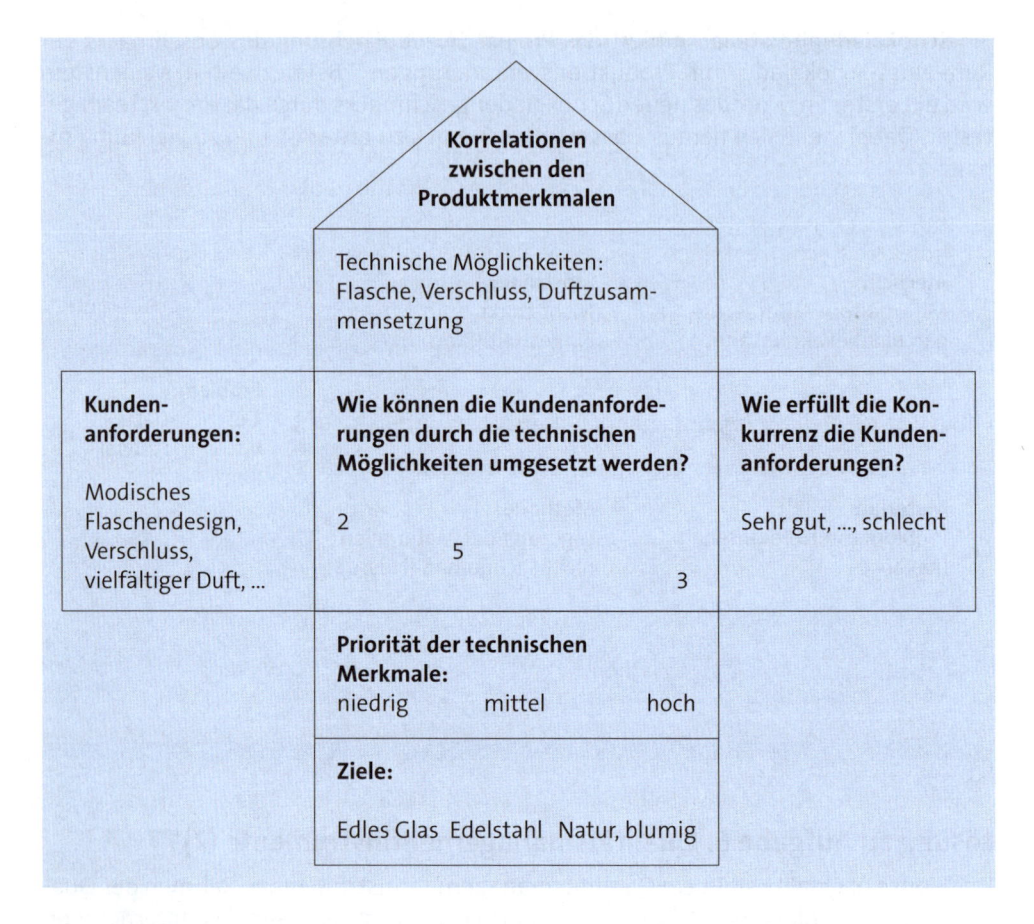

	Korrelationen zwischen den Produktmerkmalen	
	Technische Möglichkeiten: Flasche, Verschluss, Duftzusammensetzung	
Kundenanforderungen: Modisches Flaschendesign, Verschluss, vielfältiger Duft, ...	**Wie können die Kundenanforderungen durch die technischen Möglichkeiten umgesetzt werden?** 2 5 3	**Wie erfüllt die Konkurrenz die Kundenanforderungen?** Sehr gut, ..., schlecht
	Priorität der technischen Merkmale: niedrig mittel hoch	
	Ziele: Edles Glas Edelstahl Natur, blumig	

1 = starke Beziehung, ..., 5 = schwache Beziehung

Lösung zu Aufgabe 7: Exzellenz-Modelle***

Exzellenz-Modelle im Rahmen des Qualitätsmanagement:

- European Foundation for Quality Management (EFQM) mit Award
- ISO 9000er-Reihe
- CMMI (Capability Maturity Model Integration), Reifegradmodell
- Project Excellence Modelle (GPM-IPMA); GPM = Deutsche Gesellschaft für Projektmanagement e. V., IPMA = International Project Management Association
- Ludwig-Erhard-Preis (an TQM angelehnt).

9. Projektabschluss

Lösung zu Aufgabe 1: Zweck des Projektabschlusses

a) Projektleiterin Stark sollte gegenüber dem Teammitglied, das den Zweck des Projektabschlusses infrage stellt, wie folgt argumentieren:

Der Projektabschluss sollte bewusst vorbereitet und organisiert werden, da alle Projektbeteiligten ein Signal erhalten sollten, dass die geplanten Aufgaben erfüllt, und das Projekt abgeschlossen ist. Im Rahmen des Projektabschlusses kann eine Projektrückschau erfolgen, ob die Schätzungen zu den geplanten Eckpunkten des magischen Dreiecks (Kosten, Zeit, Leistung) eingetroffen sind, oder ob größere Abweichungen vorhanden sind. Mit der Projektrückschau können die Ursachen für die Abweichungen analysiert werden. Gründe für Abweichungen könnten sein, dass

- die Stakeholder unzureichend einbezogen wurden, oder
- die Identifikation der Teammitglieder mit den Projektzielen nicht stark ausgeprägt war, oder
- zu wenig Budget für eine Machbarkeitsstudie oder Risikoanalyse freigegeben wurde, oder
- die Kommunikation zwischen den Teammitgliedern nicht reibungslos war, oder
- die Erfahrungen mit einem Coach, Mediator, usw. rückwirkend reflektiert werden.

Insgesamt sollte der Projektabschluss zur rückwirkenden Untersuchung der Leistungsebene als auch der Ebene der weichen Faktoren benutzt werden, um Lerneffekte bei den Projektakteuren für sich selbst sowie für zukünftige Projekte abzuleiten. Um den späteren Nutzer mit dem Projektgegenstand vertraut zu machen, müssen eine Präsentation und eine Einführungsveranstaltung zur Nutzung des Projektgegenstands stattfinden. Das Projektteam bereitet sich auf diese Treffen mit dem internen (oder externen) Kunden im Rahmen des Projektabschlusses vor.

b) Aufgaben des Projektleiters beim Projektabschluss:

Der Projektleiter sollte das Team und die Projektbeteiligten informieren, dass sich das Projekt in der Abschlussphase befindet. Der Projektleiter sollte darauf achten, dass das Projekt erst dann beendet ist, wenn alle geplanten Aufgaben zur Erreichung des Projektziels erfüllt sind.

In der Projektabschlussphase verdichtet der Projektleiter nochmals alle Informationen und bereitet den Projektabschlussbericht sowie das Projekthandbuch vor, sodass eine Rückschau sowie ein Lerneffekt möglich sind. In diesem Rahmen entwickelt der Projektleiter Feedback-Möglichkeiten (Fragebogen, Interviews, …). Der Projektleiter sollte in der Lage sein, das Projekt mit dem „Adlerblick" zu betrachten. Er vergleicht die geplanten mit den realisierten Zielen. Der Projektleiter kümmert sich um die Wiedereingliederung der Projektmitarbeiter in die Linie. Er stellt ein Tätigkeitszeugnis zu den Leistungen der Projektmitarbeiter aus.

Darüber hinaus bereitet der Projektleiter die Übergabe des Projektgegenstands vor. Dazu gehört, die rechtlichen Aspekte zu beachten sowie entsprechende Checklisten und Übergabeprotokolle zu entwerfen. Für Evaluationen nach dem Projektabschluss beruft der Projektleiter einen Beauftragten aus dem Projektteam, da er nach dem Projektende keinen Zugriff mehr auf den Projektmitarbeiter hat. Die Evaluationen des Projektgegenstands sind häufig erst eine gewisse Zeit nach Inbetriebnahme möglich. Häufig sind auch technische Nachjustierungen erforderlich.

Lösung zu Aufgabe 2: Arten von Projektenden

- Projektabschluss innerhalb des Projektteams (Feedback-Besprechung über harte und weiche Faktoren, Vorbereitung Übergabe des Projektgegenstands, Vorbereitung der Präsentation beim internen oder externen Kunden, Gespräche über Weiterentwicklungen der Kernteammitglieder).
- Projektabschluss beim internen oder externen Kunden (Übergabe mit Protokoll und Checkliste, Vorstellung der Nutzung des Projektgegenstands, Präsentation mit Darlegung des Projekterfolgs, Dank für Zusammenarbeit).
- Controllingabschluss (Wirtschaftlichkeitsuntersuchung, Nutzen-Kosten-Analyse, Kennzahlen).

Lösung zu Aufgabe 3: Projektabschlussbericht

- Schätzungen der Kosten und Zeit mit Annahmen (Prämissen).
- Analyse der Abweichungen von den Schätzungen.
- Geplante Ziele und realisierte Ziele gegenüberstellen.
- Projektstrukturplan, Balken- und Netzplan.
- Finanzplan mit Wirtschaftlichkeitsauswertung.
- Analyse der weichen Faktoren (Kommunikation, ...).
- Darlegung der Probleme mit dem Projekt und deren Lösung.

Lösung zu Aufgabe 4: Projektabschluss auf der Leistungsebene

Der Projektleiter Huber kann sich auf den Projektabschluss hinsichtlich der Leistungsebene vorbereiten, indem er die geplanten und vereinbarten Ziele des Kunden mit dem tatsächlichen Leistungsstand vergleicht und untersucht, ob es noch Verpflichtungen oder offene Leistungen gibt.

Für die Übergabe des Projektgegenstands fertigt der Projektleiter eine Checkliste an und überlegt sich den Ablauf der Präsentation. Er erstellt ein Drehbuch, wie dem Kunden die Sachebene vorgestellt werden sollte. Der Projektleiter lässt vom Kunden das Übergabeprotokolll unterschreiben, womit der Gefahrenübergang auf den Kunden erfolgt und die Zahlung fällig wird, da die vereinbarte Leistung erbracht wurde.

Lösung zu Aufgabe 5: Projektabschluss auf der Ebene der weichen Faktoren

Die Analyse der weichen Faktoren in Projekten beinhaltet die rückwirkende Untersuchung des Verhaltens der Projektteammitglieder, den Umgang und die Kommunikation untereinander sowie den Informationsfluss.

Funktionierte der Austausch von Informationen im Projektteam reibungslos oder wurden manchen Teammitgliedern Informationen vorenthalten oder verspätet übermittelt?

Wie erfolgreich war der Einsatz eines Mediators beim Konflikt zwischen zwei Teammitgliedern?

Wie wird rückblickend der Startworkshop mit dem Projektcoach zur Harmonisierung des Projektteams betrachtet?

Die Analyse der weichen Faktoren ist wesentlich, da ein Projektteam ein System darstellt und die Verknüpfung der Projektteammitglieder durch Kommunikation (verbal, nonverbal) erfolgt. Der Erfolg eines Projekts basiert zu großen Teilen auf der positiven Ausprägung der weichen Faktoren, da die Stimmung sowie die Motivation der Teammitglieder wächst.

Lösung zu Aufgabe 6: Lernen aus Projekten***

Das Lernen aus Projekten kann auf der Leistungsebene erfolgen, indem beispielsweise die Kosten oder Kennzahlen aus dem Projekt mit Kosten oder Kennzahlen ähnlicher Projekte, die in Datenbanken gespeichert sind, verglichen werden. Es können die Abweichungen zwischen den Projekt- und den Vergleichskosten analysiert und entsprechende Schlüsse gezogen werden, um Lerneffekte zu erzeugen.

Auf der Ebene der weichen Faktoren können mündliche und/oder schriftliche Befragungen mit Projektteammitgliedern durchgeführt werden, um die Beziehungsebene zwischen den Teammitgliedern zu analysieren. Die Auswertungen der Befragungen können die Grundlage für Lerneffekte bilden. Darüber hinaus können neben den Kernteammitgliedern auch andere Projektakteure (Arbeitspaketverantwortliche oder externe Stakeholder) hinsichtlich der Kommunikation und dem Informationsaustausch befragt werden.

Die nachfolgenden Ansätze zeigen weitere Möglichkeit auf, um aus Projekten lernen zu können.

- **Storytelling:** Die Projektteammitglieder erzählen Geschichten über das Projekt. Die einzelnen Eindrücke und Erlebnisse werden zu einer Story zusammenfasst. Die Projektgeschichte kann beispielsweise im Rahmen eines Comics präsentiert werden. Die kurzen Aussagen in Comics sowie die charakteristischen Figuren können das Verhalten einzelner Teammitglieder sowie die Stimmung im Projekt widerspiegeln. Durch derartige Selbstbetrachtungen können Lerneffekte bei den einzelnen Beteiligten sowie im ganzen Team erfolgen.

- **Mikroartikel:** Die einzelnen Teammitglieder können ihre Eindrücke, Gefühle und Erlebnisse in einem Aufsatz über das Projekt dokumentieren. Durch das Schreiben von Texten werden die Reflexionen gefördert und ein selbst erzeugter Lerneffekt wird impulsiert.
- **Projektnachbewertungen:** Unabhängige Audit-Teams können beispielsweise mehrere Jahre nach dem Projektende das Projektergebnis evaluieren. Durch den zeitlichen Abstand entsteht ein neutralerer Blickwinkel, als wenn das Projektteam kurz nach dem Projekt eine Bewertung initiiert, da die Projektakteure noch zu sehr im Projekt involviert sind.

Lösung zu Aufgabe 7: Projektabschluss und Wissensmanagement***

Die Projekterfahrungen drücken sich durch Abweichungsanalysen, Interviews mit Projektmitarbeitern, Sitzungsprotokollen, usw. aus. Diese Informationen können in einer Projektdatenbank gespeichert werden. Wenn ähnliche Projekte initiiert werden, dann kann durch eine Suchabfrage in der Datenbank der Sachverhalt als Erstinformation für die Schätzungen des neuen Projekts verwendet werden. Somit wird ein Analogieschluss möglich.

Darüber hinaus können durch die Lerneffekte in den einzelnen Projekten Erkenntnisse für die gesamte Steuerung des Unternehmens und der Projekte abgeleitet werden. Die Information wird über die Erkenntnis zu Wissen. Die Lerneffekte können sich in anderen Projekten, aber auch im gesamten Unternehmen ausbreiten (Diffusionseffekt). Hierdurch können neue Standards geschaffen werden, wodurch die Grundstruktur des Unternehmens und der Projekte verändert wird.

Die Qualifikation der Mitarbeiter nimmt durch die Vergleiche mit anderen Projekten sowie über das Wissensmanagement zu, da individuelle Erfahrungen und Erkenntnisse mit allgemein verfügbarem Wissen der Datenbanken verknüpft werden können. Die Projektmitarbeiter lernen aber auch mit jedem einzelnen Projekt hinzu, sodass sich ein Humankapital aufbaut, das Kreativität, Selbstorganisation, Teamfähigkeit, Engagement und betriebswirtschaftliches Denken beinhaltet.

Die Schnittstellen zwischen dem Projektmanagement und dem Wissensmanagement sind die Reports der Projektleiter an den internen Auftraggeber oder des Projektleiters im Rahmen von Multiprojektmanagement an das Project-Office (Projektbüro). Die Daten können vom Projektleiter, von Mitarbeitern des Büros des internen Auftraggebers oder von Mitarbeitern des Project-Office in die Projektdatenbank eingegeben werden. Wesentlich ist, dass ein einheitliches Formular für die Erfassung der Informationen und Daten vorbereitet ist, um die Vergleichbarkeit der Projekte zu ermöglichen.

Lösung zu Aufgabe 8: Projektabschluss und Benchmarking***

a) Der Begriff „Benchmarking" bedeutet die Orientierung am Leistungsbesten. Eine Benchmark stellt bei der Landvermessung einen Bezugspunkt dar, indem ein Mitarbeiter des Landvermessers eine Stange beispielsweise in einem Baugebiet senkrecht hält. Durch die Erzeugung eines Bezugspunktes ist eine Messbarkeit möglich.

Eine derartige Denkweise kann in Unternehmen oder Projekten angewandt werden. Durch den Bezugspunkt „Leistungsbester" kann das Unternehmen oder der Projektleiter versuchen, die Lernprozesse zu optimieren. Dies kann dadurch gelingen, wenn die Leistungslücken zum Besten geschlossen werden, indem die Projektorganisation gestrafft wird, die Projektmitarbeiter geschult werden, der Kommunikations- und Informationsfluss erhöht und das Vorschlagswesen mit mehr Anreizen versehen wird.

b)
- Internes Benchmarking (Vergleich von Geschäftsbereichen oder Projekten in einem Unternehmen)
- Wettbewerbsorientiertes Benchmarking (Vergleich mit der Konkurrenz)
- Funktionales Benchmarking (Vergleich von Projekten oder Unternehmen aus verschiedenen Branchen, indem die Methode im Vordergrund steht)

c) Projektleiter Huber kann ein Benchmarking für das Projekt „Fräsrobotik-28XL13" realisieren, indem er einen geeigneten Benchmark-Partner mit einem ähnlichen Projekt wählt. Wesentlich für das Benchmarking ist, dass nicht Äpfel mit Birnen verglichen werden. Daher sollten die Ausgangssituation, der Benchmark-Partner und das Benchmark-Objekt genau analysiert werden. Wenn ähnliche oder vergleichbare Bedingungen vorliegen, dann können beispielsweise Projektkennzahlen gebildet werden und die beiden Projekte verglichen werden. Die Auswertung der Ergebnisse kann dazu führen, dass Projektleiter Huber einen Abweichungsbericht verfasst und diese Informationen im Wissensmanagement des Unternehmens dokumentiert, um Lerneffekte zu erzeugen. Wenn das Projekt beispielsweise erst zu 50 % realisiert wäre, dann könnte Projektleiter Huber einen Aktionsplan impulsieren, um die Leistungslücken noch zu schließen.

10. Multiprojektmanagement

Lösung zu Aufgabe 1: Grundlagen des Multiprojektmanagement

a) Bei Multiprojektmanagement werden viele (= multi) Projekte geplant und gesteuert. Wenn nur ein Projekt vorliegt, dann spricht man von Singleprojektmanagement.

b) Die Notwendigkeit von Multiprojektmanagement nimmt zu, weil sich die Zahl der Projekte bei den Unternehmen erhöht. Die Gründe liegen darin, dass
- ▸ kürzere Produktlebenszyklen vorhanden sind und die Dynamik sich erhöht,
- ▸ höhere Kundenanforderungen und damit die Komplexität steigt,
- ▸ zunehmende gesetzliche Restriktionen beachtet werden müssen,
- ▸ Lean Management ein permanentes Thema darstellt,
- ▸ viele Aktivitäten als Projekte betitelt werden (Projektinflation),
- ▸ die Denkweise bei der Führung kurzfristiger geworden ist,
- ▸ die Berücksichtigung der Stakeholder anspruchsvoller wurde,
- ▸ generell die Flexibilität und Reaktionsbereitschaft auf Marktveränderungen durch Wettbewerbsdruck, der auch mit der Globalisierung einhergeht, zunimmt.

Lösung zu Aufgabe 2: Multiprojektmanagement und Wahrnehmung***

Durch die Vielzahl der Projekte und auch durch die Zunahme der Einflussfaktoren entsteht für die Projektakteure eine hohe Komplexität. Insbesondere die Multiprojektmanager auf der Meta-Ebene (z. B. Projektportfolio-Board) werden nur diejenigen Informationen wahrnehmen können, die mit ihren Einstellungen harmonieren. Es findet durch die Vielzahl der Einflussgrößen eine Selektion von Informationen statt, sodass nur durch Reduktion auf wesentliche Hebelgrößen eine Steuerung des Multiprojektmanagement möglich ist. Die Multiprojektmanager nehmen nur die Aspekte wahr, die sie sehen möchten (Konstruktivismus). Um den Umgang mit Komplexität zu trainieren, sollte die Wahrnehmungsfähigkeit sowie das systemische Denken gefördert werden. Dies kann durch Simulationen (Modelle), Erfahrungen, kontemplative Übungen (Yoga, Meditation) oder Sport erfolgen. Grundsätzlich spielt bei hoher Komplexität die Intuition und somit auch die Persönlichkeit des Multiprojektmanagers eine große Rolle. Je größer die Identifikation mit den Sachverhalten, umso größer ist das Gespür für das komplexe System.

Zudem kann die Auseinandersetzung mit der Chaostheorie zusätzliche Erkenntnisse generieren, da im Chaos Strukturen enthalten sind. Die Muster in komplexen Gebilden, wie z. B. Multiprojektsituation, zu erkennen, erfordert eine entsprechende Unternehmenskultur, die Selbstorganisation zulässt sowie auf Vertrauen basiert. Bei komplexen Systemen spielen die Anfangsbedingungen eine große Rolle, die durch weiche Faktoren, wie z. B. Kommunikation, geprägt ist. Wenn die unternehmenskulturellen Umfelder stimmig sind, dann besteht die Chance, den Wahrnehmungsblickwinkel zu erweitern.

LÖSUNGEN

Lösung zu Aufgabe 3: Multiprojektplanung***

a) Um im Rahmen von Multiprojektmanagement planen zu können, sollten die organisatorischen Eckbausteine aufgestellt werden. Zu einem Multiprojektmanagement gehören folgende Elemente:

- **Projektportfolio-Board:**
  - Steht zwischen der Unternehmensleitung und dem Projekt-Office
  - Definiert die Projekte, die zur Erfüllung der Unternehmensstrategie maßgeblich sind (Portfoliomanagement)
  - Erhält aus dem Project-Office die verdichteten relevanten Informationen (Kosten, Zeit, Leistung, weiche Faktoren), um als interner Auftraggeber die nächste Projektphase freizugeben und die Projekte zu beobachten.

- **Project-Office:**
  - Fasst die Informationen aus den einzelnen Projekten zu Reports für den Projektportfolio-Board zusammen
  - Durch den operativen Überblick über die Projekte, können Synergien beim Ressourcenmanagement eingeleitet werden.

- **Multiprojektmanager:**
  - Setzt die strategischen Vorgaben des Projektportfolio-Board um
  - Findet die Balance zwischen den vielfältigen operativen Anforderungen der Projekte und den strategischen Zielen
  - Setzt die Möglichkeiten, die sich aus dem Informationsüberblick des Project-Office ergeben, bei der Ressourcenoptimierung um
  - Chaosmanagement
  - Task Force bereitstellen, um bei Problemen in Einzelprojekten einzugreifen.

- **Singleprojektmanager:**
  - Reports über Kosten, Zeit und Leistung an den Multiprojektmanager und das Project-Office.

b)
- ► Durchführung einer Projektinventur: Aufgrund der Vielzahl der Projekte sollte eine Bestandsaufnahme (Inventur) der Projekte sowie ihrer Merkmale vollzogen werden.
- ► Aufgrund der Projektinventur können Schnittstellen zwischen den Projekten ausgearbeitet werden.
- ► Projekte können gebündelt werden, um beispielsweise beim Ressourceneinkauf günstige Konditionen zu verhandeln oder Mitarbeiter entsprechend der Verfügbarkeit optimal einzusetzen.
- ► Der Aufwand für die Projektbündelungen darf den Nutzen nicht übersteigen.
- ► Entwurf eines Projektportfolios mit Priorisierung der Projekte nach definierten Kriterien.

- Einleitung eines Reengineerings, um Multiprojektmanagement hinsichtlich der Schnittstellen und Synergieeffekte zu optimieren.
- Gesamtheitliches Risiko-, Stakeholder- und Wissensmanagement entwerfen (integriertes Managementsystem), um Doppelarbeiten zu vermeiden.
- Gesamtheitliche Termin- und Ressourcenplanung für den Projektepool, um Leerkosten zu minimieren, Puffer zu berücksichtigen und Engpässe zu vermeiden.

Lösung zu Aufgabe 4: Aufgaben und Rollen der Multiprojektakteure***

Mitglieder des Projektportfolio-Board:
Strategische Ausrichtung, „Adlerblick", Gefühl für Zusammenhänge, Rolle als interner Auftraggeber der Projekte, Portfoliogestaltung, Marketing für die Projekte, Schirmherrenfunktion

Mitglieder des Project-Office:
Verdichtung und Aufbereitung der Informationen und Reports aus den einzelnen Projekten sowie des Multiprojektmanagers an das Projektportfolio-Board; Vermittlerrolle bei Ressourcenengpässen

Multiprojektmanager:
Chaosmanager, Systemdenker und Strukturier, Trainer, Coach, Controller, Ressourcenmanager, Netzwerkmanager, Wissens- und Risikomanager, Konfliktmanager, Qualitätsmanager

Singleprojektmanager:
Erreichung der Leistungsziele unter Berücksichtigung der Kosten und der Zeit, Berücksichtigung der weichen Faktoren

Lösung zu Aufgabe 5: Multiprojektsteuerung***

a) Multiprojektsteuerung kann durch Meta-Controlling erfolgen. Die Singleprojektleiter realisieren in den einzelnen Projekten das projektindividuelle Controlling und übermitteln die Reports an den internen Auftraggeber auf Singleprojektebene und/oder, falls vorhanden, an den Multiprojektmanager, das Project-Office sowie an das Projektportfolio-Board. Die Informationen aus den einzelnen Projekten werden verdichtet und mit dem „Adlerblick" betrachtet.

Es werden über die gesamten Projekte Meta-Netz- oder Balkenpläne sowie Kostenpläne aufgestellt, um Zeit und Kosten aus dem Multiprojektmanagementbereich kontrollieren und steuern zu können. Bei Abweichungen werden wie beim Singleprojektmanagement entsprechende Analysen erstellt und Steuerungsmaßnahmen ergriffen, die über den Multiprojektmanager in den einzelnen Projekten impulsiert werden. Die Leistungen des Projektepools werden ebenso gesamtheitlich geplant, da diese im Gesamtbild die strategischen Ziele unterstützen. Um die Multiprojektsteuerung instrumentell zu fundieren, bietet sich die Balanced Scorecard für das Multiprojektmanagement an.

LÖSUNGEN

b) Die Balanced Scorecard stellt eine Kennzahlentafel (Scorecard) dar, die ausgewogen (balanced) die verschiedenen Perspektiven Finanzen, Kunde (und Lieferant), Prozesse, Lernen und Entwickeln verbindet. Die Verknüpfung der strategischen mit der operativen Ebene erfolgt über Kommunikationsprozesse (z. B. Workshops, Mitarbeitergespräche, ...). Im Rahmen des Multiprojektmanagement kann eine Balanced Scorecard wie folgt eingesetzt werden:

Perspektive der Balanced Scorecard	Aktivität im Multiprojektmanagement	Kennzahlenansatz (beispielsweise)
Finanzen	Projektbudgets	Vergleich Soll- und Ist-Kosten
Kunden	Qualität der Ergebnisse der einzelnen Projekte	Zufriedenheitsbefragung des internen oder externen Kunden
Prozesse	Ressourcen- und Zeitmanagement, Engpässe	Zeitüber- oder unterschreitungen, Auslastungsgrad der Ressourcenkapazitäten
Lernen und Entwickeln	Trainings, Projektkultur, Projekttools	Zahl der Trainings, Mitarbeiterzufriedenheit

c) Mögliche Grundstruktur eines Multiprojektmanagement-Berichtswesens:

Die Projektberichte der Singleprojektleiter werden an den Multiprojektmanager und an das Project-Office weitergeleitet, die dann einen Multi-Statusbericht für das Projektportfolio-Board erstellen.

Multiprojektmanagement-Statusbericht z				
Kriterien:	Projekt A	Projekt B	Projekt C	Projekt n
Berichtsdatum:	25.02.	28.02.	21.02.	17.02.
Meilensteinnummer:	3	2	1	6
Magisches Dreieck Kosten:	Im Plan	Im Plan	Im Plan	Im Plan
Zeit:	Im Plan	Im Plan	Verzug um 3 Tage	Verzug um 2 Tage
Leistung:	Zwei Arbeitspakete erfüllen Leistungs-Soll nicht	Im Plan	Im Plan	Im Plan
Weiche Faktoren:	In Ordnung	Konflikt zwischen Evi Maier und Max Huber	In Ordnung	In Ordnung
Lösungen:	Zusätzliche Mitarbeiter für die zwei Arbeitspakete	Gespräch Evi und Max mit Single- und Multiprojektmanager	Derzeit keine Lösung vorhanden	Gespräche mit Lieferanten
Projektleiter:	Dr. May	Dipl.-Ing. Schmidt	Dipl.-Betr.wi. Maut	Dipl.-Inf. Bit

Lösung zu Aufgabe 6: Erfolgreiche Umsetzung von Multiprojektmanagement***

1. Nicht jede Aufgabe als Projekt betiteln und Projektinflation vermeiden.
2. Multiprojektmanager in System- und Chaostheorie schulen.
3. Unternehmenskultur auf Multiprojektmanagement ausrichten.
4. Konzentration auf das Wesentliche.
5. Unternehmensstrategie mit Multiprojektmanagement deutlich verbinden.
6. Project-Office und Projektportfolio-Board einrichten.
7. Meta-Controlling mit Balanced Scorecard implementieren.
8. Software für Multiprojektmanagement (Ressourcenmanagement).
9. Projekt-Benchmarking einführen.
10. Schnittstellen zu Linienorganisation sichern und absprechen.

FORMELN UND BEGRIFFE

1. Projektbegriff
Ein Projekt ist ein außergewöhnliches Vorhaben, das sich durch Einmaligkeit und Neuartigkeit auszeichnet. Projekte haben definierte Ziele und häufig einen hohen Komplexitätsgrad. Projekte unterliegen einer zeitlichen, finanziellen und personellen Restriktion.

2. Managementbegriff
Management beinhaltet eine institutionelle Komponente, die auf die Person, den Manager, ausgerichtet ist, der für das Management verantwortlich ist. Die funktionelle Ausprägung des Managements besteht darin, dass ein Regelkreis im Rahmen der Systemtheorie unterstellt wird, der ein Vorkoppeln (Frühwarnung oder Risikomanagement), eine Planung und Zielsetzung, ein Organisieren, Motivieren und Führen der Mitarbeiter beinhaltet. Wenn die Leistungen erbracht werden, dann findet ein Soll-Ist-Vergleich statt, der aus einer Abweichungsanalyse zu Lerneffekten sowie zu möglichen Planungs- und Zielkorrekturen führt.

3. System
Ein System besteht aus verschiedenen Elementen, die miteinander verknüpft sind.

4. Interner Auftraggeber
Der interne Auftraggeber (häufig Bereichsleiter) eines Projekts stellt die Ressourcen zur Verfügung. Aufgrund seiner Nähe zum Top Management kennt er die strategischen Ziele und kann die Projektziele entsprechend abstimmen. Der interne Auftraggeber beruft den Projektleiter, gibt die Projektphasen nach Prüfung der Statusberichte frei und stellt die letzte regulierende Instanz bei Problemen in Projekten dar.

5. Projektauftrag
Der Projektauftrag kann durch interne oder externe Kunden erfolgen. Der Auftraggeber stellt ein Lastenheft auf, das die Anforderungen enthält. Der Projektauftrag enthält die Projektziele, die Budgetrestriktion sowie die Zeit.

6. Lasten- und Pflichtenheft
Im Lastenheft dokumentiert der Auftraggeber die Anforderungen sowie seine Zielvorstellungen. Im Pflichtenheft transformiert der Projektleiter die Anforderungen des Auftraggebers in realisierbare Ziele und Aufgaben.

7. Stakeholderanalyse
Stakeholder stellen Personengruppen dar, die an dem Unternehmen oder Projekt Interesse haben. „To have a Stake in something" bedeutet, „an etwas Interesse haben". Es gibt interne und externe, private und öffentliche, aktive und passive sowie aktuelle und potenzielle Stakeholder. Stakeholder können positive oder negative Auswirkungen auf das Projekt haben. Im Rahmen einer Stakeholderanalyse kann folgendes Schema eingesetzt werden:

FORMELN UND BEGRIFFE

Stakeholder	Erwartungen/ Einflussnahme	Grad der Betroffenheit	Strategien/ Maßnahmen	Verantwortlichkeit

8. Risikomanagement

Ein Risiko stellt ein Ereignis dar, das mit Unsicherheit behaftet ist und sich negativ auf den Erfolg eines Projekts oder auf die Projektziele auswirken kann Den Risiken können Wahrscheinlichkeiten zugeordnet werden. Wenn der Informationsstand gering und die Komplexität hoch ist, kann der Fall eintreten, dass keine Wahrscheinlichkeit bestimmbar ist. Die Wahrscheinlichkeiten können subjektiv durch Erfahrungen oder objektiv über statistische Auswertungen realisiert werden.

Das Risikomanagement sollte eine Risikoidentifikation, eine Risikobewertung (Risikowert = Eintrittswahrscheinlichkeit • Schadenhöhe), eine Risikobewältigung und ein Risikocontrolling enthalten.

9. Projektziele

Projektziele enthalten eine Kontroll-, Orientierungs-, Koordinations- und Selektionsfunktion.

Zielarten:
Quantitative und qualitative Ziele, Ober- und Unterziele, Muss- und Wunschziele, Projektgegenstands- und -ablaufziele, Ergebnis- und Vorgehensziele, Grob- und Feinziele, Kosten-, Zeit- und Leistungsziele

Zielbeziehungen:
Konkurrierend, komplementär, indifferent

10. Projektorganisation

Organisationsformen **innerhalb** der Stammorganisation:

- **Einfluss-Projektorganisation (Stabs-Projektorganisation):** Beratende Funktion des Projektleiters, keine echte Projektleitung.
- **Matrix-Projektorganisation:** Projektmitarbeiter sind teilweise im Projekt und in der Linienfunktion tätig; echte Projektleitung mit Kosten, Zeit und Leistungsverantwortung.
- **Projekte in Linienverantwortung:** Projektabwicklung innerhalb einer Linieneinheit und kein ausgeprägter funktionsübergreifender Charakter.
- **Reine oder autonome Projektorganisation:** Eigene Organisationseinheit oder häufig auch eigene Rechtsform innerhalb der Stammorganisation.

Außerhalb der Stammorganisation sind folgende Organisationsformen möglich:

- **ARGE (Arbeitsgemeinschaft):** Unternehmen schließen sich auf Zeit durch eine Gesellschaft des bürgerlichen Rechts (GbR) zusammen.

FORMELN UND BEGRIFFE

- **Konsortium:** Befristeter Zusammenschluss von Unternehmen zur Erreichung eines Projektziels. Es wird ein Konsortialführer benannt, der die Verträge mit dem Auftraggeber schließt.
- **Projektgesellschaft:** Autonome Projektorganisation mit eigener Rechtsform.
- **Virtuelle Projektorganisation:** Projektteammitglieder kommunizieren ohne räumliche Präsenz mit neuen Medien.

11. Organisationsinstanzen
Projektlenkungsausschuss:
Summe der internen Auftraggeber; wird häufig beim Singleprojektmanagment eingesetzt.

Projektportfolio-Board:
Einsatz im Multiprojektmanagement; Schnittstelle zwischen dem Top Management und dem Project-Office bzw. dem Projectmanager; Board selektiert nach strategischen Überlegungen die Projekte und erhält über das Project-Office verdichtete Statusberichte zu den einzelnen Projekten sowie zum gesamten Projektpool.

Projektmanager:
Koordiniert die vielen Projekte des Multiprojektmanagement; löst Engpassprobleme und ist grundsätzlich Chaosmanager.

Projekt-Office:
Stellt das Projektbüro dar; die Projektleiter der einzelnen Projekte berichten an den Meilensteinen an das Project-Office; dort werden die Informationen verdichtet und dem Projektportfolio-Board übermittelt.

Projektcontrolling:
Die Controllingaufgaben führen der Projektleiter, ein Controller der Linienorganisation oder ein eigener Projektcontroller aus. Das Projektcontrolling kann auch von externen Dienstleistern durchgeführt werden.

Projektleiter:
Der Projektleiter ist für das Projekt sowie für die Einhaltung der Kosten-, Zeit- und Leistungsziele verantwortlich. Er ist Ansprechpartner sowohl für die Teammitglieder als auch für den Auftraggeber. Der Projektleiter hat vielfältige Aufgaben und sollte den „Adlerblick" nutzen, um das Projekt erfolgreich zu steuern.

Projektmitarbeiter:
Sie führen die Teilaufgaben- und/oder Arbeitspakete aus. Die Projektmitarbeiter können Teil des Kernteams sein. Sie können aber auch partiell sowie zeitlich begrenzt die Aufgaben im Projekt erfüllen.

12. Phasenmodell

Ein Phasenmodell untergliedert ein Projekt in inhaltlich sinnvolle Abschnitte (Phasen). Am Ende jeder Phase steht ein Meilenstein. Projekte können je nach Strukturierungs- und Detaillierungsgrad in 3-Phasen-, 5-Phasen- und 6-Phasen-Modelle eingeteilt werden.

13. Meilenstein

Ein Meilenstein stellt ein „Ereignis von besonderer Bedeutung" dar. Bei den Meilensteinen erstellt der Projektleiter einen Statusbericht über Kosten, Zeit, Leistung und weichen Faktoren, die der interne Auftraggeber erhält. Der interne Auftraggeber gibt die nächste Projektphase frei, wenn die Faktoren des magischen Dreiecks im gewünschten Toleranzbereich liegen.

14. Vorgehensmodelle

Vorgehensmodelle dienen zur Strukturierung von Projekten. Bei stabilen Projektbedingungen können Vorgehensmodelle dazu beitragen, dass einheitliche Abläufe praktiziert werden. Zudem stellen Vorgehensmodelle eine Orientierungshilfe für die Projektmitarbeiter dar. Bekannte Vorgehensmodelle sind:

- **Wasserfallmodell:** Starrer Ablauf; kaum Möglichkeiten auf Phasenrücksprünge
- **Evolutionäres Vorgehensmodell:** Orientiert sich an Kundenwünschen; anpassungsfähig, dynamisch und flexibel

15. Projektteamentwicklungsprozess

Der Teamentwicklungsprozess von *Tuckman* beinhaltet folgende Phasen:

- **Forming** (Orientierungsphase)
- **Storming** (Machtkampfphase)
- **Norming** (Organisationsphase)
- **Performing** (Leistungsphase)
- **Adjourning** (Auflösungsphase)

16. *Johari*-Fenster

Die amerikanischen Sozialpsychologen *Joseph Luft* und *Harry Ingham* entwickelten hinsichtlich der eigenen und fremden Wahrnehmung folgende Matrix:

	Dem Selbst bekannt	Dem Selbst nicht bekannt
Anderen bekannt	A-Fenster: Bereich der freien Aktivität	B-Fenster: Blinder Fleck
Anderen nicht bekannt	C-Fenster: Bereich des Verbergens	D-Fenster: Bereich der unbekannten Aktivität

17. Sender-Empfänger-Modell
Das Sender-Empfänger-Modell nach *Schulz von Thun* im Rahmen der „vier Seiten einer Nachricht" beinhaltet folgende Komponenten:

- Sachinhalt
- Selbstoffenbarung
- Appell
- Beziehung

18. Drei-Phasen-Modell von *Lewin*
Im Rahmen des Changemanagement werden drei klassische Phasen verwendet:

- **Auftauen (Unfreezing):** Mitarbeiter werden über Veränderungsprozesse informiert
- **Veränderung (Moving):** Realisierung des Wandels bzw. der Veränderung
- **Stabilisieren (Refreezing):** „Einfrieren" des erreichten höheren Zustandsniveaus nach dem Wandel

19. Projektstrukturplan
Der Projektstrukturplan (PSP) stellt den Plan für die Ablauf-, Ressourcen-, Kosten- und Finanzplanung dar. Der PSP kann Top-down, Bottom-up oder im Gegenstromverfahren aufgestellt werden. Der PSP unterteilt sich in Teilaufgaben, die wiederum in Arbeitspakete gegliedert werden können. Im Rahmen des PSP können die Arbeitspakete nicht weiter untergliedert werden. Der Projektstrukturplan ist statisch und nicht zeitabhängig. Er sollte jedoch flexibel an veränderte Umfeldbedingungen angepasst werden können. Die Teilaufgaben und Arbeitspakete erhalten eine Codierung, um eine Kostenstellenrechnung realisieren zu können.

Muster Projektstrukturplan:

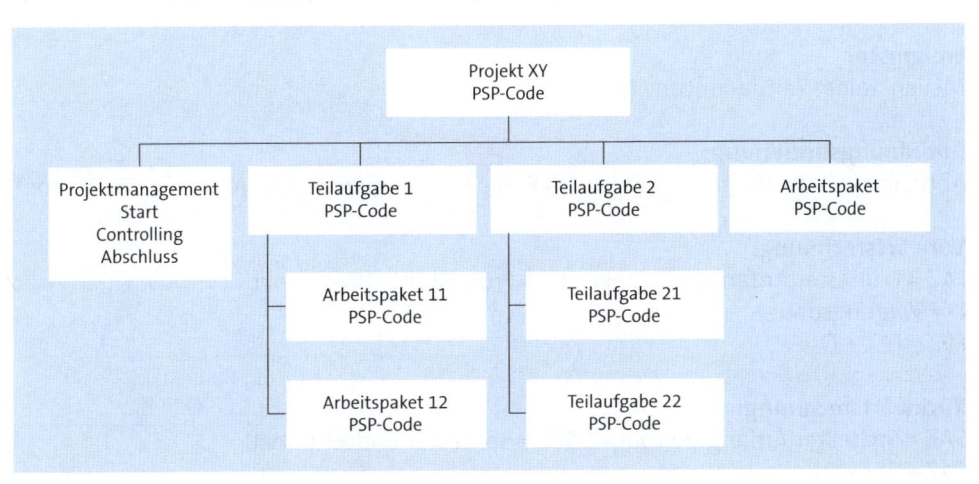

20. Ablaufplanung

Zwei wesentliche Instrumente der Ablaufplanung sind

- der Balkenplan
- der Netzplan.

Muster Balkenplan:

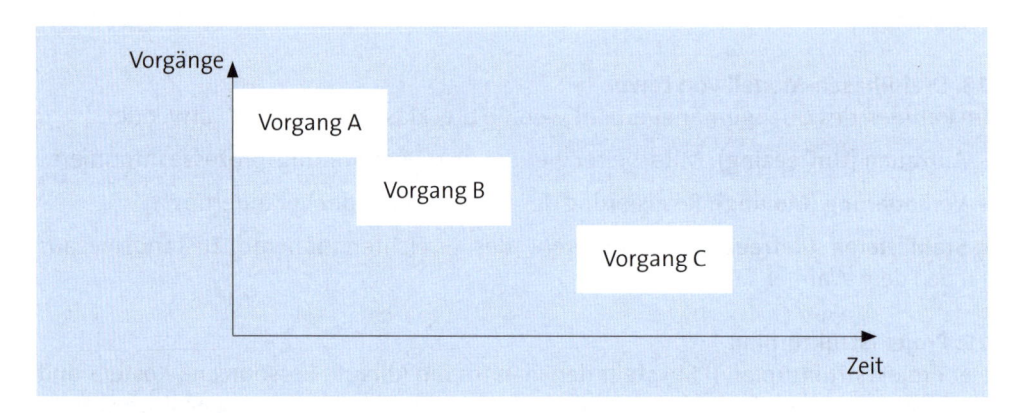

Muster Netzplan:
Beim Netzplan werden entweder die Teilaufgaben und Arbeitspakete oder auf einer detaillierteren Ebene Vorgänge als kleinste Einheit verwendet. Die Kunst, einen Netzplan zu gestalten, hängt davon ab, welcher Detaillierungsgrad verwendet wird. Netzpläne können auf einer Meta-Ebene oder mit Subebenen versehen gestaltet werden.

Vorgang:
Kleinste Einheit im Netzplan; alternative Begriffe sind Knoten, Aktivität

Ereignisse:
Meilensteine; Zeitdauer von Null

Anordnungsbeziehung:
Abhängigkeit der Vorgänge wird durch Pfeile im Vorgangsknoten-Netz gekennzeichnet

Vorwärtsrechnung:
FAZ = Frühester Anfangszeitpunkt, FEZ = Frühester Endzeitpunkt
D = Vorgangsdauer
FEZ = FAZ + D

Rückwärtsrechnung:
SAZ = Spätester Anfangszeitpunkt, SEZ = Spätester Endzeitpunkt
SAZ = SEZ - D

FORMELN UND BEGRIFFE

Vorgang (Knoten) gemäß DIN 69900 (in Anlehnung an *Gessler*, 2009, S. 654):

Vorgangsnummer	Verantwortlicher	Vorgangsdauer
Vorgangsbezeichnung		
Frühester Anfangszeitpunkt (FAZ)	Gesamtpuffer (GP)	Frühester Endzeitpunkt (FEZ)
Spätester Anfangszeitpunkt (SAZ)	Freier Puffer (FP)	Spätester Endzeitpunkt (SEZ)

Gesamtpuffer:
Zeitlicher Spielraum in einem Knoten

- FAZ = Frühester Anfangszeitpunkt
- FEZ = Frühester Endzeitpunkt
- SAZ = Spätester Anfangszeitpunkt
- SEZ = Spätester Endzeitpunkt

> Gesamtpuffer
> SAZ - FAZ
> **oder**
> SEZ - FEZ

Freie Puffer:
Zeitlicher Spielraum zwischen zwei Knoten
FAZ des Nachfolgers - FEZ des Vorgängers

Kritischer Weg:
Gesamtpuffer und freie Puffer sind gleich Null.

21. Ressourcenplanung

Ressourcen sind Personal, Finanzmittel, Sachmittel und verbrauchsorientierte Ressourcen. Das Ziel der Ressourcenplanung besteht darin, die notwendigen Ressourcen termingerecht am richtigen Ort zur Verfügung zu stellen.

Der Projektleiter ist Nachfrager nach Ressourcen. Im Ressourcenhistogramm können Nachfrage und Angebot nach den jeweiligen Ressourcen gegenübergestellt werden.

Muster eines Ressourcenhistogramms für eine Ressource:

FORMELN UND BEGRIFFE

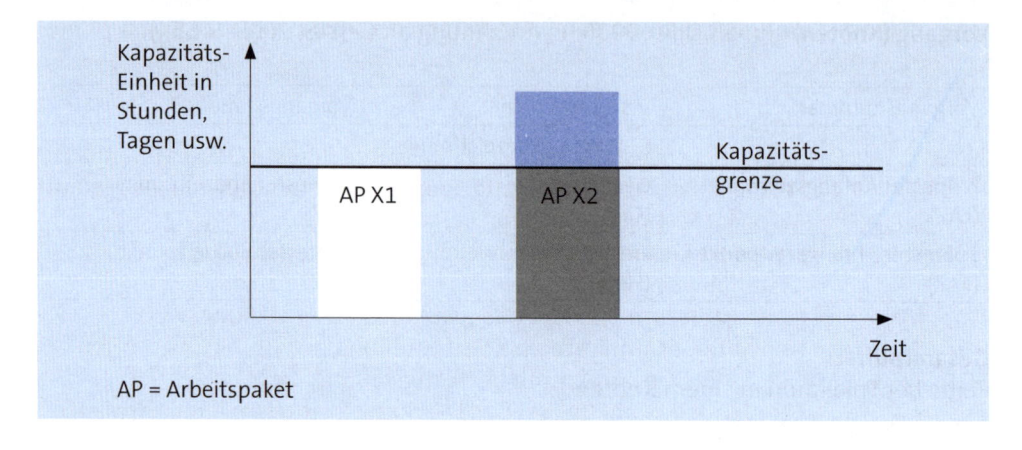

Die grau schraffierte Fläche bei Arbeitspaket X2 zeigt, dass mehr Nachfrage als Angebot vorhanden ist. Die Fläche, die als Rechteck das Produkt aus Zeit und Kapazitätseinheit darstellt, sollte zu einem anderen Zeitpunkt positioniert werden, bei dem mehr Kapazität zur Verfügung steht.

Die Verfügbarkeit der Ressourcen sollte mit den Terminen für die Teilaufgaben und Arbeitspakete im Netzplan (im Rahmen der Vorwärtsrechnung) abgeglichen werden.

22. Kostenplanung

Kosten = Menge der verbrauchten Produktionsfaktoren • Faktorpreis

Kostenarten:

- Personalkosten
- Investive Sachkosten (z. B. Anlagevermögen)
- Konsumtive Sachkosten (z. B. Verbrauch von Material
- Gemeinkosten: Sind nicht direkt dem Kostenträger zurechenbar; werden über einen Verteilungsschlüssel oder einem internen Leistungsverrechnungssatz ermittelt.

Die Kosten können in den Arbeitspaketen und Teilaufgaben geschätzt und dann aggregiert werden. Für die Kostenschätzung stehen Instrumente, wie z. B. die Delphi-Methode, zur Verfügung.

23. Projektsteuerung
Die Aufgaben des Controlling:

- Planung
- Kontrolle (Soll-Ist-Vergleich)
- Information (Reporting)
- Steuern (Maßnahmen)

FORMELN UND BEGRIFFE

Für die Abweichungsanalysen zu den Meilensteinen können folgende Formeln verwendet werden:

AIK	= Aktuelle Ist-Kosten zum Stichtag
AFW	= Aktueller Fertigstellungswert (Soll-Kosten der Ist-Leistung)
EF	= Effizienzfaktor (bei größer 100: Projekt ist wirtschaftlicher als geplant)
FGR (Ist) in %	= Aktueller Fertigstellungsgrad in Prozent
GKA	= Erwartete Gesamtkostenabweichung bei Fertigstellung
KA	= Kostenabweichung
PK	= Plankosten zum Stichtag oder geplanter Fertigstellungswert
PGK	= Geplante Gesamtkosten bei Fertigstellung
SGK	= Geschätzte Gesamtkosten bei Fertigstellung
ZK	= Zeitplan-Kennzahl (bei größer 100: Projekt ist schneller als geplant)

Berechnungen:

$$AFW = PGK \cdot FGR \text{ (Ist) in \%}$$

$$GKA = PGK - SGK$$

$$KA = AFW - AIK$$

$$EF = (AFW : AIK) \cdot 100$$

$$ZK = (AFW : PK) \cdot 100$$

Kostentrendanalyse:

$$SGK_{linear} = PGK \cdot (AIK : AFW)$$

$$SGK_{additiv} = PGK + (AIK - AFW)$$

Meilensteintrendanalyse:
Der Nutzer einer Meilensteintrendanalyse lotet bei den Berichtsterminen senkrecht zum Plantermin. Von diesem Bezugspunkt wird eine Prognose über die zukünftigen Meilensteintermine erstellt. Auf der Hypothenuse können die Kalenderdaten abgelesen werden. Die Linien können bis zur Hypothenuse verlängert werden, da dort die Kalenderdaten abgelesen werden können. Eine andere Methode besteht darin, dass die Prognoselinie bis zum nächsten Schnittpunkt Berichtstermin und Plantermin fortge-

FORMELN UND BEGRIFFE

führt wird. Dadurch wird die Prognoselinie in der Regel steiler oder flacher als die Alternative „Fortführung der Linie bis zur Hypothenuse".

- Horizontale Linie: Meilensteintermine im Plan
- Ansteigende Linie: Meilensteintermine verzögern sich
- Fallende Linie: Meilensteintermine werden früher als geplant realisiert

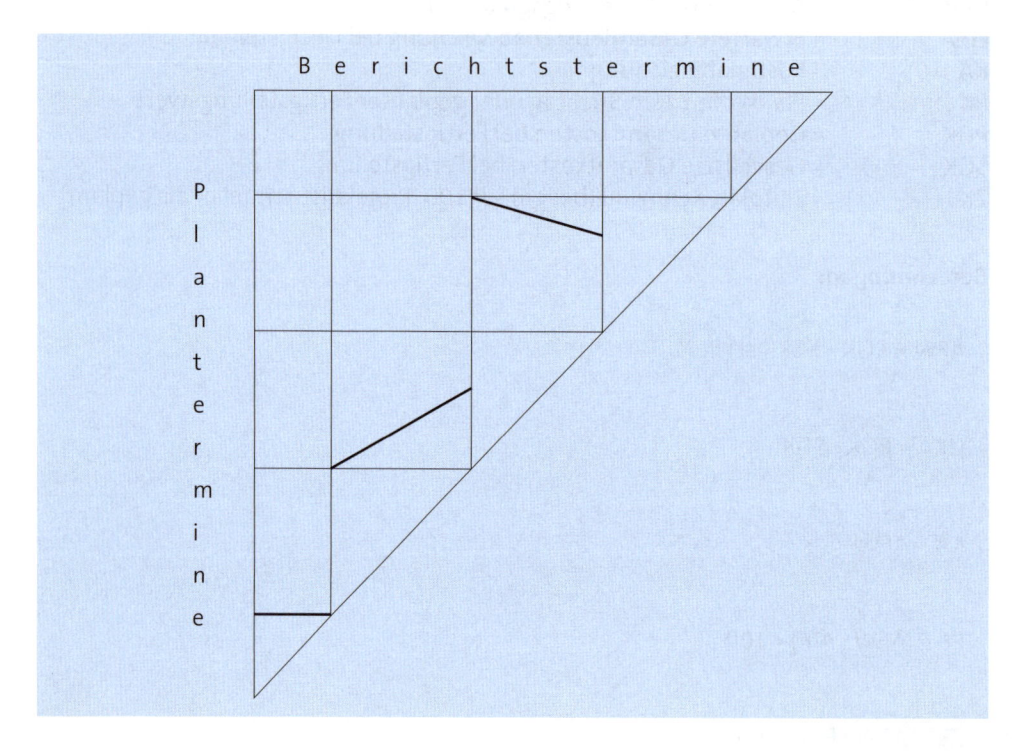

24. Information und Dokumentation

Der Informationsfluss stellt einen wesentlichen Aspekt in einem Projektteam dar. Durch die Information wird den Projektteammitgliedern der Status quo übermittelt. Der interne Auftraggeber wird vom Projektleiter mit einem Report über den Stand zum magischen Dreieck informiert. Es gibt interne (z. B. Projektteam, Mitarbeiter der Arbeitspakete, ...) und externe (z. B. Betriebsrat, ...) Informationsempfänger.

Die Informationen aus einem Projekt sollten dokumentiert werden. Dazu bieten sich eine feste oder freie Dokumentationsstruktur an. Die Dokumentation stellt die Grundlage für die Entwicklung eines Wissensmanagement dar.

Informationstechniken sind z. B. Telefon, E-Mail und Meetings. Dokumentationstechniken sind z. B. eine Papierablage, eine Datenbank, ein Blog und ein Wiki sowie virtuelle Projekträume.

FORMELN UND BEGRIFFE

25. Konfigurations- und Änderungsmanagement
Unter einer Konfiguration versteht man die Struktur, die physischen, konstruktiven und funktionellen Merkmale eines Produkts. Im Rahmen eines Konfigurationsmanagement werden die Produktstruktur identifiziert, Teile nummeriert und mit einer Konfigurationsbuchführung dokumentiert. Es wird ein Konfigurationsaudit durchgeführt, um die Merkmale des Produkts mit den Dokumenten abzugleichen.

Wenn Änderungen am Produkt vorgenommen werden, weil sich z. B. der Kundenwunsch ändert, dann wird ein Änderungsantrag gestellt. Wenn die Änderungen genehmigt werden, dann erfolgt eine entsprechende Dokumentation.

26. Qualitätsmanagement
Qualität hat eine subjektive und eine objektive Ausprägung. Wenn die Anforderungen und Erwartungen des Kunden erfüllt werden, dann liegt Qualität vor. Übergreifende Qualitätsmanagementsysteme sind

- die ISO 9000er-Reihe
- Total Quality Management (im Rahmen von EFQM)
  EFQM = **E**uropean **F**oundation for **Q**uality **M**anagement.

Im Qualitätsmanagement gibt es verschiedene Instrumente:

- KVP (Kontinuierlicher Verbesserungsprozess)
- PDCA-Zyklus (**P**lan-**D**o-**C**heck-**A**ct)
- *Ishikawa*-Diagramm (Ursache-Wirkungs-Diagramm)
- House of Quality (HoQ)
- FMEA (**F**ailure **M**ode and **E**ffect **A**nalysis).

27. Projektabschluss
Das Projektende sollte bewusst organisiert werden. Es gibt mehrere Arten des Projektabschlusses:

- Innerhalb des Projektteams (Rückschau, Vorbereitung Präsentation)
- Beim Auftraggeber (rechtliche Übergabe, Präsentation)
- Controllingabschluss.

Bei der Projektrückschau werden die Sach- und die Beziehungsebene analysiert. Die Erkenntnisse aus dem Rückblick sollten in einer Projektdatenbank dokumentiert werden, um das Lernen in Projekten zu ermöglichen. Durch Projektdatenbanken können ein Wissensmanagement aufgebaut werden und Schlüsse für die Entwicklung zukünftiger Projekte abgeleitet werden.

28. Multiprojektmanagement
Multiprojektmanagement beinhaltet das Management von vielen (= multi) Projekten. Für die Steuerung von Multiprojektmanagement werden häufig ein Projektportfolio-Board und ein Project-Office im Unternehmen integriert. Ein Multiprojektmanager organisiert die Vielzahl an Projekten und agiert als Engpass- und Chaosmanager.

LITERATURVERZEICHNIS

Birkenbihl, V.: Kommunikationstraining, Landsberg, 2004

Briggs/Peat: Die Entdeckung des Chaos, München/Wien, 1990

Eisenschink, Ch.: Grundlagen des Multiprojektmanagement, in: Schelle, H. u. a., Projekte erfolgreich managen, GPM-Loseblattsammlung, 2002

Ewert, J. u. a.: Handbuch Projektmanagement Öffentliche Dienste, 1996

Gessler, M.: Kompetenzbasiertes Projektmanagement (PM3), Nürnberg, 2009

Kamiske/Brauer: Qualitätsmanagement von A bis Z, München, 2003

Klimmer, M.: Unternehmensorganisation, 3. Auflage, Herne, 2012

Senge, P.: Die fünfte Disziplin, Stuttgart, 1998

Vester, F.: Unsere Welt – ein vernetztes System, München, 1983

Vester, F.: Die Kunst vernetzt zu denken, München, 1999

Ziegenbein, K.: Controlling, 10. Auflage, Herne, 2012

STICHWORTVERZEICHNIS

0-100-Methode 216
3-Phasenmodell 39
3-Phasen-Modell 148
5-Phasenmodell 39
5-Phasen-Modell 148 f.
6-Phasenmodell 39
6-Phasen-Modell 148
50-50-Methode 217

A

ABC-Analyse 63, 183, 210
ABC-Risiken 123
Ablaufplan 194, 200, 202
Ablaufplanung 54 f., 57, 193, 200
-, Software 200
Ablauf- und Terminplanung 192
Abweichungsanalyse 66, 214, 218, 255
Adjourning 162, 164, 250
Adlerblick 94, 98, 150, 176, 191, 215, 235, 243
Agenda 116
Aktives Zuhören 169, 174
Aktivität 192
Aktuelle Ist-Kosten (AIK) 67
ALPEN-Methode 51, 183
Analogie 104
Analogieschluss 115, 155, 202, 209, 215
Änderungsmanagement 71, 83, 227 f., 257
Anfangsbedingung 100, 113, 241
Anforderungsmanagement 35, 136
Anordnungsbeziehung 196, 252
Anreizsystem 172
A-posteriori-Information 126
A-posteriori-Schätzung 208
A priori 193
A-priori-Information 113, 126
Arametrische Kostenschätzverfahren 209
Arbeitseinsatz 61
Arbeitspaket 51, 55 f., 61 ff., 66, 185 f., 193, 202, 204, 208 f.
Arbeitspaketbeschreibung 53, 189
Arbeitspaketebene 65, 217
Arbeitspaketverantwortlicher 66, 107, 217
ARGE 38, 139, 144, 248
Arithmetisches Mittel 126
Aufbauorganisation 38
Aufsichtsfunktion 175
Auftraggeber 26, 83, 87, 105, 107, 114 f., 139, 149, 151
-, externer 26, 105
-, interner 26, 29, 87, 105, 107, 114 f., 149, 151
Außergewöhnliches Vorhaben 85
Autonome Projektorganisation 38, 83, 139, 142, 144, 248
Axiom 21
Axiom des Systemdenkens 95

B

Balanced Scorecard 78, 93, 244
Balkenplan 55 f., 194 f., 200, 252
Basel II 124
Bedürfnispyramide 180
Befähiger 231
Benchmarking 76, 239
Betriebsbegriff 207
Betriebsrat 181
Betriebswirtschaftliches Denken 80
Beziehung 94
-, formelle 94
-, informelle 94
Beziehungsebene 135, 154, 163 f., 181
Beziehungskonflikt 181
Blog 224, 256
Brainstorming 84, 102, 111, 118, 125
Brainwriting 103, 118, 125
Budget 107, 235
Bürgerliches Gesetzbuch 83

C

Chance 15
Changemanagement 47 f., 153, 174
Chaos 23, 100
Chaosmanagement 242
Chaosmanager 243, 249, 257
Chaotische Phase 99
Checkliste 30, 43, 116, 125
CMM 124
CMMI 152, 234
Coach 107, 153, 163, 181, 235
Coaching 82
Cockpit-Bericht 223
Codierung 185
Controlling 213
Controllingabschluss 84, 236, 257
Critical Chain 197

STICHWORTVERZEICHNIS

D

Datenbank	224, 256
Delphi-Methode	29, 32, 113, 118, 123, 125, 193, 202, 254
Delphi-Runde	193, 202, 208
Delphi-Studie	174
Deming-Zyklus	154
Denken in Systemen	94
Diffusion	90
Diskurs	120
Dissonanz	135
Dokumentation	69, 224, 256
Dokumentationsarten	68, 223
Dokumentationsstruktur	223
-, feste	223, 256
-, freie	68, 223, 256
Dokumentenmanagementsystem	224
Doppelbelastung	81
Drei-Phasen-Modell	47
Drei-Phasen-Modell von Lewin	173, 251
Dynamik	86, 140, 148, 155, 202, 216

E

Effizienzfaktor (EF)	67
EFQM	152, 230 f., 234, 257
Eigendynamik	173
Einfluss-Projektorganisation	37, 140, 144, 248
Einmaligkeit	18, 85, 100, 209, 247
Einstellung	180
Eintrittswahrscheinlichkeit	33, 112, 123, 125
-, ABC-Risiko	33
Eisenhower-Prinzip	183
Empathie	174
Entscheidung	
-, strategische	29
Entscheidungsbaum	28, 112
Entscheidungsszenario	27
Entwicklungsprojekt	49
Ereignis	192, 196, 252
Ereignisknoten-Netzplan	198
Ereigniswert	112
Erfolgsfaktor	19, 29, 84, 114
Ergebnisziel	133
Erwartete Gesamtkostenabweichung bei Fertigstellung (GKA)	67
Erwartung des Kunden	73
Erwartungswert	112
Evolutionäre Führung	177, 179
Evolutionäres Vorgehensmodell	152, 250
Expertenbefragung	113
Expertenrunde	59
Exzellenz-Modell	74, 234

F

Fachkompetenz	87, 150, 159
Fachpromotoren	159
Faktor	88, 91, 106, 113, 151, 213, 215
-, harter	113
-, qualitativer	88, 91
-, weicher	88, 106, 113, 151, 213, 215
Feedback	97, 116, 169, 174
Feinziel	133
F&E-Projekt	83
Fertigstellungsgrad	217
FGR (Ist)	67
Finanzmittel	200
Flow-Modell	166
FMEA	33, 129, 257
FMEA-Methode	125
Forming	162 f., 250
Forschungs- und Entwicklungsprojekt	83
Fortschrittsgrad	232
Fortschrittskontrolle	66, 216
Freier Puffer	197, 253
Fremdbild	116, 164, 166, 182
Frühwarnung	80, 96, 120
Führung	49, 177 ff.
-, autoritäre	177
Führungsaufgabe	178
-, aufgabenorientierte	178
-, personenorientierte	178
Führungsaufwand	50
Führungskonzept	49, 172
Führungsstil	49, 80, 91, 178
-, autoritärer	80, 178
-, kooperativer	178
-, laissez-faire	178
-, partizipativer	91
-, situativer	178

G

Galeriemethode	103
Gegenstromverfahren	186, 209
Gemeinkosten	207
Gesamtkosten	63
Gesamtpuffer	197, 253
Geschäftsordnung	26, 106

STICHWORTVERZEICHNIS

Geschätzte Gesamtkosten bei
    Fertigstellung (SGK)   67
Gesellschafter   107
Gesetz der großen Zahl   209, 215
Gesprächsanforderung   51
Gesprächsarten   50
Gesunde Ernährung   184
Grobziel   133
Gruppendynamik   102
Gruppenkohäsion   162
Gruppenregel   44, 160

H

Hebelfaktor   97
Heterogenität   119
House of Quality (HoQ)   74, 233, 257

I

Idee   84
Ideenfindung   25, 102, 108
Ideenreichtum   82
Ideenvielfalt   95
Impulsphase   146
Information   68f., 97, 222, 224, 256
-, dissonante   97
-, Nutzen   68, 222
Informationsempfänger   68, 222
-, projektexterner   68, 222
-, projektinterner   68, 222
Informationstechnik   256
Informationstransparenz   97
Informations- und Kommunikations-
    technik   69, 224
Innovationsprojekt   110
Interkultureller Aspekt   117
Interner Auftraggeber   104, 145, 247, 256
Intrapreneurship   80, 180
Intrinsische Motivation   136
Investitionsprojekt   83f.
Irreversibilität   85, 100
Irrtumswahrscheinlichkeit   123
Ishikawa-Diagramm   52, 74, 184, 232, 257
ISO   152
ISO 9000   73, 230, 232
ISO 9000er-Reihe   234, 257

J

Johari-Fenster   44, 164, 250

K

Kapazität   58
Kapazitätsausgleich   58
Kapazitätsgrenze   61
Kapazitätsplanung   58, 203f.
Kapazitätsüberschreitung   58
Kartenabfrage   103
Kennzahl und Hochrechnung   202
Kernteam   51
Kernteammitglied   79, 85, 107, 149, 158
Kick-off   55, 146
Kick-off-Meeting   30, 115, 117
Killerphrase   160
Knoten   192
Koaktionseffekt   161
Koalitionen   172
Kommunikation   45, 113, 167f.
-, formelle   45, 167
-, Grenze   168
-, informelle   45, 167
-, Nutzen   45
-, optimale   46
Kommunikationsmuster   85
Kommunikationsproblem   134
Komplexität   18, 23, 79, 84, 86, 97ff., 119, 139f., 148, 155, 191, 193, 202, 216, 248
Komplexitätsgrad   247
Komplexitätsreduktion   79
Komplexitätstheorie   100
Konfiguration   71
Konfigurationsmanagement   71, 83, 227, 257
-, Element   227
-, Nutzen   227
Konflikt   50, 181
-, Ursache   181
Konfliktwahrnehmung   181
Konsortium   38, 144, 249
Konstruktivismus   119, 123, 241
KonTraG   96, 124
Kosten   62, 87, 106, 151, 206
-, Begriff   62
Kostenabweichung (KA)   67
Kostenart   254
Kostenbudget   209
Kostenganglinie   63, 211
Kostenmanagement   62, 209
Kostenplan   62
Kostenplanung   62f., 206, 210, 254
Kostenschätzung   62, 208
Kostensteigerungsfaktor   67

STICHWORTVERZEICHNIS

Kostensummenkurve	63, 211
Kostentrendanalyse	67, 220, 255
Kostenziel	133
Kritikgespräch	51, 182
Kritischer Weg	197, 253
KVP	40, 154 f., 257
Kybernetik	65, 214

L

Lachübung	184
Laissez-faire-Führungsstil	82
Lastenheft	132, 137, 247
Lasten- und Pflichtenheft	30, 34, 117
Lean Management	27, 231
Leistung	88, 106, 151
Leistungsebene	75
Leistungskurve	184
Leistungsziel	133
Leitbild	20, 92, 172
Lenkungsausschuss	145
Lerneffekt	86
Lernen	153
-, autonomes	153
-, aus Projekten	76, 237
Lernende Organisation	40 f., 153 f.
Lernende Projektorganisation	40
Lernkultur	180
Lewin	47
Linienorganisation	80 ff., 89, 153 f.
Linienprojekt	40
Lösung	85
-, effektive	85
-, effiziente	85
Ludwig-Erhard-Preis	234

M

Machbarkeitsstudie	146, 235
Macht	90
Machtinteresse	81
Machtkampf	172 f.
Machtkampfphase	162 f.
Machtpromotoren	159
Magisches Dreieck	87 f., 114, 117, 131, 200, 213, 216, 223, 250, 256
Management	19, 86, 88
-, funktionales	86
-, institutionelles	86
-, Merkmale	19
Managementbegriff	247
Management by Delegation	177
Management by Exception	178
Management by Objektives	177
Managementkreislauf	22, 96
Marktdynamik	86
Matrixorganisation	81, 139, 154
Matrix-Projektorganisation	37, 141, 144, 248
Mediator	107, 163, 181, 235, 237
Meeting	151
-, des Teams	84
Meilenstein	39, 57, 66, 106, 117, 146, 148, 151, 200, 250
Meilensteinbericht	167
Meilensteinplan	139, 146, 151, 200
Meilensteintermin	51, 151
Meilensteintrendanalyse (MTA)	68, 221, 255
Mentales Modell	153
Mentor	153, 178, 181
Mentoring	82
Messbarkeit	83, 88
Meta-Controlling	243
Methode 635	103, 111
Methodenkompetenz	87, 150, 159
Mikroartikel	238
Mikromeilenstein	217
Mikropolitik	172 f., 178
Misserfolgsfaktor	19, 87
Mitarbeiter	90
-, Lebenserfahrung	90
-, Verhaltensweise	90
Mittelwert	193
Mittel-Zweck-Beziehung	88
Monitoring	120
Morphologischer Kasten	28, 110 f., 167, 192
Motivation	50, 80, 84
Moving	173, 251
Multiprojektakteur	77, 243
-, Aufgabe	77, 243
-, Rolle	77, 243
Multiprojektmanagement	59, 77 f., 149 f., 204, 238, 241, 257
-, Berichtswesen	78, 244
-, Grundlagen	77
Multiprojektmanager	242 f.
Multiprojektplanung	61, 77, 242
Multiprojektsteuerung	78, 243
Multi-Statusbericht	244
Mussziel	131, 133

STICHWORTVERZEICHNIS

N

Netzplan	55 ff., 59, 191, 193 f., 196, 198 ff., 252
Netzplantechnik	56, 59, 204
Netzwerkanalyse	122
Neuartigkeit	84, 100, 247
NGOs	107, 117
Nicht-lineares Denken	98
Norm	162
Norming	162 f., 250
Nutzwertanalyse	27, 61, 107

O

Oberziel	131, 133
Optimale Kommunikation	169
Ordinalskala	88, 107, 129
Organisation	85
-, projektspezifische	85
Organisationsinstanz	39, 149
Organisationskompetenz	87, 150, 159
Organisationskultur	88
Organisationsprojekt	83
Organisationsstruktur	90
Organisationsveränderung	82
Oursourcing	185

P

Pareto-Prinzip	183
Partizipation	80
PDCA-Zyklus	154, 230, 232, 257
Performing	162, 164, 250
Personal	200
Personalbeschaffung	43
Personalkosten	207
Pflichtenheft	132, 137, 247
Phase	
-, chaotische	23
Phasenmodell	39, 147 f., 250
Phasen- und Vorgehensmodell	48
Pionierprojekt	83
Plan-Do-Check-Act	154
Plan-Gesamt-Kosten (PGK)	67
Plan-Kosten zum Stichtag (PK)	67
Planung	79, 91, 149
-, strategische	20, 91, 149
Planungsworkshop	115
Pluralität	81
Portfolioanalyse	27
Portfoliotechnik	109
Prämisse	79, 98, 126
PRINCE 2	152
Priorität	61
Project Excellence Modell	234
Project-Office	139 f., 145, 149 f., 238, 242, 244
Projekt	18, 23, 44, 73, 80 f., 84, 88 f., 145 f., 165
-, Ablauforganisation	146
-, agiles	83
-, Anfangsbedingungen	23
-, Aufbauorganisation	145
-, Ausgangssituation	30
-, außergewöhnliches Vorhaben	81
-, Begriff	18
-, externes	17, 83
-, F&E	17
-, internes	17, 83
-, Kosten	62
-, Linienverantwortung	38
-, managementrelevanter Kontext	89
-, Merkmale	18, 84
-, soziale Struktur	165
-, strategisches	83
-, taktisches	83
Projektablauf	39
Projektablaufphase	39
Projektablaufziel	132
Projektabschluss	75 f., 84, 88, 146, 148, 235 f., 238 f.
-, beim Auftraggeber	257
-, innerhalb des Projektteams	257
-, Kunde	236
-, Leistungsebene	236
-, Projektteam	236
-, weicher Faktor	237
Projektabschlussbericht	75
Projektakteur	77
Projektantrag	27, 115
Projektart	17, 83
Projektauftrag	26, 104, 107, 114 f., 146, 149, 247
-, externer	146
-, interner	146
Projektauswahl	27
Projektbegriff	247
Projektbericht	223
Projektbeteiligter	26, 107
-, direkter	107
-, indirekter	107

STICHWORTVERZEICHNIS

Projektbudget	63
Projektcoach	21, 237
Projektcontroller	65, 107, 215
-, Merkmale	215
Projektcontrolling	65, 146, 150, 213 ff., 249
-, Aufgabe	213
-, Organisation	215
Projektdurchführungsphase	148
Projekte in Linienverantwortung	143
Projektende	75
Projekterfolg	83, 87
Projektfortschritt	154
Projektgegenstand	88
Projektgegenstandsziel	132
Projektgesellschaft	144, 249
Projekthandbuch	235
Projektimpuls	101, 115, 130
Projektimpulsphase	25, 104
Projektinitiierung	25, 101
Projekt in Linienverantwortung	248
Projektkernteam	83
Projektkomplexität	147
Projektkosten	207
Projektkostenrechnung	87
Projektkultur	20, 82, 87 ff., 179
Projektlebenszyklus	148
Projektleiter	26, 29, 50 f., 139, 150, 201, 249
-, persönliche Merkmale	51
-, Rolle	29
Projektleitung	48, 50, 104, 175 f., 180
-, Eigenschaften	48
-, Motivation	180
-, Rolle	48, 176
Projektlenkungsausschuss	26, 39, 106, 149, 249
Projektmanagement	48, 79 ff., 86 f., 90, 99, 174, 229
-, Chance	79
-, Erfolgsfaktor	86
-, Methode	86
Projektmanager	249
Projektmarketing	105, 114
-, externes	114
-, internes	114
Projektmitarbeiter	43 f., 79, 147, 150, 249
-, Aufgaben	44
-, Reifegrad	147
-, Verfügbarkeit	43
Projektnachbewertung	238
Projekt-Office	249
Projektorganisation	37 f., 40, 80 f., 83, 88, 114, 139 ff., 144, 248
-, Arten	37, 140 ff., 144
-, autonome	38, 83, 139, 142
-, reine	38, 142
Projektorientiertes Unternehmen	41, 155
Projektphase	148
Projektplanung	79
Projektportfolio-Board	39, 149 f., 241 ff., 249
Projektradar	80
Projektstart	18, 23, 29, 44, 84 f., 87 f., 97, 100, 113 f., 164
Projektstartphase	135, 146, 148, 180
Projektstatus	65, 151
Projektstatusbericht	66, 149, 217
Projektstatuserhebung	216
Projektsteckbrief	29, 115
Projektsteuerung	65, 213, 215, 254
-, Grundsatz	215
Projektstrukturierung	54
Projektstrukturplan	53 f., 146, 185 ff., 191, 202, 251
-, Arten	187
-, funktionsorientierter	188
-, Grenzen	54, 191
-, objektorientierter	187
-, phasenorientierter	188
-, Regeln	53, 186
Projektteam	43 f., 80, 87, 145, 161
-, Funktion	44, 161
-, Größe	43
-, homogenes	80
Projektteamentwicklungsprozess	250
Projekttitel	25, 93, 101, 107
Projektumfeld	30, 117, 147, 151
-, dynamisches	147
-, heterogenes	147
Projektverlauf	50
Projektvertrag	26, 83, 106, 200
Projektvorbereitung	115
Projektzeitraum	110
Projektziel	33 f., 87, 93, 107, 130, 202, 235, 248
-, Funktion	130
Promotoren	159
Prozess	85
Prozessqualität	229
Pufferart	56, 197

STICHWORTVERZEICHNIS

Q

Qualität	73
-, Begriff	73
-, Dimension	73
Qualitätsmanagement	73 f., 229, 257
Qualitätsmanagementbeauftragter	107
Qualitätsmanagementinstrument	74, 232 f.
Quality Function Deployment	233
Quantitatives Verfahren	83
Querschnittsorientierung	86

R

Rationales Führungsbild	179
Realisierungsphase	146
Reengineering	153
Refreezing	174, 251
Regressionsanalyse	209
Reifegrad	83, 89, 164
Reifegradmodell	152
Reine Projektorganisation	38, 142, 144, 248
Reporting	68, 215, 223
Ressource	57 f.
Ressourcenhistogramm	58, 61 f., 203, 253
Ressourcenmanagement	62, 150, 206
Ressourcenplan	194
Ressourcenplanung	57, 59, 61, 200 f., 204, 253
-, Ziele	201
Restriktion	85
Revolutionäre Veränderung	170
Risiko	16, 32 f., 79, 81 f.
-, externes	79
-, internes	79
-, kaufmännisches	125
-, politisches	125
-, Ressourcen	125
-, technisches	125
-, Termin	125
-, Vorsorgestrategie	32
Risikoakzeptanz	126
Risikoanalyse	114, 117 f., 146, 235
Risikoart	32, 125
Risikobegrenzung	126
Risikobewältigung	248
Risikobewertung	32, 125, 248
Risikobewusstsein	123, 128
Risikocontrolling	123, 248
Risikofaktoren	80
Risikoidentifikation	248
Risikoinventar	80
Risikomanagement	32, 86 f., 125, 248
Risikoprioritätszahl	129
Risikoreduktion	79
Risikoverlagerung	126
Risikovermeidung	126
Risikoverminderung	126
Risikowert	125
Rolle	149, 162, 165 f.
Rückkoppelung	95, 136, 153, 169, 173, 214
-, negative	95, 173
-, positive	95, 136, 173
Rückmeldeformular	216
Rückwärtsrechnung	59, 197, 199, 252

S

Sachebene	134 f., 154, 164, 181
Sachkosten	207
-, investive	207
-, konsumtive	207
Sachmittel	201
Sandwich-Effekt	48, 150, 176
Schadenhöhe	33, 123, 125
-, ABC-Risiko	33
Schätzmethode	58
Schätzverfahren	202
Schreibtischmanagement	184
Selbstabstimmung	83
Selbstähnlichkeit	217
Selbstbild	164, 166, 182
Selbstbild-Fremdbild-Vorstellung	162
Selbstmanagement	52, 184
Selbstorganisation	23, 82, 99 f., 162, 238, 241
Selbst- und Fremdbild-Vorstellungsphase	163
Selbstverantwortung	82
Selbstwertgefühl	169
Sender-Empfänger-Modell	45, 168, 251
Sensitivitätsanalyse	28, 110
Simulation	125
Singleprojektmanagement	149 f.
Singleprojektmanager	242 f.
SMART	132
Sofortness	155
Soft Facts	216
Soll-Ist-Abweichung	68, 146
Soll-Ist-Vergleich	56
Soll-Kosten der Ist-Leistung (AFW = aktueller Fertigstellungswert)	67
Soziale Kompetenz	87, 150, 160
Sozialer Faktor	45

STICHWORTVERZEICHNIS

Soziale Struktur	44
Sozialpromotoren	159
SPICE	152
Stabs-Projektorganisation	139 f.
Stakeholder	30, 32, 49, 84, 87, 107, 114, 118 ff., 123, 235
-, aktiver	118
-, aktueller	118
-, externer	118 f.
-, interner	118
-, Netzwerkanalyse	32
-, öffentlicher	118
-, passiver	118
-, potenzieller	118
-, privater	118
Stakeholderanalyse	30 f., 117 ff., 121, 146, 247
Stakeholdermanagement	87
Stammorganisation	38, 139
Standardabweichung	113, 126, 193
Standardprojekt	83
Startphase	115
Startworkshop	116
Status	162, 166
Statusbericht	106, 146
Statusschritt-Methode	217
Stellenbeschreibung	77
Stellung	114
-, formelle	114
-, informelle	114
Storming	162 f., 250
Storytelling	96, 237
Struktur	54, 191
Strukturfindungsprozess	192
Strukturqualität	229
Subauftragnehmer	107
Supply-Chain	40
Synektik	103
Synergieeffekt	86, 153
System	20 f., 84, 93, 247
-, Arten	20
-, dynamisches	93
-, geschlossenes	93
-, komplexes	23
-, offenes	93
-, organisatorisches	93
-, soziales	93
-, statisches	93
Systemarten	93
Systemdenken	21
Systemdenker	22, 95, 243
-, technisches	93
Systemisches Denken	153, 172, 179
Systemorientiertes Denken	86
Systemtheorie	95, 215, 247
Systemumfeld	96
Szenariomethode	125

T

Tagesordnung	30, 116
Teambildung	114
Teamentwicklungsphase	44, 162
Teamgedanke	44
Teammitglied	43, 113, 235
-, Kompetenz	43
Teilaufgabe	63, 185, 193, 202, 208 f.
Teilaufgabenebene	217
Teilaufgabenleiter	63
Teilaufgabenverantwortlicher	107
Termin- und Ressourcenplanung	209
Time-to-Market	86, 155
Total Quality Management	73, 230, 257
Trendanalyse	218
Trendfunktion	209

U

Umfeldfaktor	117
Umgang mit Chaos	99
Unfreezing	173, 251
UN-Kaufvertragsrecht	83
Unternehmensbegriff	207
Unternehmensgrundsatz	91
Unternehmenskultur	19 f., 79 f., 82, 88, 90 ff., 140, 147
Unternehmensphilosophie	20, 91 f., 153, 231
Unternehmensumfeld	96
Unternehmens- und Projektkultur	88
Unternehmertum im Unternehmen	82
Unterziel	131, 133

V

Validierung	137
Variantenvielfalt	86
Veränderung	
-, evolutionäre	170
-, inkrementale	170
Veränderungsfähigkeit	47, 172
Veränderungsprozess	47, 170 f.

STICHWORTVERZEICHNIS

Verbrauchsorientierte Ressource	201
Verhaltensmuster	88
Vernetzung	86 f.
Vernetzungsgrad	85
Verteilungskonflikt	181
Vertragliche Bedingung	202
Vertrauensbasis	105
Vielfalt	85
Virtuelle Projektorganisation	145, 249
Virtueller Projektraum	225, 256
Vision	153, 179 f.
V-Modell XT	152
Vorgang	55 f., 192, 196, 252
Vorgang (Knoten)	197, 253
Vorgangsknoten-Netzplan	57, 198 f.
Vorgangspfeil-Netzplantechnik	198
Vorgehensmodell	39 f., 139, 150 f., 175, 250
-, Arten	151
Vorgehensziel	133
Vorkoppeln	247
Vorsorgestrategie	126
Vorwärtsrechnung	59, 196, 199, 252

W

Wahrnehmung	22, 73, 77, 97, 134, 229, 241
Wahrnehmungstrichter	97
Wahrscheinlichkeit	112, 209, 248
-, objektive	112, 209
-, subjektive	112, 209
Wandel	48, 172
Wasserfallmodell	151, 250
Weicher Faktor	75
W-Fragetechnik	131
Wiki	225, 256
Win-win-Lösung	120, 135
Win-win-Situation	181
Wirtschaftlichkeit	83, 119
Wissensmanagement	62, 69, 76, 118, 224, 238
Workshop	44
Wunschziel	131, 133

Z

Zeit	87, 106, 151
Zeitbudget	52
Zeitfalle	51, 183
Zeitmanagement	52, 183 f.
Zeitmodell	48, 175
Zeitplan-Kennzahl (ZK)	67
Zeitschätzung	54
Zeitziel	133
Ziel	33, 83 f., 87 f., 92 f., 130, 133 f.
-, indifferentes	134
-, komplementäres	134
-, messbares	87
-, offenes	83 f.
-, operatives	20, 88, 93
-, qualitatives	133
-, quantitatives	133
-, strategisches	20, 88, 92 f., 130
Zielarten	34, 248
Zielbeziehung	34, 134, 248
Zielbildung	135
Zielformulierung	34, 131 f.
Zielhierarchie	34, 131, 135
Zielkonflikt	34, 134 f., 181
Zielkonkurrenz	134
Zielplanung	131
-, dynamische	131
Zielpriorisierung	131
Zielvereinbarungsgespräch	51
Zusammenhang	19 f.
-, Management	19 f.
-, Projekt	19 f.

WEITERBILDUNG | PRÜFUNG

Übung macht den Meister, den Fachwirt und den Fachkaufmann.

Gezieltes Klausurentraining für IHK-Lehrgänge. Mit ausführlichen Lösungen und nützlichen Lernhilfen.

Die Reihe **Klausurentraining** wurde speziell für Kursteilnehmer in IHK-Weiterbildungslehrgängen konzipiert. Die einzelnen Bände ermöglichen eine individuelle und gezielte Prüfungsvorbereitung und sind auf die Rahmenpläne abgestimmt.

Besondere Vorteile der Reihe:

- Mehr als 100 klausurtypische Aufgaben auf dem Niveau der IHK-Prüfung decken das gesamte Spektrum der einzelnen Themen ab.

- Ausführliche Lösungen erleichtern die Erfolgskontrolle und das Nachvollziehen der richtigen Lösungswege.

- Die wichtigsten Formeln und Fachbegriffe sind im Anhang griffbereit – kein zusätzliches Nachschlagen in Lehrbüchern oder Skripten.

Klausurentraining ist das A und O einer erfolgreichen Prüfungsvorbereitung. Dabei können Sie sich nicht allein auf die IHK-Prüfungsaufgaben aus dem Vorjahr verlassen. **Alle Aufgabentypen zur Prüfungsvorbereitung bietet Ihnen nur das neue Klausurentraining Weiterbildung!**

Mit diesen Bänden bereiten Sie sich perfekt auf Ihre Prüfung vor.

Buchtitel dieser Reihe:
Finanzierung und Investition
Personalwirtschaft
Kosten- und Leistungsrechnung
Absatzwirtschaft – Marketing und Vertrieb
Materialwirtschaft
Produktionswirtschaft
Steuern
Unternehmensführung
Führung und Zusammenarbeit

Controlling
Rechnungswesen
Touristikbetriebslehre
Grundlagen der Volkswirtschaftslehre
Recht
Logistik
Grundlagen der Betriebswirtschaftslehre
Betriebliches Management
Qualitätsmanagement
Projektmanagement

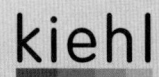

kiehl
Kiehl ist eine Marke des NWB Verlags

Bestellen Sie bitte unter: **www.kiehl.de oder per Fon 02323.141-700**

Unsere Preise verstehen sich inkl. MwSt. Bei Bestellungen von Endverbrauchern über den Verlag: Im Internet ab € 20,- versandkostenfrei, sonst zzgl. € 4,50 Versandkostenpauschale je Sendung.

Bestellen Sie diese Bücher online unter www.kiehl.de